探寻·跃升

高中语文教师的专业成长

张永飞 著

浙江大学出版社
ZHEJIANG UNIVERSITY PRESS
·杭州·

图书在版编目（CIP）数据

探寻·跃升 : 高中语文教师的专业成长 / 张永飞著.
杭州 : 浙江大学出版社, 2025. 4. -- ISBN 978-7-308
-26140-1

Ⅰ. G633.302

中国国家版本馆 CIP 数据核字第 2025DQ8598 号

探寻·跃升：高中语文教师的专业成长
TANXUN YUESHENG: GAOZHONG YUWEN JIAOSHI DE ZHUANYE CHENGZHANG

张永飞　著

责任编辑	闻晓虹
责任校对	黄梦瑶
封面设计	周　灵
出版发行	浙江大学出版社
	（杭州市天目山路148号　邮政编码310007）
	（网址：http://www.zjupress.com）
排　　版	杭州林智广告有限公司
印　　刷	杭州钱江彩色印务有限公司
开　　本	710mm×1000mm　1/16
印　　张	16
字　　数	270千
版 印 次	2025年4月第1版　2025年4月第1次印刷
书　　号	ISBN 978-7-308-26140-1
定　　价	68.00元

序

我不确定是否跟张永飞老师见过面，但多次到浙江参加教学研讨活动，应该有过"时空交集"；确定的是合作经历很愉快。2024年初，我计划编写一套"整本书阅读"手册，张老师跟黄华伟老师、孙元菁老师合作设计《红楼梦》"手账本"。编前会、讨论会、统稿会，张老师都尽心尽力、尽职尽责，发来的书稿符合甚至超过了编写要求，内容扎实、表达清晰。

2024年12月18日，张老师发来信息，说完成了一本专著，希望我写篇序，接着告知他"已成为浙江省基础教育课程改革专业指导委员会委员"。2025年元旦假期，我细致阅读了张老师的《探寻·跃升：高中语文教师的专业成长》，感慨良多。这本书梳理了张老师既往的教学成果，从中可以辨识出他清晰的专业发展历程。

探寻具体的教学方法。张老师早期的课例尝试过"评点式教学",以此为关键词发表过教学作品。"教学有法,教无定法",使用具象化的方法,目标是追求教学的基本原则、探索语文学习的基本规律。从教学成果发表的情况来看,张老师执着于"教法"的时间比较短,是理性的自觉,还是有高人提点?在我看来,快速走出这个阶段,很关键。

探寻解决问题的策略。高考就在那里,躲不开、绕不过,学生的问题真实具体,必须努力解决。这是一线教师必须面对、持续要面对的情境。面对高考,从文献梳理的结果来看,张老师更着力于高考作文,按照时序,先后关注了"作文评价""写作知识""写作欲望""作文升格"等高中作文教学的基本问题。讨论问题的方式比较多样:课例研磨、理论梳理、实例分析、作文评点……张老师的责任感与使命感,在这个过程中得到充分展现。我相信,这个发展阶段触及的研究问题,将贯穿张老师整个职业生涯。

探寻自己的教学主张。大多数名师在教学主张的形成阶段会受到"场景"的影响,如文件颁布、参与或主持课题、入选名师发展工程等,张老师也不例外。在各种因素的影响下,张老师确定了"语言文字探究"这个方向。难能可贵的是,张老师始终秉持实践取向,坚守课例开发的研究方式。方向明确、方式合理,或攻坚克难,或拉长战线,在"浪漫—精确—综合"的循环往复中,张老师借助理论学习提升认识水平,专业自信逐步树立,专业自觉逐步坚定。《语言家园:汉语运用》是张老师"标签式"的成果,大量案例积累优化了张老师的实践经验,逐步生成了个人实践话语。很大程度上是因为这个阶段的研究历程与成果,张老师的研究领域、专业优长被界定为:语言文字运用。

探寻突围的方向。名师的专业发展跃升通常有两个基本向度——丰富与深化。丰富，更像开疆辟壤，发现新的研究问题，开启一个新领域的"0—1"。深化，类似石油开采，知道下面有油，需要精进的是开采工具与技术。张老师走了"精进"路线，以《语文课堂：从"言语"走向"文化"》的出版为标志。语言文字是人类文化的重要组成部分，语文学科的工具性和人文性，决定了这一学科在文化传承与理解方面的重要地位。汉字是自源文字，汉字汉语既是文化的载体，又是文化本身。张老师立足语言文字，讨论文化现象、文化行为，建构文化观念，具有坚实的学理基础。针对长期以来用活动"教文化"的现象，张老师将"文化"植根于"言语"之中，立足学科教学寻找文化传承的实现路径，符合课程文件引领的方向。此外，张老师依然坚守着课例开发的方式，用"看家本领"看家，这份底气值得嘉许。

经历了《语言家园：汉语运用》《语文课堂：从"言语"走向"文化"》，《探寻·跃升：高中语文教师的专业成长》的跃升主要体现为专业发展的自觉。从经历到经验，除了奉献给青年学子的学习方案，还有奉献给青年教师的成长方案。

参加各类培训项目，记录过程，建立联结。张老师的"培训手记"堪为典范，描述学习现场，对比不同的材料、观点，确认自身的优长与未来潜力，心理积极，思考正向。

进入不同名师工作室，模仿但不复制。张老师更关心选题的角度，有组织地合作研究的方式，更关心自己对工作室的贡献，不用"过往"的成绩应付工作室的要求，从"入室"到"出室"，努力拿出崭新的成果。

受邀参加教学展示或讲座，集中呈现阶段成果，接受同行评议。作为从教三十年的特级教师，张老师邀请专家点评课例，用开放的心态、学习的姿态来讨论课例涉及的关键问题，这不只是自信，还体现出张老师对同行观点的尊重，对学术发展的尊重。

探寻是跃升的基础，对于探寻之苦、跃升之乐，张老师用《探寻·跃升：高中语文教师的专业成长》做了具体的刻画。"教必由诚"，我觉得自己能理解张老师的诚实诚恳诚挚，期待读者也能看到这些，是为序。

吴欣歆

2025 年元月于北京

[吴欣歆系北京师范大学文学院研究员、博士生导师，《普通高中语文课程标准（2017 年版）》修订组成员。]

前　言

　　2024 年，我任教刚好三十周年。回顾我从一名普普通通的乡村教师，逐渐成长为骨干教师、台州市名师、浙江省特级教师，这是在自己的课堂作品中历练成熟的过程，符合教师专业成长"金字塔"模型，那是一种教师的专业自觉。奥地利诗人里尔克有一句诗："一棵树长得超过了它自己。"我就像那一棵树，不断从根部汲取养分，慢慢地长成枝繁叶茂的大树，甚至超过了它自身的高度。我的语文教学伴随着新课标的理念，从知识走向素养，从课堂走向课程，从言语走向文化，一次又一次地蜕变与超越。

一、言语，语文课堂的原点

　　在当下的语文教学实践中，各种流派、各种风格的语文教学可谓"乱花渐欲迷人眼"，比如"大语文""新语文""潮语文""绿色语

文""生活语文""生态语文""生命语文""智慧语文""人格语文""心根语
文""享受语文""诗意语文""新质语文""深度语文""逻辑语文""正道语
文"等等，不一而足。语文学科的综合性和实践性特点，注定了语文教学风格
的多姿多彩、精彩纷呈。然而，在众声喧哗的时代里，我们容易迷失在语文教
学的"丛林"之中，正如纪伯伦所说："我们已经走得太远，以致忘记了当初
为何出发。"莎士比亚说："简洁是智慧的灵魂。"在众多的语文教学流派中，
寻找语文的本体性，厘清语文教学的边界，体现语文教学的"简约之美"，成
为我教学追求的方向。

特级教师包建新是"本真语文"的倡导者与践行者。他认为，"本真语文"
大致有四个维度：一是在教学方式上追求本真，它的反面是浮夸不实的、追求
热闹的、作秀的语文课堂教学；二是在教学内容上追求本真，它的反面是"非
语文""泛语文"的教学倾向；三是在教师修养上追求本真，要求教师真诚地
对待祖国的语言文字，同时要求学生也如此；四是在师生关系上追求本真，要
求教师尊重学生，充分发扬学生学习语文的主体性。在这四个维度中，教学内
容的本真追求显然是重中之重，也是语文课堂返璞归真的关键所在。

李海林先生的《言语教学论》是体现"本真语文"教学思想的教育理论
著作之一。他认为，"语言"由语音、词汇、语法构成，是一种静态的知识体
系；"语言运用"则由语言运用者、语言运用环境和语言运用作品构成，是一
个动态的实践过程。显然，"语言运用"是语文的内涵，是整个理论的核心，
是逻辑起点。那么，用什么概念来体现"语言运用"呢？那就是"言语"。因
此，"言语"是语文课的本质属性。李维鼎先生指出，"言语"作为"行为"，
是"言"与"意"的转换；作为"作品"，是"言"与"意"的统一体，即转

换后的成品。洪镇涛先生认为，学生听说读写能力的形成，主要靠语言实践，即感受—领悟—积累—运用。

在语文教育界，虽然对"本真语文"的提法多有不同，但是倡导"本真语文"教学理念的语文人有一大批。其中影响较大的代表流派有王旭明的"真语文"、黄厚江的"本色语文"、李华平的"正道语文"、程少堂的"语文味"等等。这些语文流派的共性就是回归语文教学本体，以语言学习与运用作为教学的核心，以语感培养作为教学的目标，追求语文课堂的本质。提倡"本真语文"教学观，并非否定其他的语文课堂，而是在追寻语文教学的本体性。特级教师黄厚江说："语文课最基本的特征是什么？以语言为核心，以语文活动为主线，以提高学生的语文素养为目的。""本色，不是守旧，不是倒退，更不是无为。本色，不排斥其他风格；本色，也不反对创新；本色，更不放弃更高的追求。本色，是语文教学的原点。你可以走得很远，但这里必须是出发地。"

二、课堂，言语魅力的体悟

反观我三十年来的课堂作品，大多数也是以言语品味为核心，以师生活动为途径，以培养学生的听说读写能力为旨归的"本真"课堂。特级教师郭吉成用三个关键词概括了我的课堂风格："质朴""灵动""和谐"。他认为，我的语文课有浓郁的"语文味"，在质朴中追求语文的灵动，在灵动中实现言语的和谐。"质朴"体现在课堂教学目标清晰、环节简单、语言朴实，"灵动"体现在教学设计不单调、不呆板，有小组的活动、思维的碰撞、动态的生成，"和谐"体现在师生课堂交流的顺畅、情感的亲密、精神的契合，但这一切活动都立足于言语的品读之上。文本的解读，思维的唤醒，审美的熏陶，与语言的运用相得益彰。这样的语文课堂完全符合"本真语文"的教学追求。

2015 年，我参加台州市第七届高中语文教学大比武，执教陈敬容的现代诗《窗》。我由"窗"字的本源导入，围绕"你""窗""我"之间的关系，设计了三个主问题：一是"没有了'你的窗'，我的世界怎样？"二是"有了'你的窗'，我的世界又将怎样？"三是"当这扇'窗'向我关闭后，带给'我'的又将是怎样的生活？"这三个主问题聚焦"窗"字，将学生思维引向文本的纵深处。课堂上，当我与学生一起朗读诗歌最后一节"我有不安的睡梦/与严寒的隆冬/而我的窗/开向黑夜/开向无言的星空"时，却形成了强烈的反差——学生读得悲伤，而我的语调却逐渐高亢。学生问："老师，你为什么读得那么昂扬？"我顺势抓住学生的疑惑点，将他们的注意力引到对"而"与"星空"两个词语的推敲上。一位学生说："'而'表转折，意味着诗人心境发生了变化。"另一位学生说："'无言的星空'虽然无言，但却不是'夜空'，尚有满天星光，这说明诗人虽然处境悲伤，但内心对未来仍充满希望！"第三位学生说："'星空'虽没有太阳的光辉，却有星星相伴，或许胜过喧嚣的阳光。"我笑着点点头。我知道此刻的他们已经冲破"窗"的束缚，奔向生命的曙光。这次比赛，我获得了一等奖！特级教师项香女评价这堂课："注重细读，悟字悟言"，"在言语智慧上着力，既领悟了诗歌的内涵，又领会了诗人的写作策略"。这节课所激起的思维浪花，让我更加坚信，"言语"的巧妙抓取，是体现一节好课的最大亮点。它是教师对文本反复研读后的精准把握，是对学情全面评估后的精巧构思，更是博览群书厚积薄发后的精细聚焦。

三、文化，语文课堂的厚度

为了进一步提升自己的教学水平，我先后加入浙江省褚树荣名师网络工作室、朱昌元名师工作室、黄华伟名师工作室。"独学而无友，则孤陋而寡闻""转益多师是汝师"，在师父们的带领下，与优秀的语文同人一起，我在语文教学专业的道路上走得愈加坚定。语文树的"相约晚八点"，朱子语文的"海纳百川"，黄特的"1137云室会"网络研讨，都围绕着"'新课程·新教材·新高考'背景下的课堂教学"这一主题，从一个人的修行走向了一群人的"相互奔赴"。我对语文课堂的认知进一步深化："言语"固然重要，但是语文课堂还应体现广阔视野和文化厚度。语文学科核心素养是学生在积极的语言实践活动中积累与构建起来，并在真实的语言运用情境中表现出来的语言能力及其品质。它主要包括"语言建构与运用""思维发展与提升""审美鉴赏与创造""文化传承与理解"四个方面。我认为，语文课堂要基于"语言建构与运用"，着力于"思维发展与提升""审美鉴赏与创造"，但最终要指向"文化传承与理解"。文化，是语文课堂的"钙质"，也是语文课堂的"厚度"。朱昌元老师曾说，我们生活在浸透着传统文化的当代中国，语文课堂应该体现文化品格和文化高度。褚树荣老师指出，"文化的渗透和传承侧重于内容方面的阐发和构建，由'这一篇'的内容，联系到'这一类'的文化背景中去考察"。黄华伟老师则对我的专著《语文课堂：从"言语"走向"文化"》进行点评，"张永飞老师这本著作中的'文化'，无疑既能扎根于'言语'，又能生发于课堂，还能落实于学生发展，为当下指向核心素养的高中语文课堂教学转型做出了难能可贵的探索"。

2017年，朱昌元老师让我执教一堂观摩课《今生今世的证据》。接到任务后，我决定做一次"文化课堂"的尝试。我找来刘亮程的《一个人的村庄》《风中的院门》《在新疆》等散文集进行阅读，试图走进他的精神世界。课堂上，当学生说"对'一条老死窝中的黑狗'很有感觉"时，我追问："你知道刘亮程的黑狗？"并随即引出刘亮程的散文集《一个人的村庄》中"一条老死窝中的黑狗"的故事，让他明白看似普通的"黑狗""大红公鸡""大鸟""大榆树""大风""夕阳""土墙""房子""勒勒车"等故乡村庄中的草木风物，其实都是刘亮程独特的生命体验，是他今生今世的生命证据。课堂小结时，我列举"羁鸟恋旧林，池鱼思故渊""胡马依北风""狐死必首丘"等例子，让学生感受这些草木风物不仅仅是刘亮程的，同时也是我们每一个人的故土风物，而这一切应该说是中国传统文化中"乡土情结"的投射，是人类精神的永远皈依。随后，这堂课在当年浙江省特级教师协会学术年会上展示，得到了与会教师的高度肯定和赞扬。

2018 年，宁波课改国家实验区基础教育行动项目"新课标·新语文·新学习"——任务群视野中的专题学习第一次研训活动在宁波中学举行，主题是研讨新课标"学习任务群"的课堂教学。我应褚树荣老师之邀开设"'语言积累、梳理与探究'之广告与修辞"观摩课，旨在通过欣赏、品味、创作广告语，引导学生体验文字背后的美感和文化，提升语文学科核心素养。课堂由"农夫山泉""喜欢你，有道理""写广告，我能行"三个活动环节构成，从农夫山泉的广告语引入，设置生活化的情境，激发学生对语言的感悟，打通语文课堂与生活经验的通道，通过欣赏、品味精选的广告语，领悟其创作规律和文化内涵，最后为"天一阁"和"宁波汤圆"创作广告语，将语言运用于生活实践，以提升学生的语言表达能力。这节课聚焦于"语言的美感与文化"，教学内容集中，着眼于语言的实际运用，是典型的微专题教学，符合新课标背景下的语文课堂特征。

2021 年，浙江省高中语文新课程"关键问题解决"专题研训在杭州市余杭高级中学举行。本次研训旨在帮助一线教师提升解决课程改革中关键问题的能力，推动高中语文课程改革深入实施，此次主题为"表达与交流"。我应黄华伟老师之邀开设"因'言'求'气'——梳理归纳文言特殊句式的基本特点"观摩课。"梳理文言特殊句式"源自语文教材选择性必修中册第三单元的"单元研习任务"。本节课设计的理念是：通过梳理归纳三种特殊文言句式（"言"），探究其不同的表达效果，感悟人物精神品质（"文"），尝试写作墓志铭，形成自我语言建构与运用（"道"）。课堂由英文"I watch TV"导入中西方不同句式背后的文化差异，以《屈原列传》《苏武传》为例，引导学生梳理判断句、被动句、宾语前置句等三种文言特殊句式的基本特点，探究这三种句式背后不同的表达效果，并通过"为小组命名"、为屈原或苏武"撰写墓志铭"等活动方式，综合运用特殊文言句式，形成学生自我的语言建构。我用这样一句话作为课堂小结："西方句式所体现的是追求效率的特质，中国特殊文言句式背后也体现了中华民族特有的言说方式、文化心理。文化是一条河流，在我们的灵魂深处流淌。"课后，黄华伟老师以"以文化人之'文'是什么？又该怎么'化'？"为题，从文化的高度，对我的课堂做了详尽而精当的点评。

我认为，语文课堂的深度与广度，取决于教师的文化素养；渗透"文化"的言语教学，是提升学生核心素养的重要途径之一。语文课程是一门学习祖国语言文字运用的综合性、实践性课程。语文教学从单篇走向群文，从节选走向整本书，从书本延伸到生活、做人，这是语文教学的未来展望。文化，是一个民族的根和魂，文化育人是教育的最高境界。语文课堂，从"言语"走向"文化"，让文化介入人的生命重建，内化于心，外化于行，这也是我对语文教学的价值追求。特级教师黄厚江说："囿于'语文'教语文和跳出'语文'教语文一样可怕。语文课，首先必须是'语文'的课堂，但囿于'语文'教语文，除了'语文'什么都没有，也是我们坚决反对的。"语文教学的最高境界是什么都有且什么都是语文。要达到这样的境界，必须追求语言、思维、审美、文化等各种素养之间的相融共生。由此可见，语文教学思想的提出有其特定的时代特征。"坚守原点"与"突破创新"的统一，才是语文教学的本质追寻。特别是当下"任务群教学""大单元""项目化"教学时代，我们既要处理好单篇教学与单元教学之间的关系，坚守语文教学的"言语"底线，又要敢于创新课堂方式，以新课标为指引，尝试进行课堂改革，走向语文教学的美好未来。

尼采借查拉图斯特拉之口说，其实人跟树是一样的，越是向往高处的阳光，它的根就越要伸向黑暗的地底。成为一棵大树，需要时间的沉淀，需要阳光、雨露和肥沃的土地，更需要向上生长的力量。语文教师的专业成长，同样需要自身的梦想与追求，也需要环境的不断滋养与培育。回望我三十年来的语文教学之路，是与新课标一起成长的路。2024年，临海市张永飞名师工作室成立，我将带领一批年轻的语文教师与新课标一起走向远方。我坚信，语文教学只有遵循人的本性，从言语出发，以文化润泽，才能促进学生的精神成长。我愿逐光而居，成长为一棵超过自己的树，守望在语文教育的一片森林里！

（本文选自张永飞《语文课堂：从"言语"走向"文化"》，浙江工商大学出版社2019年版，有删改。）

目 录

────────── **探寻具体方法** ──────────

探寻
具体
方法

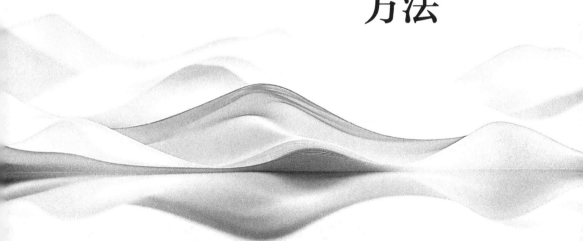

教师的专业成长是"自下而上"的过程，即从最原始的经验积累出发，逐渐沿着现象探寻理论，走向依据理论分析现象；逐渐从感性的判断发展为理论分析，进而在经验、现象、理论之间建立联系，建构教学理论，形成教学信念。一个教师教学主张的形成，是一个漫长而艰辛的过程，更是一种教师的专业自觉。吴欣歆老师根据骨干教师专业成长的规律，构建了一个"金字塔"模型。

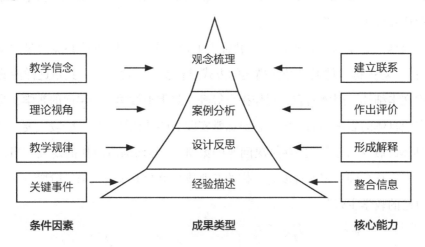

骨干教师专业成长的"金字塔"模型

图片来源：吴欣歆."金字塔"模型：破译骨干教师专业成长的"密码"[J].中小学管理，2015（7）：42.

从上图可知，骨干教师专业成长的核心能力是螺旋上升的四个阶段——整合信息、形成解释、作出评价、建立联系，相对应的成果类型是经验描述、设计反思、案例分析、观念梳理，这是每一位教师专业成长的现实路径。教师的专业成果，代表了教师的学术高度。而教学主张的提炼，能够促进教师从经验思维走向理论思维，是一位教师专业成熟的标志。程翔老师认为，课堂作品是语文教师的宝贵财富。有的教师不重视积累课堂作品，边教边丢，退休时盘点教学人生，没有留下什么东西。这是缺乏职业觉醒的表现。课堂作品的标准是什么？第一，体现了教师对所教内容的准确把握和深刻理解。第二，体现了教师的精心设计和巧妙构思。第三，包含了师生双方情感的参与。第四，体现了学生课堂生成的效果。[①]

纵观我的专业成长，可分为"探寻具体方法""学习先进理念""建构教学主张"三个阶段，贯穿这三个阶段的是我对语文教学的规律探寻，以及对教学主张的提炼。提炼教学主张最重要的证据有两类：一类是教师的教育教学行为，高频词承载的概念即骨干教师教学主张，核心概念的生活化表达；另一类是骨干教师发表的教学成果，包括教学设计、教学案例、教学论文、课题研究报告等，教学成果通常是骨干教师学术性的书面表达，与口语化的实录文字能够形成互证关系。[②]

根据"金字塔"模型，骨干教师专业成长的第一阶段核心能力是"整合信息"，对关键事件通过经验描述的方式进行整合，说明了"我是这样做的"。其中文本细读、因体而教、写作探究等等，侧重于教学技法层面的教学，是教师专业具体的表现形态，但只是对课堂实践的感性认知。这一阶段主要是"探寻具体的教学方法""探寻解决问题的策略"。然而随着时代的发展，当你将关键事件整合到一定的程度时，你的专业成长就会逐步进入第二阶段——"探寻自己的教学主张"。

---

① 程翔 . 我的课堂作品：修订版 [M]. 北京：商务印书馆，2023：3.
② 吴欣歆 . 教学主张提炼：基于骨干教师个人实践话语的循证分析 [J]. 中小学管理，2024（10）：50.

着眼言语形式，深入课文

一名教师的专业成长从上好一节课开始，最终也要落脚在课堂上。课堂教学设计，是从文本细读开始的。文本细读源于 20 世纪西方文论中的一个重要流派——语义学，这一流派将语义分析作为文学批评最基本的方法和手段，其中文本细读是语义学对文本进行解读的重要方法和显著特征。在语文教学过程中，教师对文本的细读，首先指向言语性，从字、词、句等言语材料的释读入手，细致分析言语的表达手法、修辞手法，层层解剖言语内在的组织结构，全力开掘言语的多侧面内涵。教师的文本细读，不仅是对言语存在的一个发现过程，也是对言语细读的一个体验过程。叶圣陶先生认为"字字未宜忽，语语悟其神"；吕叔湘先生则说"文本细读就是从语言出发，再回到语言"；南帆先生指出"文本细读就是沉入词语"……总之，文本细读就是指为深层领会作者匠心，对词句含义、结构层次、情感意境、写作手法等进行多角度、多层面细细咀嚼的一种阅读方法。语文教学视域下的文本细读，是一种基于文本的、强调多维观照的、服务于语文教学的文本解读方式。它既包括了单篇文本的解读，又包含了多篇文本的联读。

案例 **《品质》评点式教学**

《品质》是英国作家约翰·高尔斯华绥创作的短篇小说，入选苏教版必修三"底层的光芒"板块。该小说以工业垄断对手工业作坊的冲击为背景，客观地描写了手工业者的生存危机，赞扬鞋匠格斯拉恪守职业道德、宁可饿死也不肯偷工减料的高尚品质，表现出对底层劳动者的尊重。小说《品质》的教学普遍存在两种教学设计：一种是"反文学"，即忽视文学教育的审美性，而将小说还原为生活的真实来开展教学，无法让学生超越与现实之间的功利关系而建立起自己与现实之间的自由关系。比如让学生讨论：有人说格斯拉太不懂变通，不会"因时而化"，无法在竞争的社会中生存，你的看法呢？结果，绝大多数学生都认为，格斯拉确实比较古板，不会变通，不懂经商之道，肯定会被社会淘汰。另一种是"泛语文"，即着眼于小说的内容，从根本上放弃了提高学生小说鉴赏能力的教学目标。比如：①这篇小说写了一个什么故事？②塑造了一个怎样的人物？③小说的主题是什么？整堂课似乎只是为了让学生明白写了什么内容，在没有深入文本的时候就结束了教学。

通过对文本的细读，我确定用评点式教学，从语言品味的角度设计教学，着眼于小说"言说的智慧"，引导学生走进人物心灵深处，真正感悟格斯拉身上人性的光辉，达到文学审美教育的目的。下面是教学片段：

师：小说哪些地方表现出他的敬业和执着呢？请找出一处例子，运用评点的方法加以赏析。

生1："他本人有点儿像皮革制成的人：脸庞黄皱皱的，头发和胡子是微红和鬈曲的，双颊和嘴角间斜挂着一些整齐的皱纹，话音很单调，喉音很重……"脸庞黄皱皱的，像皮革制成，有点儿僵硬和迟钝，迷恋着理想。这是肖像描写，外表邋遢、贫困、迟钝的鞋匠形象，正表现了他对靴子的热爱。

生2："……袖子往上卷起，眼睛眨动着——像刚从靴子梦中惊醒过来"，这是神态描写，表现了他对工作执着投入的精神状态。"以立刻变得又批评又爱抚的眼光注视着靴子"是出自内心的热爱，对待靴子像对待生命一样，体现了他的敬业精神。

生3："把靴子老拿在手里""跟着用他的敏感的手指来回地摸我的脚趾，想摸出我要求的要点"，这是动作描写，"老拿在手里"的一个"老"字折射出他内心的矛盾与痛苦，"来回摸我的脚趾"体现了他的认真细致，这些动作都表现了他多么爱靴子，对待自己的工作又是多么负责、敬业。

生4："他从早到晚坐在那里做靴子，一直做到最后的时刻。""他从不让自己有吃饭的时间；店里从来不存一个便士。所有的钱都用在房租和皮革上了。"这是侧面描写，通过同行的话语，侧面烘托出他是一个十分敬业的人，他把做靴子当作一项神圣的职业，当作生命的全部。

生5：还有细节描写，比如对鞋店橱窗里陈列的几双靴子的描写，从侧面表现了他生活境况的变化，同时体现了他不变的职业操守。

师：下面，我们重点围绕小说的人物语言进行深度的体验鉴赏。请同学们选择其中一处，运用评点法加以欣赏。

示例：

①"这是一种手艺。"

②"没什么难的。但是这活又脏又累，收入又低，你看看我！"

点评：当十几岁的"我"问格斯拉做靴子是不是很难的事时，他为什么用第一句，而不是第二句？通过比较，我们发现他并没有把普普通通的做靴子当作一种低贱的职业，当作养家糊口的手段，而是作为一种"手艺"，一种艺术的追求。言语间，我们能够感受到他对自己所从事的职业的喜爱，流露出一种自豪感。小说的一句话就凸显人物的个性，写出人的灵魂。

（学生琢磨、品味，读出"言外之意"，读出小说富有表现力的"言语智慧"，更读出格斯拉的灵魂和品质。）

生6：他眼睛盯着皮革对我说："多么美的一张皮啊！"

点评："美"字是格斯拉对皮革发出的由衷的赞叹，并非为了证明自己的皮牢固，推销商品。他是把自己对靴子的热爱，把自己的生命倾注到靴子里，用自己高超的手艺创造出他的"杰作"，追求他的理想。

生7：第45页的一句话："那双靴子不该咯吱咯吱地响呀。"

点评："不该"一词表现了他对自己手艺的自信，因为这是自己用心做成的；也体现了他追求完美的品质，容不得靴子有任何的质量问题，他觉得靴子的质量差就是他的耻辱。

生8："有些靴子""做好的时候就是坏的"。

点评：靴子穿坏了，这是再平常不过了，大多鞋匠也肯定会说："什么，坏了？坏了就再买一双吧，你还想一双鞋子穿一辈子啊！"可是格斯拉总是自己揽下责任，没有责怪顾客，这是多么高尚的品质啊！

生9："那不是我做的靴子。""这些大公司真不顾体面。可耻！""他们利用广告而不靠工作把一切垄断去了……"

点评：大公司的"可耻"表现了他的正直，他为顾客打抱不平，"利用广告而不靠工作"的垄断让格斯拉无法接受，也是他后来之所以至死守护着自己品质的理由。假如他也随波逐流，凭自己的好手艺完全可以在商界发财。但是他固守做人的原则，保持职业的操守，始终用自己的生命守护商品大潮中的唯一净土。正是他的执着唤醒了社会的良知，让我们明白有些东西是不能失去的。

生 10："人们好像不要结实靴子了。""开销太大了。"

点评：痛心、无奈，为何还要坚守？这就是灵魂的高贵，让我们受到震撼！"但是我哥哥死掉了。""他失掉了另外一间铺面，心里老是想不开。"坚守的代价是巨大的，但他为了理想仍然坚强地活着。人类奋然前行的道路，因为有了他的守护而光耀千古。

师：高尔斯华绥曾说："人受到的震动有种种不同：有的在脊椎骨上，有的在神经上，有的在道德感受上，而最强烈的、最持久的是在个人品质、个人尊严上。"

案例 《短歌行》、《归园田居》（其一）联读①

统编版教材把曹操的《短歌行》和陶渊明的《归园田居（其一）》编为一课，编者的意图明显是让学生比较这两首诗歌的异同，也就是要实现群文阅读的教学目的。群文阅读是围绕特定的议题，选取一组有内在逻辑关联的文章进行阅读的方式。其目的是由读懂一篇到读懂"一类"或读懂"一人"。群文阅读组文可以是多维度的，作家、体裁、题材、文题、文本内容、风格、阅读策略等均可作为组文的依据。组文的原则可以横向比较、纵向剖析，也可以联合思辨。②但无论怎样的组文方式，都要建立在文本细读的基础上。以《短歌行》和《归园田居》（其一）这两首诗为例，在"学习提示"中，编者要求学生们去感受和理解这两首诗在情感表达、语言运用以及韵律节奏上的特点。记住这些结论并不是学习的终点，更重要的是要理解关键词，即如何引导学生通过自己的思考和分析得出这些结论。朱林鹏老师在反复地进行"文本细读"之后，发现这两首诗在内容上有相同之处，比如都有涉及"鸟"（乌鹊与羁鸟）、"鸣"（鹿鸣与鸡鸣）、"田野"（陌阡与园田）等的相似表达，但这些语词的选

---

① 此案例来自回浦中学青年教师朱林鹏于2019年底在临海市统编教材课堂教学研讨会上开设的观摩课。

② 马月亮. 我读我思：高中语文教学文本细读与思考 [M]. 南京：河海大学出版社，2023：12.

择背后折射的是曹操与陶渊明二人完全不同的情感倾向。同时，在形式上也有着一些差异：前者为经典的四言诗，节奏以二二为主，相对单一而坚定；后者则为五言诗，节奏有二三、二一二等，相对多变而自由，而韵律节奏也必然影响着情感的呈现。透过多重形式的比较，发现这两首诗呈现多元化的人生路径选择，其中包括"入世"与"出世"两种主要方向，但同样鼓励我们寻求二者之间的平衡与融合，即以超脱世俗的心态去投身于实际事务之中。以下是部分教学设计。

一、语词比较，体悟情感

【任务一】请大家找出两首诗中相似的语词表达，将下表补充完整，展开比较，感受其背后的情感差异。

《短歌行》	《归园田居》	相似之处	情感差异
乌鹊	羁鸟	均与"鸟"有关	前者相对自由，却在苦寻可依之枝，以求栖身之所；后者则受牢笼束缚，渴求自由
鹿鸣			
	虚室		
去日			
	园田		

参考范例：比如两首诗都提到了"鸟"，前者是乌鹊，后者是羁鸟，"羁"的偏旁为网字头，本义为马笼头，这个字带给我们强烈的束缚感。因而，前者相对自由，却在苦寻可依之枝，以求栖身之所；后者则饱受牢笼束缚，渴求自由。

第一组："鹿鸣"与"鸡鸣狗吠"

明确：两者都和动物叫声有关。"鹿鸣"相对稀少，古时"鹿"是比较少见的，"鹿鸣"表达对宾客的欢迎；而"鸡"和"狗"都是生活当中常见的动物，作者更多地把目光看向生活中的寻常之物。

由指鹿为马、鹿死谁手、逐鹿中原等成语能够引申出"鹿"的一般象征义：权力与地位。譬如"美丽"的"丽"繁体为"麗"，下方即为鹿，因而在古文中，鹿是高贵典雅的象征，这也符合曹操的身份与地位。与之相对，"鸡鸣狗吠"这种意象是陶渊明提及较多的，比如《桃花源记》中的"阡陌交通，鸡犬相闻"，这是寻常可见可闻的。

第二组：谈讌与虚室

明确：两者都是对场景的刻画。前者环境热闹非凡，体现作者在官场的活跃，表达其建功立业的宏愿；后者环境清幽宁静，体现出作者内心恬淡，不为世俗所困。

补充：《类篇》对"讌"的解释是：讌，合语也。所谓合语，即很多人交谈。老子也曾在《道德经》中提到"致虚极，守静笃。万物并作，吾以观复"。魏源则是在《老子本义》中进一步解释："虚者，无欲也。无欲则静。"

小结：由此可见，"虚室"的深层含义并非单纯指环境安静，更多的是追求内心的一种宁静。曹操与陶渊明，一个向外求得官场的喧闹，一个向内求得内心的安宁，两者的不同，由此可见。

第三组：去日与三十年

明确：两者均与时间流逝有关，前者感叹逝去的日子极多，后者表达作者从做官到辞官经历的时间之久。

联系：这里同学们不妨联系自己的生活体验，我们经常会说，初三那一年的 365 天，是人生中印象极为深刻的 365 天，现在回忆起来，无比辛苦而又幸福。但倘若让你重回初三，你会回去吗？为什么？

一旦日子逝去，成为回忆，人们就会变得更加宽容，也更能放得下。陶渊明也是如此，如今他早已离开官场，便也能放得下曾经的时光。

补充：福建师范大学孙绍振教授的阐释："这是极写自己的精神负担，挣不脱的假日子，违背自己的心愿，真生命在假日子中，居然忍受了'三十年'。统计数字在诗歌中，往往算不得数，但在这里，却是确实的。表现这么长期的精神重负，用的却是平静的语气，'三十年'，三个字，就这么轻松。"[1]由此我们会发现，过去的时光对现在的两人来说，前者更为沉重，后者则更为轻松，两人的心境也截然不同。

---

① 孙绍振.月迷津渡：古典诗词个案微观分析[M].上海：上海教育出版社，2012：201.

第四组（1）：陌阡与园田

预设：同样写到园田，前者是越过，陌阡（一般作"阡陌"）只是成就事业的途径；后者是退出俗世的去处。陌阡是小路，四通八达，也是对人才赶来的一种期望，而后者则是对田园生活的享受。

小结：综上所述，两者都提到田野景象，但前者提及"陌阡"仅为途经之路，只要越、度即可，并非终点，后者则是作者的人生归宿，是一生所向，这是两者的差别。

第四组（2）：天下与园田

预设：这两者都体现作者追求的内容。前者范围很广，突出作者的壮志豪情，志在天下，强调"争"；后者范围较小，志在自然，强调"不争"，体现了作者追求的恬淡闲适。

小结：前者原诗为"天下归心"，后者原诗为"守拙归园田"。转化一下，曹操选择的是"天下归吾"，陶渊明选择的则是"吾归天下"。在情感选择上，探讨的都是"我"与"外界"的关系问题，前者是向外有所求，后者则更多的是向内无所图。

二、诵读涵泳，感受节奏

【任务二】让我们再对两首诗的外在形式做一个比较分析。请同学们用"/"为两首诗划分节奏，思考两首诗在节奏上有何不同，节奏的不同又如何影响情感的表达。

明确：前者以二二为主，读起来更为刚健有力，更利于作者抒发心中急切、强烈的壮志豪情，更能体现出对贤才的渴望、对时光流逝的感慨和建功立业的宏愿。后者以二三为主，辅以二一二，读起来更为平淡舒缓，更有利于营造出一幅恬淡闲适的乡村日常生活图景，表达作者对官场生活的厌倦，以及辞官归隐、躬耕田园的自由、喜悦之情。

提问：《短歌行》为四言，二字一停，节奏相对单一。《归园田居》为五言，二三、二一二都有，节奏相对复杂。那么，节奏单一和复杂的背后是什么呢？

（播放短视频：2019 年国庆阅兵式与 2009 年春节联欢晚会踢踏舞《大河之舞》。）

明确：国庆阅兵式的步伐一致、单调但又铿锵有力，春节联欢晚会踢踏舞的步伐变化多端、复杂但又自由。如两个视频中不同的步伐背后蕴含不同的情绪，诗歌的节奏亦是如此。四言节奏单一而坚定，五言的节奏则是多变而显自由。让我们带着这种不同的节奏感再来读一读这两首诗。

（师领读，生跟读。）

三、情境对话，代入体验

【任务三】赏析完两首诗的内容与形式差异之后，我们不妨设想这样一个场景：若曹、陶能够穿越至同一时代，两人相遇，会有怎样一番对话，两人又会如何说服彼此？请与同桌一起试编一组情境对话，并尝试演绎出来。（要求语言得体，符合人物的身份和阅历。）

示例一：

（月明星稀，曹、陶二人对饮。）

"人生几何，去日苦多。"曹孟德举起手中的酒一饮而尽，"何以解忧，唯有杜康"。

"先生何出此言？"陶潜也端起面前的酒，浅啜一口，"昔日阿房一炬，秦二世而亡，虽一统四海而今安在？"

曹拍案大笑："昔有亿人葬身，今有万里长城；昔有大秦帝国，今有君主专制：若非秦，岂有我辈一无所成而享尽荣华？但求留名青史，不愿为一缕孤魂，身之所寄，志之所归。"

"余愿为一缕孤魂，飘游于天地之间，你我二人道不同，不相为谋。"说罢，陶放下酒杯拂袖而去，唯余曹于此怀古伤今。

示例二：

陶：君为逐名利者，何也？

曹：生于乱世，不可不逐。

陶：若守拙归园田，无战火之扰，无案牍之劳，岂不美哉？

曹：自桓、灵以来，奸臣当权，民不聊生，吾起而诛之。孟子曰："达则兼善天下。"今刘表、袁绍、公孙瓒等均败于吾，此非吾之才乎？天降大任于吾，吾必平定四海。

陶：君虽战功显著，然民不幸，平四海乃吾一人之志，而非天下之愿也。

基于文本体式，设计教学

因体而教，顾名思义，是指语文教学要依据不同的文体特征实施不同的教学策略。语文教学既有课堂教学的共性，也有因文体不同而实施不同策略的教学个性。一般认为，文体即指文章的体裁，是文章在结构形式和语言表达上所呈现的具体样式或类别。文体有别，法则、语言、风格等特征就会有所不同。比如戏剧以人物"对白"为主，诗歌以作者"抒情"见长，小说重在以情节的矛盾冲突刻画人物形象……这些文体法则和个性特征，影响着阅读的目标、思路和方法，也影响着阅读教学的价值、内容和策略。因此，根据文体特征解读文本，从文体出发设计教学，应该是"因体而教"的重要原则。

一般来说，阅读教学分为文学类、实用类、文言文等三大部分。文学类文本常见的有诗歌、小说、散文、戏剧。这四种文学体裁有不同的体式特征，比如：诗歌——语言凝练性、跳跃性、音乐性；小说——传统小说强调"三要素"人物、情节、环境，西方现代派小说往往采用变形、荒诞、象征等表现手段，突出虚幻性和假定性；散文——题材广泛多样，结构自由灵活，抒写真实感受；戏剧——浓缩地反映现实生活，集中地表现矛盾冲突，以人物台词推进戏剧动作。针对不同的文体特质，应采用不同的教学方式。比如，实用类文章的阅读主要靠分析、推理、综合等，讲究逻辑；而文学类作品的阅读主要靠感受、品味、感悟等，讲究体验。实用类文本的阅读目的重在实用，而文学类文本的阅读目的重在审美。文言文阅读教学，则包含"文字""文章""文学""文化"的多方融合。一篇经典的古代散文文本，必然是特定时代的人类文化思想与审美风尚的浓缩，必然是特定的文本作者的道德品质、精神操守、人格志向的结晶，这是文化解读的要素。

无论哪种文体的课堂教学，都要以学生的学情为起点，以学生阅读的认知规律为依据，以学定教，因体而教。比如，现代诗歌《窗》的教学，紧扣诗歌语言的跳跃性、多义性、音乐性，以朗诵、品味语言为核心，引导学生置身诗境，体悟语言的魅力。哲理散文的阅读教学，既要抓住言语的情感性，更要抓住语言的哲理性，体现散文教学的情意和理性。比如，刘亮程的《今生今世的证据》是"月是故乡明"专题中的一篇哲理散文，我以"找证据—品证据—悟证据"为线索，激活学生的生活体验，引领学生走进文本，体会故土家园在人成长中的精神性作用。但论述类文本的阅读教学，就有别于文学作品鉴赏。《美美与共》作为"文明的对话"专题中的一篇论述类文本，以议论为主要表达方式，感性与知性兼顾，实用和审美交融。从星巴克"入驻"灵隐寺导入，深入理解文章论证思路（"美美与共"是什么、为什么、怎么样）；然后让学生充分讨论"美美与共"在生活中的具体体现以及费孝通先生的观点态度，强化学生对文章内容的理解；最后探究"美美与共，和而不同"的人文内涵——君子般的雅量和勇士般的气度。

品味汉字，置身诗境：现代诗《窗》

陈敬容的《窗》是一首很有魅力的现代诗歌。诗歌的意象，无疑是读者走进诗歌的必然途径。作为"阅读与鉴赏"的课堂，以语言体悟为核心，以审美鉴赏为目标，引导学生从诗歌中寻找诗句，品味意象，体悟情感，打开诗歌鉴赏的"窗口"。我从诗歌中抽取出灵魂性的字眼"窗""你""我"，以此来设计三个主问题："'我'没有了'你的窗'，我的世界是怎样的呢？""有了'你的窗'，我的世界又将怎样？""当这扇'开向太阳，/开向四月的蓝天''照澈我阴影的''窗'向我关闭后，最后带给'我'的又将是怎样的生活？"引导学生将思维的触角向文本的纵深处伸展，以读为经纬，以声传情，渗透学生的理解，带动课堂的流动。诗歌语言凝练、含蓄，引导学生多次在语言上做定点细读，比如由"窗"的构字引入课堂，对"澈"字的玩味，对虚词"而"的咀嚼，对"星空"还是"夜空"的比较，在言语智慧上着力，这样既领悟了诗歌的内涵，又领会了诗人的写作策略。以下为部分教学实录：

师："窗"给黑暗的洞穴以光明，诗中的"我"没有了"你的窗"，我的世界是怎样的呢？请自由朗读，找出依据。

生1：你的窗带给我希望，虽然"空漠锁住你的窗"，但我仍然眷恋。"重帘遮断了凝望；/留下晚风如故人，/幽咽在屋上"，这里的"晚风"既暗含时间之久，又如故人幽咽的悲戚，写出了失去你的窗后我的无尽悲伤和孤寂。

生2："远去了，你带着/照澈我阴影的/你的明灯；/我独自迷失于/无尽的黄昏"，没有了你的窗，我迷失于无尽的黄昏，绝望的感觉。

生3："而我的窗/开向黑夜，/开向无言的星空"，说明你的窗充满光明，充满希望；没有了你的窗，我的世界充满黑暗。

生4："我有不安的睡梦/与严寒的隆冬"，说明我的心很冷，充满凄凉。

师：不过，不知大家注意了一个词没有？"而我，如一个陌生客，/默默地，走向你窗前"，这个"陌生客"意象，你们怎么理解？

生5：诗中的"你"和"我"原先是一对非常熟悉的恋人，如今却成为形同陌路的"陌生客"，可见，没有了你的窗，我就如同失去了灵魂的依靠，怅然若失，有一种漂泊、孤独之感。

师：概括一下，诗中的"我"没有你的窗，我的世界将是黑暗、寒冷、迷惘、悲伤的。那么，有了"你的窗"，我的世界又将怎样？默读全诗，找出依据。

（学生默读全诗。）

生6：我找到第一节，"你的窗/开向太阳，/开向四月的蓝天……""太阳"给人以温暖、光明；"四月的蓝天"虽不似七月的天空般炽热，却给人以温暖、美好的体验。

师：林徽因的《你是人间的四月天——一句爱的赞颂》，"你是爱，是暖，是希望"，多么美好，多么诗意！

生7："照澈我阴影的/你的明灯……"你的窗就像我生命中的明灯一样，让我在追求远方的路上不再迷惘。

师：刚才同学从"明灯"意象解读，但我觉得这里有一个词用得非常好，"澈"字，比较"照澈""照彻"的区别。

生8："澈"字含有清澈、透彻、纯净的意思，你的窗如同明灯一样，驱除我心中的阴影，洗涤我灵魂的黑暗，让我变得精神明亮！

师：小结一下——诗中的"我"有了这扇窗，我的世界变得光明、温暖、美好、充实。

师：当这扇"开向太阳，/开向四月的蓝天""照激我阴影的""窗"向我关闭后，最后带给我的又将是怎样的生活？

（学生齐读最后一节诗。）

师：请两位同学朗读，我也想朗读一下。

（两位学生朗读，教师激情朗读，造成反差，学生鼓掌。）

师：你为什么鼓掌？老师读得不好是吧？

生9：老师感情把握得很到位，"我有不安的睡梦/与严寒的隆冬"读得非常伤感、绝望；"而我的窗/开向黑夜，/开向无言的星空"读得高亢、昂扬，给人以希望、乐观。

师：我觉得你们读得不错，都是绝望、悲伤的感情。但是，我抓住了一个词——"而"。诗歌语言凝练，虚词不轻易入诗。但这首诗歌却用了"而"字，这里"而"表示转折，也就意味着诗人心境的改变。"而"字前面是分号，意味着这一节诗句的前后部分有对照关系。请女同学读第一节，男同学读最后一节。

（男女生齐读。）

师：你是如何理解"而我的窗/开向黑夜，/开向无言的星空"这句话的含义呢？小组合作，探究意蕴。

（学生分组讨论。）

生10："无言的星空"，"星空"而不是"夜空"，说明诗人虽然处境悲伤，但内心对未来仍充满希望。

生11："你的窗"开向太阳，"我的窗"开向黑夜，当你的窗向我关闭时，你远离了我的生命，但我打开了属于自己的另一扇窗，尽管它开向黑夜。

师："黑夜"虽不如太阳光明，却有星星相伴，或许胜过喧嚣的阳光。顾城说："黑夜给了我黑色的眼睛，我却用它寻找光明。""无言的星空"，"无言"却胜过任何的言语，给人以无尽的力量。老子曾说"大音希声，大象无形"，白居易描写琵琶女弹奏音乐的妙处道"别有幽愁暗恨生，此时无声胜有声"，柳永在倾诉离别的痛苦时说"执手相看泪眼，竟无语凝噎"。这就是老师这样朗读的理由。这样解读后，请全班同学再次朗读这首诗，是不是有新的收获？

（学生齐读全诗。）

师：泰戈尔曾说："如果你因失去了太阳而流泪，那么你也将失去群星了。"[1]在我们的生命中，还有多少东西像这首诗（《窗》）说的那样？当你苦苦追寻的东西（比如爱情、希望、理想等）向你关闭以后，你又将如何面对自己的人生？希望陈敬容的这扇《窗》能永远照亮你我的人生之路。

案例 从言语到生命体验：哲理散文《今生今世的证据》

刘亮程的《今生今世的证据》是"月是故乡明"专题中的一篇哲理散文。一堂好的语文课堂，就像一篇散文的精美结构，简约而灵动。我抓住文体特征，从"找证据"到"品证据"再到"悟证据"，通过一系列的巧妙问题引导学生逐步深入文本，从文本中读出自己的生命感悟。同时，引导学生在品读文章的过程中，概括出这篇哲理散文的两大主要特征：一是以情感打动人；二是以哲理启发人。在教学方法上，紧扣哲理散文的文体特征，教师范读、学生品读，配乐朗读、小组探讨，品语言、谈体悟，形式多样，效果显著。既有文字的品味，又有情感的熏染，还有思想的碰撞，更有生命的体悟。从学生阅读课文时的难点出发，搭建平台，不断追问，在追问中解读"证据"的内涵，从"物证"到"心证"，从生活现象到生命本质。比如下面的教学片段：

生：朗读"这一切，难道不是一场一场的梦？……即使有它们，一个人内心的生存谁又能见证？"这让我想起童年曾经住的土房子，满院子的牲畜，还有一阵一阵风刮过屋瓦的响声，但是出来以后，它们就像梦一样，醒来以后慢慢地遗忘，除非见到某些事物才会想起。

师：假设这些事物不存在了呢？

生：那记忆可能就永远消失了。

师："以往的生活"，可以用旧房子和路等来证明；但是"内心的生存"又是指什么呢？虽然这些物证已经消失，但是在你的心灵中有没有消失呢？

生：没有消失。因为它们在我心灵中留下深刻的印象，构成我精神上的家园。

---

① 泰戈尔. 飞鸟集[M]. 郑振铎, 译. 北京：商务印书馆, 2014：5.

在这个教学片段中，当学生朗读了课文中印象最深的文字，说出自己的最初体验后，教师适时抓住"内心的生存"引导学生往文字深处思考，从形象直观到抽象理性，从文字到生命体验，在对话碰撞中，让学生对"内心的生存"有了更为深刻的理解与感悟。我在课堂的导入环节，以《西游记》中唐僧的三句话引出人类哲学史上三个终极问题：我是谁？我从哪里来？到哪里去？而在课堂的总结环节，刘亮程的《今生今世的证据》以深邃的思考回答了人类的三大终极哲学问题：我是大地的儿子，我从遥远的黄沙梁走来，终归回到我的故土家园。这样的课堂前后呼应，浑然一体，相得益彰。

 联通生活，体悟理性之美：论述类文本《美美与共》

费孝通的《美美与共》是一篇学术性文章，属于论述类文本。论述类文本的阅读教学，不同于文学阅读与鉴赏。它以议论为主要表达方式，感性与知性兼顾，实用和审美交融。我从学生阅读疑问处入手设计问题，由浅入深，步步深入：先从星巴克"入驻"灵隐寺导入，理解文章论证思路（"美美与共"是什么、为什么、怎么样）；然后让学生联系自己的生活体验，强化对文章观点的理解；最后探究"美美与共，和而不同"的人文内涵，体悟论述类文本的理性之美。

论述类文章一般内容比较枯燥，语言比较抽象，如何在理清论述文思路时激发学生的阅读兴趣？这是教学设计的难点。"语文学习的外延与生活的外延相等。"只有联通生活的语文课堂，才是鲜活的语文学习。于是我通过文化故事来串联起文章内容，以小组讨论来引领学生探究，让论述文的学习不再晦涩。比如慈禧太后见火车试运行时担心惊动"龙脉"、日本的"遣唐使"、韩国的"端午节申遗"、赵武灵王的"胡服骑射"等，通过学生的合作探究提升其对"美美与共"的内涵理解。以下是部分教学实录：

师：为什么要"美美与共"？请大家默读第3段，说说作者是从哪个角度论证"美美与共"的。

生1：从历史的角度，说明无论是发展中国家还是发达国家，都出于历史方面的原因产生过两种倾向——盲目崇拜和闭关排外，导致成了井底之蛙，所以要"美美与共"。

师：（板书：历史）这是历史因素造成的"傲慢与偏见"，结果导致无法做到"美美与共"。你能结合历史事件举个例子吗？

生1：清政府闭关排外，导致鸦片战争。

师：鸦片战争固然是政治事件，但如果从文化角度看，那是清政府闭关锁国造成的"文化入侵"，就像当年慈禧太后见火车在中国试运行，就认为这会惊动中国的"龙脉"，破坏风水。这样的闭关排外，又怎能做到"美美与共"？

师：如果说第3段是从历史角度论证"美美与共"的原因，那么第4～5段又是从哪个角度进行论证的呢？请同学们齐读这两段。

生2：我觉得作者以唐朝时期的日本为例，论证了我们要对"异文化"采取"美美与共"的态度。

师：这里举唐朝历史为例，是论证了第4段的观点。那么，第4段是从哪个角度进行论证的呢？

生2：今天。也就是说当下。

师：（板书：今天）文章说："中华文明经历了几千年，积聚了先人的聪明智慧和宝贵经验，我们今天需要下大力气学习、研究和总结。面对今天这种'信息爆炸'、形形色色'异文化'纷至沓来的时代，我们需认真思考怎么办。"对于中华文明，我们是否真正做到了"下大力气学习、研究和总结"呢？请举例。

生3：对于中国传统的优秀文化，我们可能还没发扬光大。比如对于儒家文化，或许还未真正理解其内涵，有些甚至还不如外国人理解得深透。

师：这位同学的发言让我心有戚戚。大家有没有听说，孔子是韩国人？

（学生感到很惊讶。）

师：韩国每年举行隆重的祭孔大典，甚至计划着把祭孔大典作为非物质文化遗产向联合国申报。当然，韩国这样做并非没有任何理由，他们认为孔子是微子的后人，微子又是箕子的亲戚，而箕子便是商代时如今韩国疆土的君主，这样一来，韩国就把孔子作为自己的祖先了。他们认为，"疆域可以是你的，但文化必须是我的"。所以时代在呼唤，今天的国人需要对中华文明"下大力气学习、研究和总结"，只有"各美其美"，才能更好地"美人之美"。但是，今天的外来文化有美的（精华），也有丑的（糟粕），这就是要"美美与共"的原因。请举例。

生4：比如日本的动漫，既有精华部分，又有糟粕部分，我们应该学会取其精华、去其糟粕。

生5：比如西方的情人节、圣诞节、复活节等节日，我们不要盲目崇拜，要学会吸取精华、去除糟粕。

师：台湾诗人余光中先生曾说过："当你的女友已改名玛丽时，你怎能送她一首《菩萨蛮》？"今天的中华文明要有文化自信，就像唐朝时期的日本善于"美人之美"，才能达到文化双赢的结果。哪位同学来说说唐朝文化昌盛的例子？

生6：唐朝派玄奘法师到印度学习佛教文化。

生7：唐朝时期的"遣唐使"，丰富了文化交流。

师：唐朝的文化自信：高适的"莫愁前路无知己，天下谁人不识君"，李白的"天生我材必有用，千金散尽还复来"；当时日本派遣多批"遣唐使"来唐朝学习中华文明，日本的和服、茶道、寺庙建筑等都源自中国；大唐还接纳日本留学生在长安国子监学习、做官，让小国家新罗国的崔致远担任县尉、侍御史、内供奉等官职。唐朝的兼容并蓄、多元开放，成就了唐文化的繁荣。

创设情境任务，抵达小说阅读本质：小说《装在套子里的人》课例评析[①]

《装在套子里的人》是统编版教材必修下册第六单元中的一篇自读课文，这一单元所选五篇小说都是经典之作。了解作者如何运用多种艺术手法实现创作意图，品味小说在形象、情节、语言等方面的独特魅力，欣赏小说不同的风格类型，是本单元学习任务之一。《装在套子里的人》塑造了别里科夫这样一

---

① 此案例曾收录于叶军彪主编的《高中语文学习任务设计优秀课例评析》（浙江教育出版社2022年版，第50—55页），个别内容有改动。

个"套中人"经典形象，他因循守旧，畏首畏尾，惧怕变革，极力维护现行秩序，尤其是"千万别闹出什么乱子"成了他的标志性话语，"套中人"从而成为保守、僵化和奴性的代名词。《装在套子里的人》的"学习提示"指出，"阅读时要注意把握别里科夫的性格特征，分析其成因，体会这一形象的社会批判意义。还要注意从情节、结构等方面欣赏这篇小说'讲故事'的艺术，体会契诃夫小说幽默讽刺的风格"。河北定州中学邢建军老师的《装在套子里的人》优秀课例正是通过创设不同的情境任务，引导学生深入小说的文本内涵，以多个视角讲述故事的方式，把握别里科夫这一人物形象，探究其背后深层的社会原因。具体来说，有以下特征。

一、学为中心，让学生成为课堂主体

新课标指出，学生是语文学习的主体，教师是学习活动的组织者和引导者。语文教学应在师生平等对话的过程中进行。按照传统的小说教学方法，《装在套子里的人》的设计可能会围绕小说中的人物形象进行，比如别里科夫是怎样的一个人？他有哪些性格特征？体现在哪些具体事件中？或者可能会围绕着"套子"设计主问题，比如别里科夫有哪些套子？这些套子可以分为哪些类型？你身上有没有类似的套子？……小说教学以人物形象的鉴赏为课堂核心无可厚非，但是这样的教学设计还是以教师为主导，以问题设计为主线，学生不能真正成为阅读的主体，而是成了回答教师提问的"机器"。

邢老师执教的《装在套子里的人》，通过创设情境和任务，使学生成为课堂的主体，教师成了活动的组织者和引导者。比如班级召开故事会，老师邀请你做主讲人，为同学们讲述别里科夫的故事，这既是一种情境的创设，更是为学生自主学习与复述故事提供了舞台。从学生的发言看，他们已经走进小说的文本又从文本中走出。比如：

生1：我是别里科夫。生活在这个时代，我总是很害怕：害怕闹出什么乱子，所以我讨厌办事不合规矩的人；我害怕跟外界接触太多，会招致祸患，所以我选择去教希腊文来躲避现实……

生2：我是布尔金，别里科夫是我的舍友。和别里科夫做舍友，真是糟透了！他整天裹在他的大衣中，待在那又小又闷的卧室里……

生3：我是柯瓦连科。那天，风和日丽，我和姐姐在大街上骑自行车，虽然大汗淋漓，但不亦乐乎！可是，我们看到别里科夫站在街角，穿着黑色的风衣，戴着黑色的帽子，还打了一把黑伞，活像一个臃肿的麻袋……

学生讲述故事这一任务设计，目的是引导学生自己深入小说的语言深处，概括提炼出相关的故事情节，并融入自己的主观感受和想象，在讲述的过程中多角度、立体化呈现别里科夫的形象特点。这一环节的设计，充分体现了学生作为学习主体的教学思想，只有让学生成为课堂的主角，才能真正实现新课标倡导的课堂教学转型。那么教师的功能体现在哪里呢？首先，是故事会这一活动的设计者，提出讲述故事的要求；其次，是课堂环节的串联、点拨与引导者。请看教师在活动一环节的课堂语言：

师：勃朗宁说，故事永远是旧的，也永远是新的。下面，故事会开始，掌声欢迎首位主讲人。

师：海子说，夜晚我用呼吸点燃星辰。而这位同学，用故事点燃了我们的想象。但优点归优点，有没有质疑或要完善的地方呢？

师：有了外貌、心理和口头语的补充，别里科夫的形象更鲜明了。欢迎第二位主讲人。

师：别里科夫和"布尔金们"之间是什么关系呢？下面欢迎第三位主讲人。

师：这位同学的口吻像极了柯瓦连科。好故事不会因为讲得多而变得乏味，下面欢迎第四位主讲人。

师：老师感觉到校长对别里科夫是厌恶的。同学们有没有不一样的阅读体验？

师：很有道理！我们还可以再思考：别里科夫一直在做什么？为谁做事？

很显然，教师没有与学生进行"问答式"的对话，而是点石成金般地加以点拨与引导。教师引用名人名言提升学生对小说本质的认识，并且逐步引导学生在讲述故事的过程中，抓小说的细节描写、矛盾冲突、反常现象，培养学生的质疑精神和批判性思维，从而升华到"人与社会"的辩证关系。素养导向的教学要求把学生要学的知识与真实生活关联起来，只有经历了知识或技能的运用或应用，这样的学习才是有深度的。在邢老师执教的《装在套子里的人》的课堂上，教师和学生的角色发生了根本性的变化，学生不再是被动的知识接受者，而是在联系生活真实情境后的言语实践者，在自主实践的过程中建构知识，获得审美体悟，展示成果，内化成学科核心素养。

二、创设情境，以任务驱动学习活动

高中语文统编教材在设计"单元学习任务"板块时，一般给每个单元设置三至四个学习任务，这些任务具有整合性、结构化的基本特点，也是对学习内容的整合、提升与实践。真实、富有意义的语文实践活动情境是学生语文学科核心素养形成、发展和表现的载体。要改变传统课堂的"讲授式""问答式"教学模式，必须学会创设情境，设计学习任务。教师不再是知识的传授者，而是任务设计的策划者、活动设计的引导者、评价激励的辅助者。"任务情境的创设，首先指向学生的语文学习活动，目的不是完成教学内容和传授知识，而是让学生通过对文本的阅读与鉴赏、表达与交流、梳理与探究等活动，运用所学的知识去解决具体情境下的问题，从而提升学生的核心素养。"[①]邢老师执教的《装在套子里的人》以三个具体任务，指向学生的语言实践，直抵小说阅读与鉴赏的本质。

第一个学习任务"在故事会上讲述别里科夫的故事"指向小说阅读的叙述视角与故事情节的概括，学生需要细读文本，才能从不同的角度讲述别里科夫的故事，厘清他的社会人际关系，这是小说阅读与鉴赏的基础。第二个学习任务"别里科夫在做什么""为谁做事"指向小说的主题，从"辖"字的造字法，揭示了别里科夫作为"套中人"的精神本质，深入探究他思想性格形成的社会原因，进一步理解小说的主旨。第三个学习任务"分析社会角色可能发生的变化"指向学生的思维品质，拓宽学生的阅读视野，增加理解的深度和广度，通过想象别里科夫的过去以及对比《祝福》中"我"的形象，联系中华民族无数的先行者和追随者打破封建专制黑暗的"套子"，承担起属于自己的社会责

---

① 董健.任务情境创设的"是"与"非"[J].教育研究与评论，2020（2）：11.

任，探究小说的社会价值和意义所在，是一种情感态度和价值观的教育。

在小说阅读教学中，教师设计任务的目的是将传统教学中以教师的"教"为主体的模式转变为以学生的"学"为主体的模式，真正做到"以学生为中心"。创设情境可以促使学生的情感活动与认知活动在情境中融为一体，对调动学生的思维积极性和情感投入、落实主体性大有促进作用。在课堂上从四个视角讲故事的活动，使学生对文本有了个性体验，尤其每个故事的侧重点都不同。如此，别里科夫相关的社会关系就明确了，学生阅读的形象思维和创造性思维也随之发展。我们设计各种任务，能给予学生更广阔的学习空间，让他们在阅读的过程中完成任务，在分析、比较、讨论、反思的过程中提升思维能力。有的语文教师认为，"布置任务"其实就是"开展活动"。有了这种想法，他们在设计任务时往往就会脱离文本。在教学中，我们要结合文本的内容来设计任务，让学生将文本与现实生活联系起来，确保学生能在完成任务的过程中读懂小说，走进生活，体会文学的魅力和生命的美好姿态。

三、指向素养，用比较提升思维品质

语文新课标把思维品质作为语文素养的重要内容，特别强调在语文教学中培养学生的思维品质，而比较阅读是培养学生思维品质的重要方法。邢老师执教的《装在套子里的人》的第三个学习任务，进行了比较阅读，拓宽了学生的阅读视野，深化了学生对人物形象的社会角色的认识，提升了学生的思维品质。比较阅读，也是一种群文阅读理念。群文教学有利于帮助学生获得单文教学所不可能获得的综合的、立体的认知体验。邢建军老师在教学中，通过三次对比阅读的设计来提升学生的思维品质。

生1：我注意到"千万别闹出什么乱子""校长会听说""传到督学的耳朵里""进谗言""偷听""误解"。可以大胆想象，没有谁天生就是套中人，别里科夫过去可能也是一个自由的人，但可能是家长或老师或社会，告诉他不可以这样做，会出乱子，还有可能是他真的出过乱子，于是变成了现在的样子。

师：非常棒！其实，这种可能性在鲁迅《祝福》中的"我"身上也有体现。

生2："我"曾是先进知识分子，但碰壁后彷徨了，回到鲁镇，不再关注

一切前途命运，只想着福兴楼的清炖鱼翅，在祥林嫂抱着希望问魂灵的事时，犹犹豫豫，"我"迷茫了。

师：社会长此以往的话，这些少数的反抗者有可能会变为妥协者。那怎么办？

（学生齐读原著结尾的节选。）

生3：我们可以从内部打破这个套子，这就是重生，去开辟一条新的路。

（学生书面表达。）

生4：假如我是布尔金，我一定要做自己，呼唤自己内心的声音，不会向别里科夫的辖制妥协。

生5：假如我是柯瓦连科，我要给孩子们带来真理和新思想，让他们能充满新的活力。

……

首先，对比小说《祝福》中的"我"，能让学生明白在社会不改变的情况下，人的社会角色有可能发生变化，从而进一步思考人的社会作用，拓宽学生的阅读视野，深化学生的思维认识。其次，对比原著结尾，"虽然我们埋葬了别里科夫，可是这种装在套子里的人，却还有许多，将来也还不知道有多少呢"，引导学生深入思考"人与社会"的辩证关系，培养学生崇高的社会责任感。最后，以"穿越到别里科夫的时代，假如你是布尔金或柯瓦连科，你会如何做"为情境，想象小说中人物的可能做法，构想别里科夫的过去，让学生脑洞大开。

立足思维培养，训练表达

读写结合，是语文阅读教学与写作教学相融合的最佳途径。然而现实的高中语文教学中"重阅读、轻写作"的现象仍然普遍存在。写作教材的缺失、作文训练的低效、高考改卷的趋中，这些因素都导致写作教学"边缘化"。写作教学的削弱，无异于折损语文教学腾飞的翅膀，后果将难以设想。新课标用"表达与交流"替代了传统的写作教学，涉及的范围更宽广。新教材也试图构建起"表达与交流"的课程体系，引导教师"做好学生语文学习活动的设计、引导和组织，注重学习的效果"，"向学生提供有效的学习支持，做好问题设计"等。教学目标是教学的灵魂，具有导教、导学、导评价的重要功能。我们要做好高中三年的写作教学规划，以目标来有序地推进写作教学的实施。以统编教材必修为例，编者设计的单元写作主题如下：

必修上册：学写诗歌，写人要关注事例和细节，学写文学短评，议论要有针对性，如何做到情景交融；

必修下册：如何阐述自己的观点，如何清晰地说明事理，学写演讲稿，叙事要引人入胜，学写综述，如何论证。

应该说这些写作主题很有实践意义，能够帮助学生提升各种写作能力。但由于高考评价制度的影响，论述文写作仍然是高中写作训练的核心。过早地奔向高考优秀作文评价标准，其实是不利于学生综合写作能力的提升的。我们需要根据学生不同阶段的思维特点，开展合适的写作训练。比如，高一阶段可以开展形象思维训练，让学生通过联想和想象，拓展思维界限；也可以开展实践类语言活动，诸如广告词创作、颁奖词写作、微信推送、演讲稿之类，综合提升学生的写作素养。写作教学的核心在于思维训练，语言的背后是思维的逻辑推进。高三考场作文训练，也要重视逻辑推理，积累作文素材，学会搭建写作支架，能够运用技巧进行作文升格训练，提高学生的高考作文竞争力。

唤醒你的记忆，触摸你的灵魂——形象思维写作训练

"唤醒你的记忆，触摸你的灵魂——形象思维写作训练"是浙江省写作学会年会上的一节省级公开课。首先，写作是思维的碰撞与激活。在导入环节，我把石头这一实物带进课堂，让学生感到兴奋、好奇，活跃课堂气氛，拉近师生之间的距离。由"石头"可以联想到很多东西，有些是生活的，有些是科学的，有些是文学的，有些是神话故事的。虽然庄子"石头会飞翔"的故事很浪漫，也可能是网上杜撰的，但这个故事可以帮助学生打开记忆的仓库，最大限度地激发学生的想象力，为接下去的写作训练奠定基础。其次，写作需要"知识支架"，帮助学生联结生活情境。本节课利用微课短视频的方式，介绍写作知识，提供写作支架，这是一种新的尝试。通过音乐冥想的方式，唤醒学生心灵深处的记忆，让学生沉浸在音乐营造的回忆氛围之中，这比直接让学生回忆自己十六年的生活经历更有效。再次，教师引导学生用一句话写下这十六年来自己对生活的感悟，这是一种理性的思考。以小组交流的形式，推荐出最佳感悟，并让学生点评，归纳出最佳感悟的三条评判标准。最后，由理性的感悟再到具体的回忆，进一步唤醒学生的生活记忆。通过记叙性的文字表述训练，以细节还原生活的真实。真正发自内心的人生感悟，往往来自在心中留下印痕的事件。这一环节的写作，就是把理性的思考转化为具象的表达，以详细的回忆体现思想的印痕。由于高一学生缺乏一定的阅历，所谓的感悟也只能是肤浅而单薄的。教师适时穿插一些名言以及自己的点评，引领学生更好地看待人生，真正起到教书育人的作用。本节课淡化写作技巧的传授，而是从唤醒学生记忆的角度，丰富写作内容，扩展学生思维，引导学生学会理性看待人生。以下是部分教学实录：

师：同学们，心灵的唤醒方法多种多样，其中音乐就是一种有效的手段。现在，就让我们一起闭上眼睛，远离喧嚣，静静地走进音乐吧。要求：回忆这十六年的成长过程，有哪些人、事情、片段会突然闯入你的脑海？用一句话写下你的感悟。

（教师播放音乐《荡涤心灵的尘埃》，现场关闭所有的灯光，使学生伴随缥缈灵动的旋律，渐渐进入音乐所营造的意境，在头脑中激起生活中的朵朵浪花。）

师：请同学们根据刚才的冥想，用一句话写下你的感悟。

（学生边思考边写作，教师巡视。）

师：请同学们分小组把自己的感悟交流一下，然后每组推荐一位同学，把自己的感悟写到黑板上。

（学生交流热烈，推荐最佳感悟，8个小组代表上台写最佳感悟。教师朗读。）

第一组：感恩生命里一切温暖的力量。

第二组：有着浪花，有着涟漪，但也有着平和安宁。

第三组：十六年，我们哭过、笑过，但终成回忆。

第四组：带着哭声来到这个世界，带着笑声活下去。

第五组：平淡是橄榄的味道。

第六组：死不是生的对立面，死潜伏在生之中。满纸荒唐言，一把辛酸泪。

第七组：回忆过去，憧憬未来。天下没有不散的筵席。

第八组：家是包容，是任凭大风大雨依旧并肩同行的好伙伴。

师：请同学们根据8个小组的最佳感悟，推荐2条你认为最具有独特魅力的感悟。

生1：我觉得第四组比较好，因为每个孩子都是带着哭声来到这个世界的，然后我们要用笑声来面对这个世界的苦难，让我们的人生充满欢笑。

生2：我觉得第二组最好。

师：不要本位主义哦。

生2：因为"浪花"和"涟漪"都是有声音的，与"安宁"形成对比，更能衬托出深刻含义。

师：刚才这位同学从语言的角度解释，"浪花"和"涟漪"本身是形象的东西，表达抽象的感悟，而且写出了人生的意义，非常好。

生3：我比较喜欢第三组。我们曾经哭过、笑过，最终成为美好的回忆。

师：著名作家闫红曾说过，"最美好的事，是过去的事"。请语文课代表说说你最喜欢哪一条。

生4：我最喜欢第五组"平淡是橄榄的味道"，生活平平淡淡，就像橄榄的味道，真实。

生5：我最喜欢第六组，因为这个感悟是我们组写的。"死不是生的对立面，死潜伏在生之中"，我觉得人生就是如此，很有哲理。

师：大家刚才推荐的这几组写得都很好，如果让我选择2条感悟的话，我比较喜欢第五组的成长感悟"平淡是橄榄的味道"和第四组的成长感悟"带着哭声来到这个世界，带着笑声活下去"。判断的标准是：第一，它能直抵你的灵魂深处，引发你的共鸣；第二，能反映你的独特个性；第三，语言凝练，富有哲理。

 让语言"活"在情境中——"语言积累、梳理与探究"之广告与修辞

语言积累、梳理与探究，是贯穿必修、选择性必修课程的学习任务群，"修辞立其诚"是其中的一个专题，而这节课是该专题中的一个微专题。我执教"'语言积累、梳理与探究'之广告与修辞"，以广告语欣赏与创作的活动设计，体现"学习任务群4：语言积累、梳理与探究"的专题学习内容。课堂由"农夫山泉""喜欢你，有道理""写广告，我能行"三个活动环节构成。在品味广告语魅力的过程中，我充分尊重学生的主体地位，不断激活学生的生活体验，引导学生品味语言文字背后的审美意蕴和文化内涵。最后，设置生活情境，引导学生选择宁波代表性建筑天一阁或特色美食宁波汤圆来撰写广告词，并且推荐评选最佳广告语，让学生在积极的语言实践中构建起自我的语言体系，提升语言表达能力、审美能力和文化水平。

梳理与探究这一语文实践方式，在本节课中得以充分体现。广告语的积累是语言梳理与探究的前提，当学生对广告语的积累缺乏一定的文学性和审美性时，教师可提供高品质的广告语。"活动二：喜欢你，有道理"是体验广告语的美感和文化含量，也是一种语言梳理，使学生将广告语的知识系统化、体系化，从而发现广告语背后的语言运用规律。"活动三：写广告，我能行"是美感和文化在广告写作中的渗透。在进行语言知识的探究时，只有先对语言系统进行归纳、分类统计，继而才能加以"观察、比较、鉴别、想象、推测和判断"。

上海师范大学中文系教授郑桂华对本节课作了点评，她说新课标背景下语文学习对教学的期待有两组关键词：自主+合作，语文经验+生活经验。比如张永飞老师的课堂，设置生活化的情境，激发学生对语言的感悟，打通语文课堂与生活经验的通道，引导学生在广告语的品读、体验中，建构自我的语言知识体系。课堂上，老师用巧克力激励学生发言，引导学生自主体验广告的语言魅力，学生的发言也十分精彩。举例如下：我最喜欢奔驰汽车的广告语"献给所有不安分的灵魂"，我也是不安分的灵魂，仿佛听到了马达的声音，在田野上风驰电掣……我最喜欢第一句"孩子咳嗽老不好，多半是肺热"。这是药品广告，针对的人群是小孩子，买药的肯定是长辈，很生活化，就像你跟朋友唠家常，朋友随口说一句，哦，肺热，那你可以用什么药……生活中平常的场景，用在广告中给人信任的感觉。学生创作的广告语举例如下：

师：好，我们一起来朗读黑板上各小组推荐的广告语。

第一组：不只是书，还有光阴的故事（天一阁）。

第二组：古今纵横，书香四溢（天一阁）。

第三组：城中阁楼，书中雅殿（天一阁）；糯香四溢，唇齿余甜（宁波汤圆）。

第四组：一天之书，集聚一阁（天一阁）；晶莹剔透，团圆甬城（宁波汤圆）。

师：请同学们根据广告语创作的规律特点，为你认为写得最好的广告语投票，然后由语文课代表汇总投票结果。

生1：投票的结果是：第一组2票，第二组2票，第三组1票，第四组1票。

师：你作为课代表，如果让你投票，你将选择哪一条？为什么？

生1：我喜欢第三组的"城中楼阁，书中雅殿"，首先对偶，语言典雅优美；其次，"楼阁"讲天一阁的建筑，"雅殿"讲天一阁的内蕴。

师：我想问一下，天一阁的历史你知道吗？你能给同学们介绍一下吗？

生1：天一阁是明朝兵部侍郎范钦在晚年的时候修建的私家藏书楼，后人把它扩建了一下，丰富了它的内涵。所以，我们组写的是"不只是书，还有光阴的故事"。

师：你知道天一阁经历的风雨沧桑吗？

生1：天一阁不只是藏书楼这么简单，它还有从明代到现在的风雨历史。天一阁里的一砖一瓦都是很有讲究的，所以说"还有光阴的故事"等待我们去挖掘。

师：我们把掌声送给课代表，天一阁"不只是书，还有光阴的故事"，不仅有历史的沧桑感，还有文化的厚重感。第一个作为外姓人进入天一阁看书的是谁？

生（齐声）：黄宗羲。

师：在文化大师黄宗羲之前，天一阁是不准任何外姓人阅读的。后来在清朝《四库全书》的编纂中，天一阁的藏书提供了珍贵的史料。再后来天一阁的藏书被抢劫、被盗走，历经风雨变故，但是它的文脉流传至今。所以，我把我的一票投给了第一小组。这条广告语是谁写的？

生（齐声）：课代表。

（教师把《语言家园：汉语运用》这本书送给课代表。）

师：这些广告语中还有没有可以修改得更好的广告语呢？比如说，汤圆"糯香四溢，唇齿余甜"只写出香甜，却没有文化意蕴。可以改一下词语，调一下句式，效果就不一样了，变成宁波汤圆的"升级版"。老师想到了一条，宁波汤圆"唇齿余甜"，是否改为"舌尖上的乡愁"，把汤圆与中国传统习俗——元宵节吃汤圆联系起来，这样是不是更有文化味一点？

总结：余秋雨先生说："文化，是一种包含精神价值和生活方式的生态共同体。它通过积累和引导，创建集体人格。"文化的最终目标，是在人世间普及爱和善良。当广告语以美的形式呈现文化，就会激发你内心的爱和善良，当这种美的产品来到生活中，就在生活中形成了文化。所以，语言文字的背后是审美和文化，好的广告语就是生活中的一见钟情。

突破固化模式，学会理性思考——"时间管理"考场作文升格指导①

【原题呈现】

阅读下面的材料，根据要求写作。

当代作家毕飞宇说："终有一天，我要把手机扔掉。人不需要那么多的对话和信息，大部分手机资讯是垃圾，我们不能失去思考的深度，要过一个有意义的人生。"

日本企业家稻盛和夫说："在成长的关键期，一定要控制欲望，千万不要把宝贵的时间浪费在不必要的人和事上，要为未来的成功奠定基础。"

作为高中生，你正处于成长的关键期，"时间管理"对你今后的人生之路具有重要意义。请结合材料写一篇文章，体现你的感悟与思考。

要求：选准角度，确定立意，明确文体，自拟标题；不要套作，不得抄袭；不得泄露个人信息；不少于800字。

【作文原稿】

行时间管理，受终身之益

①时间是一把无形的刀，切割着每个人的生活。我们无法阻止时间的流逝，但我们可以学会合理地安排时间，让生活更加充实。正如一位智者所说："时间就是生命，失去时间就等于失去生命。"（开头没有从材料引入，直接从"时间"这一话题入笔，不能吸引读者眼球。此外，引用的名言不准确。）

②首先，时间管理对于一个人的成长和发展具有至关重要的作用。以乔布斯为例，他是苹果公司的创始人，他的成功离不开对时间的精准把握。乔布斯认为，时间是最宝贵的资源，因此他始终坚持时间管理，把时间用在最有价值的事情上。正是这种时间管理，使得乔布斯在短暂的人生中创造了无数的奇迹。（"首先"一词虽然可以体现论证的层次，但是一旦固化就容易给人带来刻板印象，犹如数学题的答题步骤。以乔布斯为例，虽然他创造了奇迹，但从

---

① 此案例发表于《作文新天地》2024年5月刊，原题为《突破固化模式，学会精心选材——"时间管理"考场作文升格指导》，个别文字有改动。

事件本身来看，并不能充分证明此段的观点。）

③其次，时间管理能够提高我们的效率。以世界著名的物理学家爱因斯坦为例，他认为时间是相对的，但他同样注重时间管理。爱因斯坦在研究物理时，总是把时间分配得井井有条，充分利用每一刻的时间。他把时间用在思考问题、研究实验、写作论文上，最终取得了一系列重要的物理学成果。正是这种时间管理，使得爱因斯坦在有限的时间内取得了巨大的成就。（"其次"一词固化了文章写作模式。爱因斯坦的材料陈旧，而且并不能很好地证明"时间管理"如何提高学习效率。另外，论证层次上并没有递进。）

④再者，时间管理能让我们更好地平衡学习与生活，提高我们的生活质量。以世界著名钢琴家郎朗为例，他曾经为了练琴牺牲了大量的休息时间，导致身体和心理都出现了问题。后来，郎朗意识到了时间管理的重要性，开始合理安排时间，既保证了练琴时间，又给自己留出了足够的休息时间。这种时间管理使得郎朗的身体和心理都得到了很好的调节，他的音乐水平也得到了进一步的提高。（"再者"一词固化了文章写作模式。郎朗是否为了练琴牺牲了大量的休息时间，导致身体和心理都出现问题呢？劳逸结合的时间管理真的是郎朗成功的原因吗？材料的真实性值得怀疑。）

⑤最后，我们要认识到，时间管理是一种能力，需要我们在日常生活中不断去培养和锻炼。我们可以从日常生活的点滴做起，如合理安排学习和娱乐时间，提高自己的时间管理能力。同时，我们还要学会珍惜时间，充分利用时间，让每一刻都过得充实而有意义。（"最后"一词仍然固化了文章写作模式。但在论证上，依然是在同一个平面上滑行，并没有进入更高层次的论证。）

⑥时间管理对于一个人的成长、发展和生活质量具有重要的影响。让我们从现在开始，学会合理地利用时间，让时间成为我们成长道路上的助推器，从而受益终身。（总结段，呼应前文，再次表明时间管理对人生的重要性，在逻辑上缺乏"点石成金"的升华效果。）

【升格指导】

本次作文题是一道材料型作文题，两则材料都具有现实针对性。审题时，要综合两则材料的内容，把握其共性。毕飞宇的话阐述了在人的成长过程中，手机资讯侵占了宝贵的时间，让人失去了独立思考能力；稻盛和夫的话阐述了在人生的关键期，要控制欲望，不要把宝贵的时间浪费在不必要的人和事上。由两则材料引申出的"时间管理"是论述的重点内容。下面的立意供参考：（1）分清事情的主次，合理分配时间；（2）善用碎片化时间，做有意义的事情；（3）做时间的主人，不被外界迷惑；（4）保持独立思考，不做短视的人。

本篇作文抓住了"时间管理"这一话题，阐述了时间管理对一个人成长的重要性。但文章结构是一种固化模式，缺乏对材料的深入分析，难以吸引眼球，在论证层次上也没有做到层层深入，因此达不到高分作文的标准。具体来说，这篇作文存在以下问题：

一是对材料缺乏深入的解读与思考。本文作者缺乏对材料的深入解读与分析，不能提出自己独特的观点与主张。材料中，毕飞宇为什么说"终有一天，我要把手机扔掉"？关键是他认为浏览手机上的绝大部分信息会侵占我们宝贵的时间，会让人失去独立思考的能力。对于一位文学创作者而言，独立思考能力比信息获取能力更重要。当今时代，手机游戏、网络资讯、短视频虽然给我们的生活带来便利与惬意，但确实有部分中学生沉迷其中难以自拔，成为时间的"奴隶"。稻盛和夫的话恰恰印证了毕飞宇的观点，在成长的关键期，一定要控制欲望，千万不要把宝贵的时间浪费在不必要的人和事上。

二是论述结构死板固化，缺乏递进。本文虽然把"首先""其次""再者""最后"这样的顺序词放在每段开头，试图体现论证的层次性、逻辑性，但是这样的写法有两个弊端：其一，容易形成类似于数学解题步骤的固化模式；其二，从内容看并没有形成逐层深入的逻辑结构。作者的观点是"学会合理地安排时间，让生活更加充实"。"时间管理对于一个人的成长和发展具有至关重要的作用"，这是一个总观点句。"时间管理能够提高我们的效率"，"时间管理能让我们更好地平衡学习与生活，提高我们的生活质量"，"时间管理是一种能力，需要我们在日常生活中不断去培养和锻炼"，这些分论点仿佛在平面上滑行，甚至交叉重复，并没有构成严密的逻辑关系。

三是选取的材料固化陈旧，缺乏深刻的剖析。从选取的材料看，乔布斯、爱因斯坦、郎朗，都是时间管理的成功典型，但文中只有材料的罗列，难以说服人。比如，三则材料都采用"以……为例"的句式，形成了文章的固化结构，显得幼稚而刻板。而且在事实论据的阐述上，没有对材料进行深入剖析，从而缺乏说服力。比如乔布斯的材料，按照本文的行文逻辑，把乔布斯换成其他任何一个成功人士，是否都可以呢？要多积累与名人相关的写作素材，才能提升个人的文学素养与写作功底。

【升格佳作】

做时间利刃下的"剑客"

英国博物学家赫胥黎说过："时间最不偏私，给任何人都是24小时。"但并不是所有人都能将时间尽数利用。在当今时代，大多数人被碎片化信息裹挟着。曾经宁静的闲暇时光，变得充斥着短视频的声音，整个下午的时间在手机的屏幕滑动中仿佛一晃而过，我们不禁要问：时间都去哪儿了？

毋庸讳言，适度地利用电子产品对人的学习和生活能起到锦上添花的作用。一些三、四线城市教育资源的匮乏有目共睹，但手机、电脑等电子产品的出现，可为学子们搭建起求知的通衢大道。然而，在学习忙碌的当下，我们要做时间利刃下的"剑客"，而不能把时间消耗在手机的诱惑之中，正如稻盛和夫所说的"千万不要把宝贵的时间浪费在不必要的人和事上"，否则将可能成为时间的"奴隶"。

古往今来，但凡能成为时间的主人者，大多是时间的"剑客"。文学大师鲁迅先生的"早"字铭刻在每个人的心中；法国作家巴尔扎克能写下90多部作品，是他与时间赛跑的结果；钢琴演奏家郎朗每天练琴6小时以上，才有了他的不凡成就。正是这种惜时如命的精神，造就了不同领域的杰出人才。反观当下，不会合理规划时间的同学比比皆是。他们被"快餐时代"的碎片化信息击倒，在信息的汪洋大海中四处漂流。美国作家梭罗在《瓦尔登湖》中写道："时间只是供我垂钓的溪流。"我们心无旁骛地凝视时间，满心欢喜地接受它送给我们的礼物。我们之所以为碎片化时间所伤，是因为我们被内心的欲望俘虏了。

当然，有效的时间管理并非把全部时间都投入学习和工作。注重效率、劳逸结合的人，才是真正的时间"剑客"。我认为，我们要合理规划自己的时间，善于将时间用在刀刃上，不必将电子产品视为"洪水猛兽"，而是将其视作一把"利剑"，而我们便是仗剑走天涯的"剑客"。

【升格启示】

升格之后，写作做到了三个突破。

一是突破标题的固化模式。在应试作文的影响下，有些同学以为运用对偶句撰写标题，就可以获得阅卷老师的青睐。对偶句的确能让标题语言简洁凝练，具有对称之美。但是一旦大家都用对偶句做标题，也就形成了刻板效应。比如，修改后的文章标题"做时间利刃下的'剑客'"就是运用了比喻的手法，形象地表达了不被时间裹挟，学会利用碎片化时间的道理。这样的标题就比原标题"行时间管理，受终身之益"鲜活得多，深刻得多。这就是对固化标题的一种突破与创新。

二是突破结构的固化模式。修改后的文章不再是"首先""其次""再者""最后"这样的死板结构，而是运用正反对比、自然过渡、层层递进等写作技法，显得灵动而不呆板，精巧而有说服力。比如，开头从赫胥黎的名言引入，联系材料和现实生活，让文章更具针对性和现实性。然后客观理性地分析了电子产品带来的利弊，再从正反两个方面，论述了真正成为时间的"主人"的道理。最后强调了注重效率、劳逸结合的人，才是真正的时间"剑客"。文章段落之间是层层递进的逻辑关系，而且充满了思辨色彩，显得深刻理性。

三是突破选材的固化模式。从某种意义上说，材料的选择体现了写作者的文学功底和写作素养，也是作文得高分的关键。选取具有一定文化含量且具有现实意义的材料，往往能写得出彩。修改后的作文，材料不拘泥于某一方面，涉及面广泛，又具有时代性、典型性、深刻性。作者运用了博物学家赫胥黎、文学大师鲁迅、巴尔扎克、梭罗，钢琴演奏家郎朗等人的例子，可见写作者的文化底蕴深厚、阅读视野宽广。

总之，作文写作中应该突破应试作文的固化模式，鼓励考生提出自己独特的观点，体现创作的逻辑规律，打破各种束缚，追求思想深刻、内容丰富、语言灵动、表达个性化。

学习
先进
理念

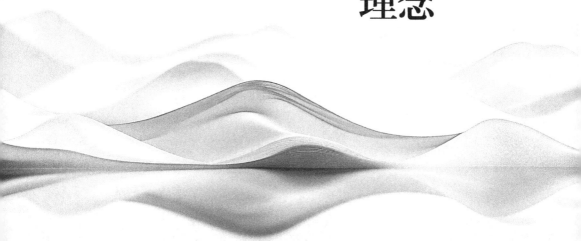

根据"金字塔"模型，骨干教师专业成长的第二阶段是形成解释"我为什么这样做"和作出评价"我为什么这样想"，是对教学规律和理论视角的深入研究和落实，也是逐渐从感性的判断阶段发展为理论的分析阶段，主要体现在理论学习和案例分析上。理论学习的途径有阅读教育教学理论著作、接受教师专业培训、加入教育科研团队等等。我这一阶段的代表性学术成果就是《语言家园：汉语运用》和《语文课堂：从"言语"走向"文化"》。这些成果也是我不断学习践行新课改理念的结果，代表着我从日常教学的生活化表达走向学术化的专业表达。骨干教师的专业成长离不开理论学习和实践案例的分析阐述，由此才能形成自我的教学主张。

培训就是培养加训练，就是通过培养加训练使受训者掌握某种技能的方式。由认知心理学理论可知，职场正确认知（内部心理过程的输出）的传递效果是决定培训效果的根本。新课标实施以来，各种各样的培训纷至沓来，但是老师们对培训的认知和态度不一，这就决定了培训的成效。回顾我的专业发展之路，就是一边培训学习，一边课堂实践的过程。在这一过程中，我不断地研习新课标，尝试新理念，践行新课堂。《普通高中语文课程标准》是2017年颁布实施的，但是我在2015年就已经接触了新课标的原始稿。2015年底我加入了浙江省褚树荣名师网络工作室，成为首批省级学科带头人。围绕着"新课标·新语文·新课堂"这一主题，我们开展了各种形式的研讨活动，第一次活动叫"相约晚八点"，每一位学科带头人都选择其中的一个学习任务群，解读并阐述内涵。最后的标志性成果就是2018年由上海教育出版社出版的系列丛书，其中我担任了《语言家园：汉语运用》一书的主编。这是我第一次接触并深入研习新课标。

2019—2023 年，我参加了浙江省"浙派名师名校长培养工程——高中语文"项目培训学习，且担任班长之职。其间，在浙师大人文学院的精心组织下，我们的足迹遍及金华、广州、深圳、杭州、台州、成都、重庆等地。围绕"'三新'背景下的语文课堂教学转型"这一活动主题，我们走进课堂，聆听专家讲座，开设观摩课，开展主题沙龙，撰写科研论文，等等。这四年，我对新课标的认知逐渐深入，我的专业成长也十分迅速，先后被评为浙江省正高级教师、特级教师、台州市高层次人才计划"特殊支持"第二层次人才。2024年临海市张永飞名师工作室成立，工作室团队围绕"单元学习任务下的文本细读"这一主题，进行深入研究，形成科研成果，为推动新课标理念落地付诸实践。每一次的培训活动，都见证了我与新课标的一路成长。

语文树，与你共成长

"语文树"，是褚树荣名师网络工作室的雅号；"水果"，是褚树荣老师微信的昵称。水果的清香，源于果树的生长、天地的呵护、雨露的滋养。语文教学，亦是如此。

2015年，我有幸成为浙江省褚树荣名师网络工作室的首批学科带头人，与来自全省各地的语文同人切磋琢磨，共同成长。2017年，经褚老师推荐，我成为浙江省朱昌元名师网络工作室第二、三批学科带头人。2022年，我又加入了浙江省黄华伟名师网络工作室。名师工作室，是我语文专业成长中极为重要的平台。特别是在浙江省褚树荣名师网络工作室组织的一系列有关新课程的主题研讨活动中，我们经历了奋斗之艰辛、成长之快乐、丰收之喜悦……往事历历在目，记忆犹新。

一、南京之行，一次语文教师的精神洗礼

记得第一次相聚在南京，参加江苏省著名语文特级教师曹勇军语文教育思想研讨会，由此拉开了工作室学科带头人研讨活动的序幕。金秋时节，古城金陵，花开千树，书香飘溢。南京十三中的语文学科基地建设，让人感慨万千。校园里处处洋溢着语文的气息，十三中赋、作家题字、书目推荐、古典线装书、文学创作工作坊等，无不呈现出学校悠久的办学历史和深厚的文化底蕴。曹勇军老师带领他的团队，建造起一个"语文理想国"：1个语文教育剧场、1条中西文学走廊、4个课程研学中心、17门校本选修课程、3个语文学习节、50本必读书、4个学生语文学习社团等等。在这个"语文理想国"里，他们阅读中西文化典籍，学习影视演评，研究金陵文化，开设写作工作坊；他们举办三大语文学习节：玄武湖的"明月诗会"，校园戏剧节，古诗词吟诵节。这些语文活动的开展，打通了语文与生活、阅读与写作。尤其是曹勇军老师成立的"经典夜读"小组，他们进行整本书阅读，拓展了阅读视野，奠定了精神底子。如阅读《海子的诗》、苇岸的《大地上的事情》，寻找童年，寻找自然和诗情；阅读梭罗的《瓦尔登湖》，反思物质存在，寻找生

活真谛；阅读筱敏的《捕蝶者》、陈徒手的《故国人民有所思》，关注现实，寻找真相，捍卫正义；阅读赫胥黎的《美丽新世界》，反思科学乌托邦。还有文史哲的经典必读书目，像《万历十五年》《美的历程》《中国哲学简史》等。曹勇军老师组织的活动"语文，我和你的故事""我是一个诗人，又是一个农夫"，形象地诠释了语文教育的意义。作为"诗人"般的教师，他沉浸于语文课堂诗意的遐想中，陶醉于语言文字优美的韵律里；作为"农夫"般的教师，他把自己的教育理想深埋在现实的土壤中，把学生当作一颗颗有无限生长潜能的种子，辛勤地浇灌，精心地呵护。特别喜欢曹老师对语文课堂的"莲花说"比喻："课堂如一朵莲花，生长在泥土之中，花瓣和花苞却伸向天空。"曹老师的语文教育，岂不就是语文课改所追求的目标——提升学生的语文学科核心素养？

二、慈溪之行，一次语文课堂的"头脑风暴"

第二次活动在慈溪中学举办，主题是"翻转课堂"。初冬的慈溪，特别温暖。欧阳兄灿烂的笑脸、热情的服务，就像冬日的暖阳。翻转课堂的理念、别具一格的语文课堂，犹如温暖的春风。学科带头人的真诚相待、其乐融融的教研氛围、褚树荣老师赠送的专业书籍，又像一股温暖的清流。本次研讨活动以"翻转课堂与语文教学"为主题，四位学科带头人"同课异构"，与会教师围绕着教学理念、教学手段、课堂结构和课堂形态等角度进行研讨。两堂《项羽之死》，黄宏武用传统课堂方式执教，欧阳凯用翻转课堂的新理念执教；两堂《清兵卫与葫芦》，陈如意用传统课堂方式执教，徐美珍用翻转课堂的新理念执教。会上，欧阳凯还介绍了自己的"基于翻转理念的高效文言文阅读教学的实践与思考"课题研究成果，王静做了"从镇海中学经验谈翻转教学的校本化实施"的主题报告，各位学科带头人畅谈自己对语文教学专题研究的心得体会。褚树荣老师认为，"翻转课堂"是传统教学的一种补充，符合新课标倡导的"先学后教、学为主体"的教学理念，也符合时代发展的规律。当前，由于各地各校条件不一，推行有难度，但"理念比技术更重要"，我们要在解决问题中探索前行。褚老师提出了"翻转十思"，引导我们学科带头人从不同角度深入思考"翻转课堂与语文教学"的理念和实践，并把它作为本次学术研讨活动的成果，分期发表在《语文学习》杂志上。

三、宁波高复会，一场高考语文的饕餮盛宴

第三次活动在宁波中学举行，主题是"2016年高考语文复习研讨会"，目的是"于细微处要分数"。春暖花开，万物勃发；语文盛会，高朋满座。宁波中学具有厚重的文化底蕴，光绪年间张之洞题写的"宁波府中学堂"，古朴，典雅；具有现代气息的学术报告厅，高端，大气。会上，我们观摩了各位学科带头人的展示课，参加了关于语文高考复习的微课论坛。其中学科带头人的展示课堂有孙立的"语用题之图文转换指导"、林忠港的"实用类文本阅读指导"、王静的"文学类文本阅读指导"、颜军岳的"文言文阅读指导"、谢澹的"考场写作指导"、顾乐波的"古典诗歌阅读指导"、陈伟凯的"现代诗歌阅读指导"等，每一堂课都亮点纷呈，体现了学科带头人扎实的专业素养和精巧的设计理念。我的任务是微讲座"实用类微型写作的复习建议"，我根据浙江省近十年的语文高考试题中实用类语言表达题型和近两年北京高考卷中的微写作题型，剖析了实用类微写作的命题趋势和价值追求，并针对实用类微写作的各种试题类型，提出了切实有效的复习建议，引发了与会老师的共鸣。

四、丛书编写，一次次专业成长的锻造

第四次至第十一次活动，我们都是围绕着"新课标·新语文·新学习"丛书的编写而展开的，从线上的"相约晚八点"，到线下的多次专题研讨，足迹遍及全省各地。2016年6月，我们通过名师工作室"相约晚八点"学习任务群的网络主题教研活动，开启了新课标的学习之旅。7月，我们相聚在宁波市教研室，召开了"新课标·新语文·新学习"丛书编写专题会议。褚树荣老师为我们搭建了丛书的整体框架，指明了编写体例，提供了典型案例。《语文学习》主编何勇先生亲自颁发了聘书，给予了我们信心和勇气。这是一次全新的尝试，也是一次高难度的挑战。记得宁波的东钱湖畔、丽水的白云山下、上海的永福

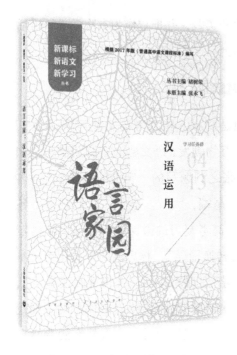

《语言家园：汉语运用》立体封

路旁，都曾留下我们忙碌的身影和探索的足迹！我负责新课标学习任务群4"语言积累、梳理与探究"以及学习任务群13"汉字汉语专题研讨"的编写工作，我和回浦中学的陶永武、郑超、杨桦、林鹏里，以及宁波二中的韦琳、查婺波等七人组成了编写团队，满怀激情地开展创意设计活动。生活化、情境化、实践性是我们编写此书的原则。我们搭建起"树形"知识结构图，将任务群分解为十一个具体的学习专题，设立"专题导语""学者谈片""主题活动""活动自检""闯关测试"等栏目，让学生在语言实践和情境设置中学习，提升语言积累、梳理与探究的能力。这本书的编写，经历了从孕育到初稿，到反复修订，再到定稿的过程，最终以成书《语言家园：汉语运用》与读者见面。在一次次的切磋琢磨中，编写团队成员提升了专业水平，也收获了友谊。

聚焦课标，践行课改，反思课堂

——"浙派名师"高中语文培训手记

第一期：砺学砺行，维实维新

"砺学砺行，维实维新"，这是浙江师范大学的校训，意为勉励学子精进学业、品行兼修、崇尚实践、追求创新。2019年9月，2019浙派名师名校长培养工程高中语文培训活动（第一期）在浙师大人文学院举行。

一、王尚文：语文人一辈子的守望情怀

81岁的浙江语文界前辈王尚文教授，为我们开启了本次的培训之门。王教授21岁开始教书，60岁时退休返聘，一直工作到70岁。他讲座的题目就叫"我教了一辈子语文"，他用一句话总结了自己语文教学的感悟：把自己教成学生。他的谦逊、博学、激情澎湃、热情洋溢，让我们看到了语文人一辈子的守望情怀。他从两个方面阐述了自己的教学主张：第一，语文课程不同于其他课程的基本特征是"语文是人本身"；第二，教师所能教给学生的只有教师自我，"教师应当比学生更可教"。王教授的观点体现了语文课程的人文性，语言文字的灵动感。他认为，思想情感只能够活在语言之中，比如：孔子的"求，无乃尔是过与？"直呼其名，且用反问的句式，表达对冉求的批评和不满；"赐也，始可与言诗已矣！"则体现了孔子对子贡的赞扬和肯定。

教师的个性修养和专业水平不可替代，不可或缺。语文教师本身仿佛就是语文，两者融为一体。"语文不外乎于他，而是内在于他"，"他不只是懂得语文，而是拥有语文"，"语文仿佛就是从他心里流出来的"，等等。课堂上，语文老师说天说地，说东说西，说红说绿，实际上都是在说自己。不管是否自觉，这是一个无法改变的客观事实。王尚文教授的话语，让我想起了陈日亮先生的著作《我即语文》，这里的"我"也是一种课程资源，只有丰富自我的人文底蕴，才能在语文课堂中游刃有余。"语文教师的知识管道中不贮满'语

文的水'，精神体内不充盈'语文的血'，他的思想和语言就不免干涸，并迟早会使自己陷入生存困境。"①语文是人的生命行为，是人的生存方式。语文教师既要用语文育人，又要以语文修身。用海德格尔的话来说，教学就是"让学"。"让学"的两层含义：一、让热爱；二、让实践。中学语文教学难在让你的学生爱上语文。如何培养学生对语文的感情？王教授以《傅雷家书》中傅雷的遗书为例，用自己的真情朗读来体现语言文字的情感美、人性美、灵魂美。

二、黄灵庚、张法：语文教师的专业修炼

黄灵庚教授是浙师大人文学院著名的楚辞研究专家，古文功底了得，学术素养深厚。他讲座的题目是"文言文教学的重点与备课"，体现了"传道、授业、解惑"的教学主张。张法教授是浙师大人文学院特聘教授、美学专家，他为我们做了题为"中国古诗的本来面目"的专题讲座，折射出他宽广的阅读视野和严谨的治学态度。两位教授的讲座，让我们真正体会到语文教师专业的"回炉锻造"。

黄教授认为，培养学生"阅读浅易文言文的能力"是中学文言文教学的基本目标。首先，掌握文言常用字，是阅读文言文的前提和基础。例如："大王来何操？""我持白璧一双，欲献项王，玉斗一双，欲与亚父。"操：拿，携带；持：捧着。理解文言文字词的方法——会通、传注。要根据语境，判断词语的语境义。例如：《项脊轩志》中的"庭中通南北为一"，这里的"庭"是哪里？中国古代住所的结构，有特定的称谓。"庭"的本义指房屋的正室，"室"内有四角，都有专门名称，如东北角叫"宧"，西北角叫"屋漏"，东南角叫"窔"，西南角叫"奥"。室的南面是"房"，右前方称"堂"，堂外面是"厢"，厢外面是"序""庭"；墙是外面的，壁是里面的。汉字溯源，就是一种传统文化的传承和弘扬。其次，文言文的备课要做到三点：一是校勘所选课文的版本；二是参考现代人研究的成果；三是对当注未注者加以补充。他以大量的例子阐述了文言文教学备课过程中对古汉语字词考证的重要性。例

① 陈日亮.我即语文[M].福州：福建教育出版社，2014：314.

如：人教社《归园田居》2001 年之前的版本"草屋八九间"错印成"草屋七八间"。语言的建构与运用，就是从汉字的源头开始探究古汉语的文化魅力，这也体现了语文教师的专业素养。

张教授从关于屈原的一幅画引入"诗是什么"，并由此展开对中国古代写诗现象的思考。诗不仅仅作为艺术形式，更是文化中人之为人的一种存在方式。诗者，天地之心也。他认为，中国人的作诗意识带来了全民皆诗人的诗歌创作现象，中国传统的文化名人主要是诗人或以写诗为基础的文学家。无论是官员，还是哲学家、宗教徒、乡绅，首先要成为一个诗人。中国人的文化、中国人的魂，是和诗歌连接在一起的。要了解中国人，最好的进入方法就是读诗。当然，从绘画、建筑、小说进入也是可以的，但最能够反映中国人心灵的东西，还是诗。所以说，诗最具中国文化特色。比如：

宗教与诗——

神秀：身是菩提树，心如明镜台。时时勤拂拭，莫使惹尘埃。

慧能：菩提本无树，明镜亦非台。本来无一物，何处惹尘埃。

诗在哲学、宗教、科学、音乐、绘画、建筑、小说、戏曲上都有体现。翻开古人的诗集，主题往往是送别、闲居、即事、述怀、有感、赏春、咏秋……人生的重要时刻，都可以写诗。诗是中国文化之魂，诗让文化的各个方面都充满了美学之韵味和境界。审美鉴赏与创造，需要教师拥有一双慧眼，发现文字与文学之美，体会中华文化的美学真谛。无论是文言文阅读中古代汉语的文化内涵，还是诗歌所展示的文学魅力，都让我们这些汉语言文学专业的语文教师进行了一次"专业修炼"。只有不断提升自身的学术修养，方可在课堂教学中左右逢源、游刃有余。

三、胡勤：语文课堂的创新转型

如果说大学教授传达的是精深的教育教学理论知识，那么，浙江省原高中语文教研员、省特级教师胡勤则给我们带来了两场精彩的实践操作讲座。他的讲座题目是"高中统编教材教学价值取向新趋势"和"高中语文教材编写框架与基本思路"。胡老师以《烛之武退秦师》的教学设计为例，结合语文教材发展的三个阶段，阐明了高中统编教材教学价值取向的新趋势。

▲《烛之武退秦师》当下常见的教学内容：

1.辨析词语。文言实词、虚词、通假字、一词多义、古今异义等，将相关句子译成现代汉语。

2.烛之武的语言艺术：示弱，站在秦立场为秦考虑，挑拨离间，瓦解对方。诱之以利，表示臣服。方法：虚拟情景，揣摩在场人物内心。

3.人物形象：烛之武的责任与担当，爱国情怀，机智，等等。

▲《烛之武退秦师》10年前的教学内容（2007年人教版）：

【研讨与练习】

一、细读课文，回答下列问题。

1.晋、秦两国为什么围攻郑国？

2.郑伯是怎样说服烛之武的？

3.烛之武用哪些事实和事理说服秦伯退兵？其中哪一点最关键？

4.晋文公为什么不愿向秦军进攻？

二、古代汉语以单音词为主，现代汉语则以双音词为主。解释课文中下列单音词，体会这一特点。

朝 亡 厌 国 戍 夕 危 师 及 辞

三、阅读下面评论秦穆公退兵的一段文字，结合课文，谈谈你的感想。

天下之事以利而合者，亦必以利而离。秦、晋连兵而伐郑，郑将亡矣，烛之武出说秦穆公，立谈之间存郑于将亡，不惟退秦师，而又得秦置戍而去，何移之速也！烛之武一言使秦穆背晋亲郑，弃强援，附弱国；弃旧恩，召新怨；弃成功，犯危难。非利害深中秦穆之心，讵能若是乎？秦穆之于晋，相与之久也，相信之深也，相结之厚也，一怵于烛之武之利，弃晋如涕唾，亦何有于郑乎？他日利有大于烛之武者，吾知秦穆必翻然从之矣！（吕祖谦《东莱左传博议》）

▲《烛之武退秦师》2019年统编教材的教学内容：

【学习提示】

"千乘之国"郑国遭遇秦、晋两强夹攻，看一看历史地图，了解郑国当时

的处境。（还原历史事件）

本文的核心部分是烛之武游说秦穆公的外交辞令。烛之武以一己之力，成功说服秦国撤军，瓦解了秦、晋对郑国的围困。前人说"烛之武一言，贤于十万师"（谢有辉《古文赏音》），并非过誉。要反复诵读，理清思路，揣摩人物情态，体会对话语气，把握烛之武说辞的语言艺术和其中蕴含的智慧。此外，还要注意郑文公、晋文公的话，理解其中体现出来的人物特点。《左传》是编年体史书，以时为经，以事为纬。学习本文时，可关注在烛之武退秦师前后发生的事，更全面、准确地把握文章的内容。（外交策略的研究）

史书以记事为本，在历史叙述中也常透露出一些思想、观念。《左传》重视"礼"。秦、晋围郑是因为其"无礼"，晋文公认为进攻秦军是"不仁""不知""不武"的，因而被古人赞为"有礼"。该如何理解这里说的"礼"？秦先与晋联合围郑，后又"与郑人盟"，秦的行为合乎"礼"吗？思考这类问题，对春秋时期军事、外交活动中的行为准则会有更深入的认识。（了解当时社会的行为准则、儒家伦理）

胡勤老师认为，统编教材的编写体例反映了语文课堂教学的新趋势。第一，从思考练习、问题研究向项目任务拓展，即从做小题、碎片化学习往大问题、综合性实践性学习拓展。第二，从字、词、句、篇向课文所蕴含的历史、社会、哲学、文化等意义延伸，即从"内语境"往"外语境"延伸。"内语境"是指文本语境，即上下文情景语境，如语句、语篇与风格等；"外语境"是指社会环境和交往语境，包括现场语境、历史语境和知识背景。第三，从规范语法修辞知识向语言运用转向，即从静态知识学习转向运用知识学习。第四，文本组合，从单篇阅读趋向群文阅读。

语文课堂教学的转型，关键是评价的导向。如果高考语文试题不进行改革，语文课堂将难以改变固有的形态。新课标、新教材、新语文指导下的语文高考命题可能会出现什么样的新变化呢？比如：

阅读下列两首诗，回答1—4题。

发临洮将赴北庭留别（岑参）

闻说轮台路，连年见雪飞。

春风不曾到，汉使亦应稀。

白草通疏勒，青山过武威。

勤王敢道远，私向梦中归。

关山月（李白）

明月出天山，苍茫云海间。

长风几万里，吹度玉门关。

汉下白登道，胡窥青海湾。

由来征战地，不见有人还。

戍客望边邑，思归多苦颜。

高楼当此夜，叹息未应闲。

1. 默写一首描绘边塞风光的诗词，与上述两首诗组成一组阅读材料。用简洁的语言阐述你选择这首诗词的理由。

2. 结合这几位诗（词）人的人生经历或创作风格，选择一个角度评析这三首诗词。

3. 下面两则材料是对示例作品的评价。你对这两则评价有什么看法？任选一则阐述你的理由。

（a）明代文学批评家许学夷："岑'闻说轮台路'在厥体中为压卷，《正声》不录，不可晓。"（《诗源辩体》）

（b）宋代吕本中："李太白诗如'晓月出天山，苍茫云海间。长风一万里，吹度玉门关'，及'沙墩至梁苑，二十五长亭。大舶夹双橹，中流鹅鹳鸣'之类，皆气盖一世，学者能熟味之，自然不褊浅矣。"（《童蒙训》）

4. 如果探究唐代边塞诗创作"参与人数之多，创作数量之大，为前代所未见"的原因，你探究的步骤是怎样的？请用文字简要说明。

这是一道很有创意的高考模拟试题。第 1 题"默写一首描绘边塞风光的诗词"考查的是学生的古诗词积累,并与前两首诗形成群文联读。"用简洁的语言阐述你选择这首诗词的理由"既考查了语言表达能力,又在一定程度上检测学生对古诗词的初步鉴赏能力。第 2 题"结合这几位诗(词)人的人生经历或创作风格,选择一个角度评析这三首诗词",侧重于文学短评,从知人论世的角度考查学生评析古诗词的创作风格和文学魅力,这是一种知识的迁移运用。第 3 题"你对这两则评价有什么看法?任选一则阐述你的理由"既有对文学评论的鉴赏,又有对文言文阅读能力的检测,更有个性化的表达训练。第 4 题"探究唐代边塞诗创作……的原因,你探究的步骤是怎样的",这是群文联读的项目化学习,也是语文"梳理与探究"活动的综合运用。这样的高考模拟题,虽然难度较大,却能全面检测学生的语言、思维、审美、文化等学科核心素养。

第二期:广深问道寻语文,金针度人是津梁

初冬之际,浙派名师名校长培养工程高中语文培训活动(第二期)如期在广州、深圳举行。我们观摩了 7 堂语文课,聆听了 5 位专家的讲座,探寻语文教学之路,研讨专业成长之途。课堂观摩涉及古诗词课堂教学、随笔两则、《红楼梦》《活着》整本书阅读教学、高三古诗词鉴赏复习等内容,专家讲座涉及语文科研、专业成长、高考命题、生活语文实践、整本书阅读教学的学理思考等方面,形式有同课异构、实践考察、专家讲座等,安排得十分紧凑,内容充实,收获颇丰。

一、同课异构展风采,师生互动赏语言

本次活动有两节同课异构,一节是李白的《梦游天姥吟留别》同课异构,一节是朱自清的《随笔两则——〈论别人〉〈论自己〉》同课异构。

广东实验中学青年教师李文执教《梦游天姥吟留别》,从析题导入,紧扣"梦"字推进课堂教学:析梦因—赏梦境—悟梦理。课堂结构清晰,层次分明,引导学生从诗歌的语言进入诗境,鉴赏诗歌的表现手法,探究诗人的创作

意图。课堂中，李老师不断引入课外资料，帮助学生逐步深入解读诗歌内涵，比如：李白的偶像——谢灵运，山水诗人鼻祖，流徙广州，后以"叛逆"罪名被杀，终年四十九岁。对于自己的才华，谢灵运曾说过一句很狂放的话："天下才共一石，曹子建独得八斗，我得一斗，自古及今共用一斗。"引导学生理解李白对谢灵运的共情，有才华却怀才不遇，有政治理想却壮志难酬。在品析"谢公屐""青云梯"时，补充谢灵运的诗句《登石门最高顶》："惜无同怀客，共登青云梯。"李白《登宣州谢朓楼饯别校书叔云》："蓬莱文章建安骨，中间小谢又清发。"在品析"熊咆龙吟殷岩泉"时，补充"熊"所体现的文化内涵："少典生轩辕，是为黄帝。注：号有熊者，以其本是有熊国君之子故也。"（《世本》）"昔者鲧违帝命，殛之于羽山，化为黄熊，以入于羽渊。"（《国语・晋语》）"禹治洪水，通轩辕山，化为熊。"（《淮南子》）同时，联系李白的身世经历——如临深渊，如履薄冰，战战兢兢，从而印证了梦对现实生活的隐喻。"太白被放以后，回首蓬莱宫殿，有若梦游，故托天姥以寄意。"（《诗比兴笺》）最后，创设任务情境，布置作业。作业很有创意，如下：如果你是"东鲁诸公"之一，在读了李白写给你的这首诗之后，你想对李白说什么？请以"东鲁君"的身份写一首诗回赠李白。

浙江桐乡凤鸣中学王斌刚执教《梦游天姥吟留别》，则紧扣"仙"字，设计三个学习任务：一是赏析游仙诗歌，感受"仙"意诗境；二是探究写诗目的，领会"仙"人气质；三是品读古体诗歌，领悟"仙"味诗气。

【学习任务一】这首诗歌运用了浪漫主义手法，诗歌内容也多方面描绘了"仙"的场景。认真研读1—2节，找出你感受到"仙意"的诗句，试着赏析。

示例："谢公宿处今尚在，渌水荡漾清猿啼。"通过渌水、猿声等意象，描绘了青山绿水、环境幽静、微波荡漾、空气清新的场景。一声凄清的猿啼，衬托了谢公住处仙境般的静谧。

在教师示范下，学生纷纷发言，仿照意象特点、场景描述、鉴赏手法，逐渐走入诗歌意境。随后，教师用诗一般的语言进行小结——跟着诗仙梦游天姥："看那天姥山，高峻连绵仙气萦；看那镜湖月，清澈明亮倒我影；看那谢公居，绿水荡漾清幽静……"

【**学习任务二**】研读第三节，探究李白想向朋友们诉说什么。

"世间行乐亦如此"与梦境有何必然联系呢？梦境是对现实的观照。世间行乐就像梦境，实际上是面对痛苦时的豁达、乐观，不对权贵摧眉折腰，保持自己独立的个性，活得自在潇洒。补充李白诗句加以印证："天生我材必有用，千金散尽还复来。""功名富贵若长在，汉水亦应西北流。""天子呼来不上船，自称臣是酒中仙。"最后尝试用吟诵的方式朗读诗句。

李文老师的渊博学识，斌刚老师的温文尔雅，都体现了教师的个性魅力。钟启泉先生说："核心素养不是直接由教师教出来的，而是在问题情境中借助问题解决的实践培育起来的。"课堂的主体是学生，应创设情境任务，让学生自主体验，在体验中提高语言运用的能力。比如：请以"东鲁君"的身份写一首诗回赠李白。这是一个很好的任务设计，遗憾的是未能在课堂上展示学生的学习成果。此外，以任务驱动学习，让学生自主赏析，也容易导致课堂的分散、效率的低下，因此，斌刚老师的课堂需要有总结环节，帮助学生梳理思维、形成认知，这就是课堂的"放与收"。

第二节同课异构在广州市南武中学开展，课题是朱自清的随笔二则《论别人》《论自己》，粤教版教材内容。两位老师课堂风格迥异，教学理念悬殊，体现了教师不同的综合素养。我最欣赏南武中学温燕平老师的课堂，学生成为课堂的主角，整堂课全部由学生主持、展示、辩论、总结，充分体现了"学为主体"的新课程、新课堂教学理念。温燕平老师的课堂，由三次思维活动组成，由学生自我主持，显然是经过了充分的准备，课堂上只是呈现一种思维的过程。

首先，走进文本，呈现课前学案的表格，有写作背景、写作目的、文体段落分析、说理特点等内容，然后设问：

1942 年，抗战到了紧要关头，可是在大后方，国民党大小官员贪污腐败，"只凭着神圣的抗战的名字做那些自私自利的事"，导致社会风气明显下滑。朱自清先生希望用自己的文章改变现状，扭转社会风气。你认为这两篇文章有成效吗？请具体说明并解释原因。

这一环节引导学生关注文本，走进文本，让学生树立读者意识，明确说理的对象，体会朱自清先生的民族气质和爱国情怀。

其次，进行辩论，明确正反方观点，确立辩论规则：

正方： 个人优先

反方： 集体至上

规则： 正方一辩陈词，两分钟

反方一辩陈词，两分钟

自由辩论，正反方各四分钟

反方结辩陈词，两分钟

正方结辩陈词，两分钟

自由辩论环节充分体现了学生良好的理性思维，他们善于抓住对方观点的漏洞，加以批驳，然后旁征博引，阐明自己的观点。比如：

生1： 在过去的历史中，集体利益高于个人利益；但在新时代，个人利益优先。以历史为例，个人优先了，集体才优先。

生2： 要顾及个人利益，并不是说否定集体利益。比如中国社会主义的分配制度，集体利益是高于个人利益的。

生3： 当集体中出现弱者，你会不会为了拯救弱者而损害集体利益呢？

生4： 以屠呦呦为例，青蒿素的研发是团队力量攻坚的结果。如果每个人都顾及自己的利益，这个社会就缺乏温暖。

生5： 个人利益和集体利益是对立的。"木桶原理"，木桶最短的板决定了木桶的装水量，集体中的弱者，你就放弃吗？

生6： 中国贫困人口有多少？你难道能抛开吗？

生7： 两者相辅相成。个人利益优先并不就是精致的利己主义。

生8： 也不是完全的平均主义者。

正方小结： 个人利益优先，是集体利益的前提。

反方小结： 集体至上更重要。个人生存于集体之中，个人无法独立生存。捍卫集体利益，才能更好地发展个人利益优先。

小结： 前方战事吃紧，没有集体就没有个人。小我精彩，大我广阔。在不同时代，有不一样的观点。

师：最后，结合苏格拉底的思考，你对自己和别人的关系有什么新的认知？请用凝练的语言表述。

（PPT呈现）

①他人即地狱。——萨特

②己欲立而立人，己欲达而达人。——孔子

③先行者知道，他现在是全宇宙中唯一的一个人了。——刘慈欣《微纪元》

学生讨论，小组推荐，最后写到黑板上，再让学生选择其中一条谈体会。这一环节，是对个人与集体的辩证分析，从思维层面更深入一步。

小组一：当周围存在别人时，你会考虑别人；当周围无人时，你会考虑个人。你、我、他，三者缺一不可。

小组二：我将与世界长存。世界塑造我，我也改变它，故长存。

小组三：在这个弱肉强食的社会，没有适应人的社会，只有适应社会的人。

小组四：别人不可靠，自己最可靠。高山起于累土，才能成其高。

小结：集体与个人是密不可分的。只有个人利益优先，才能为集体利益服务。如果没有集体，也就没有个人利益。当先行者发现自己只是宇宙中唯一的一个人的时候，更感觉到集体的可贵。——我将与世界长存，世界改变了我。

二、专家引领话成长，教师科研助"觉醒"

在广东实验中学，我们聆听了白云分校常务副校长杨鲜亮先生的报告"我的百千万：本能的价值觉醒——也谈知识原理与中学语文教学实践"。他与我们分享了广东省"百千万人才培养工程"培训感悟，用"觉醒"一词提炼了自己专业成长的路径。他把自己对中学语文教学实践的认识过程分为三个阶段：第一阶段——课程结构和文本教学的时空生成；第二阶段——语文文本教学的内在逻辑和学生逻辑能力的培养；第三阶段——生命文化的建构。杨校长通过专业论文、科研课题来观照自身的教学实践，且行且思，结出硕果。他为我们展示了学生的活动视频，开设的文学活动——"我们的黄金时代：广东实验中学青春诗会"。印象比较深刻的有以下几点：一是语文课程的重新整合与建构，开展语文课堂的主题式教学，让学生对某个主题有更深入的理解，形成学生的核心素养；二是打通语文学习与生活的通道，开展全时空教学，把语文课堂搬到社会现场，进行网络连线，具有鲜活性。这一切的创新方式，都源于教师的教科研意识。觉醒，是教育的本质。学生的觉醒，教师的觉醒，换来了教育的"绽放"。

在佛山市第一中学，我们聆听了正高级教师尹军成的专题讲座"卓越型教师成长路径与发展轨迹"。他说，语文教师必须有一样东西让学生佩服，才能让学生喜欢语文，比如书法、绘画、音乐等等。语文需要一个支撑点，一种文化。优秀教师的关键词：学识、人品、激情、理智。优秀教师的成长过程：关注自我—关注学生—研究他人—回归自我。读书，思考，写作，永远是教师专业成长的有效途径。从反思自我开始，到学习大师，回到自我提炼，完成了教师发展的轮回。在此过程中，对学生的热爱，对职业的追求，对情怀的坚守，是成为优秀教师的必备品质。尹军成老师的成长，得益于他的勤奋和执着，比如他坚持每天阅读《资治通鉴》，坚持"窗外的语文"，引导学生走进社会实践语文。他为学生写心灵日记的评语，针对每一位学生出示高考必备手册，鼓励学生相信自己高考必胜。尹老师分享的这些成功经验都给我们留下了深刻的印象。比如：记录成长的痕迹，总结成长的经验教训，思考未来发展的方向，撰写（呈现）成长的故事。

三、研究高考真功夫，生活语文显特色

在华南师大附中，我们聆听了硕士生导师、语文科组长黄德初老师的报告"语文教学，从研读高考试卷开始——以 2019 年全国 I 卷为例"。他先从宏观层面指出了高考作文命题的导向，分析了 2019 年全国卷以"劳动"为主题的作文命题思路，提醒我们要时刻关注教育改革、社会发展的方向。对高考语文试题的条分缕析，体现了黄老师扎实的学术功底、广阔的命题视野和深刻的剖析能力，显示了他在研究高考方面的真功夫。语文高考，要从国家层面去看命题趋势，但也要从"我"的角度，写出个性视角下的独到文章，要有读者意识、作者意识、说理意识。作文题，本质上是需要你提交一份书面的有理有据

的分析和解决问题的方案。作文题包含了复杂的情境与典型的任务——面向复兴中学的同学，写一篇演讲稿，倡导大家"热爱劳动，从我做起"，并提出希望和要求，体现你的认识和思考。新高考语文到底考查什么内容？黄老师认为：一是考查核心价值观；二是考查核心素养——面对复杂情境解决典型问题的能力；三是考查"关键能力"——认识问题、分析问题、解决问题的能力。例如：演讲稿的文体特征（必备知识），有现实针对性，有语言条理性，有表达鼓动性，有演讲身份感，有言语现场感，等等。高考作文命题不回避时代热点，要引导学生关注社会热点问题，"文章合为时而著，歌诗合为事而作"。黄老师的讲座，让我们对新课改背景下的新高考语文命题趋势有了更清晰的认知。

在深圳华里酒店会议室，我们聆听了广东省名师、深圳市龙华高级中学江海燕老师的讲座"基于语文学科素养的生活语文实践"。江老师所讲的内容，其实大部分语文老师都在做，但是她却形成了自己的特色，这就需要坚持和提炼。她的特色概括为"生活语文"，体现在她将语文教学体系化、系统化、成果化了。比如：微型课程系列化，形成课堂结构固定模式，课前热身有"大胆推介""随意表白""新闻播报""艺术熏陶""论得有理""说得漂亮"，课堂总结分为"个性表达""知识梳理""查漏补缺""知识建构"，课后探究有"人物评析""文章续写""手法初探""语言品赏""主题探究""联系生活"，并且按每一篇课文的目录，写出文章，形成成果。她还介绍了自己在课程开发、课堂教学、激励评价方面"生活语文"的具体实践：选修课程——"语文因生活而多姿多彩"，比如对联与作文、中国传统节日文化等；微型课程——"语文因生活而生动活泼"，课前小热身—课堂小总结—课后小探究；活动课程——"语文因生活而有情有意"，比如感受生活中的真善美——汶川地震时的诗歌创作、罗霄山鸟之殇简报制作，世界与我有关——社会热点辩论、模拟法庭、情境再现、阅读分享、时评热点，做文化传承的使者——基于本土文化开展课题研究。江老师开展主题式、项目式、情境式、探究式学习，走在新课改的前列。语文学习与生活的联通，是新课改特别倡导的教育理念。比如：

情境式学习：

整篇文章情境化学习：《林黛玉进贾府》《装在套子里的人》；

课文内容补充情境化：《烛之武退秦师》；

课文内容拓展情境化：《荷塘月色》；

项目主题：《林黛玉进贾府》电影拍摄。

探究式学习：

课文内容探究：《祝福》《听听那冷雨》；

课外延展探究：《散文拓展阅读》《流行乐曲中的古典元素》《少年情怀都是诗》；

梳理探究：单元知识梳理探究、语言文字探究等，把学生的文章、老师自己的文章作为范本来学习鉴赏。

四、试水课标寻津梁，胸有丘壑见素养

整本书阅读，是新课标新教材的一个热点话题。如何开展整本书阅读教学？虽然有众多语文同人在尝试，但侧重阅读方法指导的偏多。本次观摩了深圳新安中学特级教师吴泓的"要把金针度与人——分类、梳理并概括《红楼梦》前五回主要内容"和温州市名师陈智峰的"追随死亡？向死而生？——《活着》整本书阅读"两堂课。

吴泓老师心中装着整部《红楼梦》，本堂课以前五回的内容梳理为话题，引导学生带着学习任务走进《红楼梦》整本书。他首先从统编版语文教科书"阅读指导"入手，引出了《红楼梦》前五回在整本书中的纲领作用。然后明确本堂课的学习任务和学习要求。1.学习任务：分类、梳理并概括前五回的"人物出场"和"故事情节"。2.学习要求：（1）按前五回行文顺序，依次填写表格空白处内容（语言简练，不要遗漏项目）；（2）说说每一回作者的目的或作品的寓意；（3）说说《好了歌》、"护官符"和《红楼梦》十二支曲所隐伏的作者寓意或作品中人物的命运；（4）从整体上思考，前五回最主要的作用是什么。

《红楼梦》第一回概括示例表

仙人仙物或神话故事	出场或过场的现实人物及情节	目的或寓意
女娲、一僧一道、空空道人、石头、跛足道人…… 炼石补天；绛珠还泪	甄士隐"入梦"问僧道；甄士隐"梦醒"见僧道；甄士隐、贾雨村两次相见；甄士隐助贾雨村进京求功名；甄士隐遇跛足道人念《好了歌》，离家入道	言石头入世，说一段"故事"（这部作品）；道"木石前盟"；将甄出世、贾入世进行对比；以甄家荣枯预示贾府盛衰

师生一回一回地梳理"仙人仙物或神话故事""出场或过场的人物及情节""目的或寓意"。比如第五回的梳理：

师：概括一下主要作用是什么。

生1：全书的总纲。从宝玉的角度，暗示十二位女子的悲惨遭遇以及贾府的衰败。

师：有同学补充吗？

生2：体现了人物的性格特征，决定了后文故事情节的走向。

师：说说《好了歌》、"护官符"和《红楼梦》十二支曲所隐伏的作者寓意或作品中人物的命运。

生3：隐伏着：大厦倾覆、香消玉殒。

生4：亲眼看见"千红一窟（哭），万艳同杯（悲）"的可怜男孩贾宝玉……"红楼一梦"。

总结：满纸荒唐言，一把辛酸泪。都云作者痴，谁解其中味？读《红楼梦》要静下心来！

陈智峰老师上课胸有成竹，行云流水，他将余华的小说《活着》进行了层层剖析。陈老师的课堂主要由"封面印象""死亡印象""电影印象"等三个学习任务组成，由表及里，由浅入深，从书的封面到小说人物，从人物死亡到小说主题，从小说形式到电影艺术，穿梭于文学与艺术的丛林之间。

【任务一】封面印象

（教师展示《活着》的各个版本封面。）

师：你对哪个封面印象最深？

生1：黑色，给人压抑的感觉。

生2：两个人的封面，头部奇特，有寓意。

生3：第三个，太阳，比较抽象。

生4：麦穗，主角福贵后半世是农民。

师：这些封面，我觉得都不是我最满意的封面。

【任务二】死亡印象

师：你对小说中描述的哪个人的死亡印象最深？

生5：有庆的死，印象深刻。

生6：二喜，最惨烈的死亡，被水泥板压死，死前叫儿子的名字。

师：生命的传递。有没有对龙二的死印象深刻的？

生7：被枪毙。

师："我是替你去死的。"这句话对福贵的震撼、触动很大，（使他）重新获得新生。

师：即使是反面人物的死亡，也促使福贵成长。如果把这些死亡归类，你怎么归类？小组讨论。

生8：病死与其他原因死，两类。自身原因（母亲、妻子）与外部原因。

师：展示家珍的死亡——一点点地死，福贵的评价：家珍死得很好！为什么这样评价？

学生齐读："家珍死得很好……不像村里有些女人，死了还有人说闲话。"

师：为什么这两位家庭妇女得以"善终"？

生9：正能量的人物。比较善良。

师：母亲给了他生命，给了他信任。家珍呢？

生10：没有遗弃他。善良，顾家。为了自己的男人竭尽全力，甚至付出自己的生命。得了病也不愿意花大钱去医治。这么好的女性。

师：还有其他分类法吗？

生11：主动死与被动死。春生，自杀，主动求死。

生12：社会原因和个人原因。老全在战争中牺牲，龙二、春生都是社会原因。

师：有庆也是社会原因。整部小说讲述的是从解放战争一直到"文化大革

"命"结束之后的故事，小说中的"我"并不一定是指作者本人，而是借助叙述者与福贵对话的方式展开故事情节。

（教师用思维导图呈现死的分类方式：父亲气死、母亲病死、妻子病死、儿子失血、女儿难产、二喜夹死、外孙撑死、春生上吊、老全中弹、龙二枪毙……）

师：福贵是追随死亡，还是向死而生？

生13：向死而生。他一生经历很多，虽然输钱堕落，后来经历一系列生死，在各种悲欢离合中承受死亡，传递一种积极的价值观。

生14：与死亡共舞。积极的，豁达的，看淡死亡。

师：看看福贵自己怎么说的，余华怎么说的，王尚文怎么说的，学生怎么说的。

福贵：做人还是平常点好，争这个争那个，争来争去赔了自己的命。像我这样，说起来越混越没出息，可寿命长，我认识的人一个挨着一个死去，我还活着。

余华：活着，在我们中国的语言里充满了力量，它的力量不是来自叫喊，也不是来自进攻，而是忍受，去忍受生命赋予我们的责任，去忍受现实给予我们的幸福和苦难、无聊和平庸。

王尚文：但他总是直面苦难，承受苦难，无须包括佛老在内的宗教的慰藉，始终硬挺，在苦难的重压下坚强地"活着"（我想，这应该是书名的真实含义）。

学生15：死亡带来了福贵的成长。最能表现"活着"的方式便是"死亡"。

【任务三】电影印象

师：张艺谋根据同名小说《活着》改编的电影获得了戛纳电影奖。那么，电影与小说有哪些地方不同呢？1.结局不同。电影改编后，三个人活着：福贵、家珍、二喜。2.主人公职业不同。小说中的福贵基本上以种地为业，电影里的福贵则是靠龙二送的皮影戏的行头为生。3.有庆之死。小说中是因为县长夫人难产时，有庆被妇产科医生大量抽血而死；电影中则是大炼钢铁时期，几夜没合眼的县长春生倒车时，有庆被汽车撞倒的土墙压死。你觉得电影是遵循"忠实性"还是"传递创造的能量"？

总结：小说：我们中国人这几十年是如何熬过来的；电影：一曲底蕴深厚的中国民间文化的挽歌。

师：阅读"老人和牛渐渐远去，我听到老人粗哑的令人感动的嗓音在远处传来……"请用一句话评价小说的结尾。

生 16：留下很多想象的空间，余韵悠长。

生 17：开放性的结尾，不希望我们太过悲伤。

师：这本书长盛不衰的原因之一——结尾精彩，不仅折射了一个人物，而且折射了一代农民。

课后任务：请你为本书设计一个新的封面，并说说你的设计理由。

整本书阅读与研讨，是新课标的 18 个学习任务群之一，其中《乡土中国》《红楼梦》分别被列入统编版高中语文必修教材，成为独立的单元。可见，整本书阅读教学在高中语文课堂教学中占有一席之地。本次观摩了两节整本书阅读的课堂教学，让我对这一领域有了更深层次的认知。在整本书阅读教学中，教师首先是阅读者、研究者，要对整本书深入地研读，然后创设学习情境，设计合适的学习任务，以任务带领学生把握整本书的脉络，梳理其情节结构，赏析其人物形象，探究其写作意图；同时，整本书阅读应立足于整合思维、系统思维、高阶思维，使学生通过课堂教学领悟整本书的语言魅力，激发学生的阅读兴趣，使学生掌握阅读整本书的方法技巧，提升语文学科素养，获得人生成长的精神滋养。

浙江省义乌中学的伏锐老师，会说书，言谈爽利，胸藏丘壑。他这次在深圳给大家展示了一堂高三古诗词鉴赏课，题为"胸中有丘壑，天机成云锦"。他以高考的《考试说明》为依据，归纳了高考古诗词鉴赏的几种题型：情感主旨型、分析技巧型、语言特色型。然后以分析技巧型为例，聚焦"表达技巧"，列举大量题目，引导学生归纳答题模式，规范答题思路。比如杨万里的《初入淮河四绝句（三）》：

问：请从"虚实"关系的角度赏析这首诗。

举例：过去、未来为"虚"，现在为"实"。前两句实写淮河两岸舟船背驰，波痕接触也难以做到，虚写作者对国家南北分离的痛苦与无奈。后两句实写鸥鹭可以南北自由飞翔，虚写作者对国家统一、人民自由往来的强烈愿望。鉴赏诗歌，技巧固然重要，但读懂诗歌更重要。

吴泓老师的专题讲座"要把金针度与人——'分类'哪些'知识'，怎样进行'多级分类'"是本次广、深之行的压轴。他从自己对新课标的解读入手，畅谈自己对语文教学的深刻理解与独到见解，阐述了整本书阅读的具体路径与可行方法。他认为，"怎样学"比"学什么"更重要，学校"最重要的应当是两个'科目'，怎样学习和怎样思考"。长期被忽略的高中学生的学习方式，就是梳理与探究。2017 年新课标"梳理"一词出现了 50 多次，"探究"一词出现了 60 多次。

1. 梳理与探究的概念

分类、统计、排序、列表，就是"梳理"的关键词。"探究"就是你对梳理好后的知识或事物的观察、聚焦、比较、辨别、想象、推理、判断。"分类"要比死记硬背效果好。法国学者列维-斯特劳斯认为，"分类"有两个基本意义，即扩展认识事物的能力和加强记忆。

2. 如何进行"多级分类"

《史记》专题学习中《项羽本纪》的"鸿门宴"片段，既是事件的高潮，也是转折。楚汉主要人物一一出场，双方剑拔弩张，一触即发。我们有关于双方人物的"一级分类"：主帅、谋臣、武将及"耳目"。当然，做到这样的"一级分类"，也能概括出各个人物的性格特征。但要进行精准的人物形象概括，必须进行"二级分类"。要想在争霸中获胜，其关键在于主帅的谋略得当、果敢以及对自我的正确认知。如下表，"分类"梳理《鸿门宴》中主帅与其他人的互动关系。要求：①整理表现人物语言、动作、表情或态度等的原文原句；②运用观察、聚焦、比较、辨别、想象、预测等方法，考察两位主帅对他人的反应。

主帅（刘邦或项羽）与其他人物的互动关系表

其他人		原文原句1	主帅	原文原句2	情境及反应
谋臣	范 增		项 羽		
	张 良		刘 邦		
武将	项 庄		项 羽		
	樊 哙		刘 邦		
耳目	曹无伤		项 羽		
	项 伯		刘 邦		

先看第一组，从项羽与范增的互动可看出：主帅的刚愎自用使得君臣离心离德。首先，当"曹无伤使人言于项羽"，"项羽大怒"时，范增一定在场，项羽的态度、言语，范增不仅看得见，而且听得着。他想趁势说服项羽"急击勿失"，项羽竟连一点反应也没有。这是司马迁有意为之，但也道出了实情。其次，在宴会上，范增"数目项王，举所佩玉玦以示之者三"，而项王"默然不应"，这谋臣的作用、君臣的默契又何在呢？最后，"沛公已去"，托张良赠项王、范增礼物，项王"受璧"，范增暴跳如雷（"拔""撞""破"）且口出粗言（"竖子"）。司马迁仍没给我们留下关于项羽反应的只言片语，这就不能不令人遐想了！

反观刘邦与张良的互动则大不同：主帅识人知己，谋臣忠义智勇。首先，刘邦三次"为之奈何"。第一次，项伯"夜驰""私见张良"告急，沛公"大惊"，曰"为之奈何"；第二次，张良道出寡不敌众之形势，"沛公默然"，曰"固不如也。且为之奈何"；第三次，刘邦不辞而别，谓（樊哙或张良）曰："今者出，未辞也，为之奈何？"你看，这样的人君又是何种态度？再看张良之于刘邦：事前，不离不弃，为刘邦出谋献策；事中，临危不乱并化解危机；事后，留下来处理善后事宜。如此君臣，可谓上下一心，默契团结。

英国应用数学家、生物统计学家卡尔·皮尔逊把"分类"和"推理"联系起来，将两者关系说得更加明确，并且认定"分类"和"推理"是求真明理的唯一途径。他说："分类事实和依据事实推理的艰苦而无情的小路，是弄清真理的唯一道路。"没有进一步的"多级分类"，没有这"多级分类"之后的"观察、聚焦、放大、比较、质疑、辨别、想象、预测、推理、判断"等，哪来"语感"？何来"发现"？

3. 分类和探究的实例

例1：北大李零对《论语》的重新分类整合。孔子骂子路就一句话："野哉，由也！"对宰我调侃："朽木不可雕也。"子路打头阵或者守护粮食，颜渊则经常掉队……

例2：澜沧江在云南兰坪县境内的三十七条支流（雷平阳）：澜沧江由维西县向南流入兰坪县北甸乡／向南流1公里，东纳通甸河／又南流6公里，西纳德庆河／又南流4公里，东纳克卓河／……一意向南的流水，流至火烧关／完成了在兰坪县境内130公里的流淌／向南流入了大理州云龙县。

这算不算是一首好诗？作者为什么反复写澜沧江"向南流""又南流"，而且不断写"东纳""西纳"各条支流？最后甚至还说"一意向南"呢？这种"强迫症"式的固执是要告诉我们什么呢？

这一期广州、深圳的培训活动，让我们更加坚定了语文课堂改革的信心，鼓起了尝试语文教改的勇气，仿佛找到了语文教学和专业成长的津梁。

第三期：高屋建瓴对课标，守正创新试课改

2020年9月底，2018届、2019届浙派名师高中语文培养对象在金华围绕"新课标·新教材·新课堂"的主题，开展了为期三天的培训活动。

一、语文名师科研，学术考证为先

9月27日上午，我们聆听了南京大学柳士镇教授所作的专题讲座"中学语文名师如何进行科研"。作为部编教材审定专家，柳教授首先介绍了新教材的几点变化：一是取消了古今字与通假字的划分；二是重新安排了必要的语文知识；三是高中语文教材增设了逻辑应用单元。随后，他阐述了科研工作对高中语文教师的重要意义，认为完成本职工作，搞好教学研究，既是职业精神的体现，也是学术追求的标志。高中语文教师科研工作的目标，包括新课程改革、高中语文教学法、语文教材、高考语文试卷等方面的研究。具体的研究步骤有以下几点：（1）放眼看书，寻找研究重点；（2）拟定题目，制作课题纲

要；（3）积累材料，认真分析材料；（4）撰写初稿，征求意见并修改。

举例："东床"第7版《现代汉语词典》第310页释义：东晋太尉郗鉴派一位门客到王导家去选女婿。门客回来说："王家的年轻人都很好，但是听到有人去选女婿，都拘谨起来，只有一位在东边床上敞开衣襟吃饭的，好像没听到似的。"郗鉴说："这正是一位好女婿。"这个人就是王羲之。于是把女儿嫁给他（见于《晋书·王羲之传》）。因此，后来也称女婿为东床。

这里的问题在于"这正是一位好女婿"的表述，与史籍原文的语意存在一定差异。《晋书·王羲之传》："时太尉郗鉴使门生求女婿于导，导令就东厢遍观子弟。门生归，谓鉴曰：'王氏诸少并佳，然闻信至，咸自矜持。惟一人在东床坦腹食，独若不闻。'鉴曰：'正此佳婿邪！'访之，乃羲之也，遂以女妻之。"文中的"正此佳婿邪"乃是"这正是一位好女婿"的依据。我们再细查此事的来源，南朝宋刘义庆《世说新语》中的记载更加清楚。该书《雅量》篇写道："郗太傅在京口，遣门生与王丞相书，求女婿。丞相语郗信：'君往东厢，任意选之。'门生归白郗曰：'王家诸郎亦皆可嘉，闻来觅婿，咸自矜持，唯有一郎在东床上坦腹卧，如不闻。'郗公云：'正此好！'访之，乃是逸少，因嫁女与焉。"文中的"正此好"又是《晋书·王羲之传》"正此佳婿邪"的源头。

仔细推究《晋书》和《世说新语》中两例副词"正"字，可知它们均不表示情态，而是表示范围，意思并非"正是"，而是"仅，只，就"。《晋书·王羲之传》"正此佳婿邪！"当理解为"就这个是好女婿吧！"《世说新语·雅量》"正此好！"当理解为"就这个好！"再联系上下文语境，这样解释显然比《现代汉语词典》"这正是一位好女婿"这类表述更为准确、生动、传神，更加符合当时的氛围。

"正"字的这类例证在魏晋南北朝文献中还有很多。例如《世说新语·自新》："乃自（入）吴寻二陆，平原不在，正见清河。"《世说新语·方正》："自过江来，尚书郎正用第二人，何得拟我！"《幽明录》："汝算录正余八年，若此限竟死，便入罪谪中。"《宋书·王懿传》："玄每冒夜出入，今若图之，正须一夫力耳。"各例中的"正"字都是表示范围的副词，均应理解为"仅，只，就"。再者，魏晋时期崇尚率性而为，直显本色者为人看重，矫揉造作者受人鄙弃，这正是郗鉴专选王羲之为女婿的主要原因。有鉴于此，对相关文献中词语的理解，还应该特别注意具体语境和时代特征，文中表现王氏子弟对"求女婿"的两类不同应对态度，唯有王羲之是最得时代风尚的。

其实，若就征引"东床"一词出处而言，《现代汉语词典》引《晋书》不如引《世说新语》。《晋书》成书后，《旧唐书·房玄龄传》中指责它"好采诡谬碎事，以广异闻；又所评论，竟为绮艳，不求笃实"，中华书局1974年版《晋书》的出版说明中又提到"刘知幾在《史通》里也批评它不重视史料的甄别去取，只追求文字的华丽"，可见该书面世不久即备受非议。而据传世文献记载，"坦腹东床"一事恰恰又始见于《世说新语·雅量》。所不同者，除人物称谓、文字表述和语体风格多有差异外，具体叙事还有《世说新语》原本作"坦腹卧"，而《晋书》则易为"坦腹食"。所以无论是从故事源头看，还是从语料可靠性看，都以征引《世说新语》为好。

二、单元任务设计，课堂情境创设

9月27日下午，我们聆听了浙师大人文学院胡勤教授的讲座"统编教材教学设计要求与方法"。他以必修上册第一单元的教学设计为例，阐明了单元学习任务背景下的语文课堂教学设计原理。

必修上册第一单元

任务一：讨论"青春的价值"。

任务二：①围绕意象和诗歌的语言探讨欣赏诗歌的方法，而不仅仅学这首诗；②了解毛泽东的经历（知人论世），把握诗人形象。

任务三：①在历史背景中分析小说；②选择感人的片段或细节，欣赏人物并揣摩其心理。

任务四：①创作诗歌；②编写诗集。

教学设计要求：

1.把课文放到历史文化背景下，引导学生思辨性阅读

查找毛泽东《沁园春·长沙》写作的背景资料，了解毛泽东青年时期的革

命经历，建议阅读埃德加·斯诺的《毛泽东传》。

"问苍茫大地，谁主沉浮？"引入资料，结合新语境思考。谁是苍茫大地的主宰者？农民？工人？知识分子？学生？商人？共产国际？帝国主义列强？结合历史事实，看到社会各个阶层的博弈，对课文的理解自然深刻得多。

毛（泽东）9月初隐藏在长沙时写了一首词，他很忧郁地在词的上半阕反映出当时任务的重大："……百舸争流。鹰击长空，鱼翔浅底，万类霜天竞自由。怅寥廓，问苍茫大地，谁主沉浮？"词中表现出引人注目的怀旧情绪，他哀叹那些已经过去了的"峥嵘岁月"，那是他与他的同学"风华正茂；书生意气，挥斥方遒。激扬文字，粪土当年万户侯"的时候。那时，他们相信他们能解决中国的全部问题。现在，在他31岁的时候，年轻人轻率的自信，已经一去不复返了。

——菲力普·肖特《毛泽东传》①

毛泽东忧郁、哀叹，自信一去不复返了。肖特这样说，你认可吗？请从《沁园春·长沙》中找出依据。

2. 在实践运用中学习知识，运用知识解决实际问题

围绕"意象"和"诗歌语言"探讨欣赏诗歌的方法，揣摩作品的意蕴，感受不同的风格。有人说，这首词建构起了一个豪迈磊落、气宇轩昂、胸怀天下的抒情主人公形象，对此你怎么看？请结合诗歌进行分析。

示例一：

上片通过"独"字统摄，写出一个俯仰宇宙、设问天地的独立个体。"我"站在橘子洲头，看湘江北去，看万山红遍……体现出阔大的胸襟和气魄。

下片通过"恰"字统领，选用典型事例，写出"指点江山，激扬文字""挥斥方遒"的一群有志青年，他们慷慨激昂，评论国事，奋笔疾书，激浊扬清。

由独立寒秋，故地重游所看到的景色，联想到以前与"同学"同游的情景，再回忆往昔生活及"同学少年"，可以读出，诗人从早年革命生活，再到设问天地谁主沉浮，内心充满进取的革命激情。

---

① 肖特. 毛泽东传 [M]. 仝小秋，杨小兰，张爱茹，译. 北京：中国青年出版社，2004：133.

有价值的语言材料就是情境，找到有价值的问题才是任务。比如：比较李商隐诗歌中的"蜡烛"和闻一多诗歌中的"红烛"意象的异同。

示例二：

李商隐借用蜡烛夜间照明和燃烧使人"流泪"这两个事项，烛芯谐音"心"，蜡炬成灰，即心死了才停止流泪，蕴含情义深长。闻一多也用了以上两个基本事项，但改造了蜡烛的内涵：

①外形：诗人先写颜色和诗人之心类比，意指诗人就如同红烛一样。

②红烛燃烧：烛是制造出来的，但燃烧成灰、生命延续和奉献构成张力。"烧"放出光，烧破世人的迷梦，拯救灵魂，故而才能理解红烛"心火发光之期，正是流泪开始之日"。红烛的内涵指向了牺牲奉献。

③红烛流泪："匠人造了你，原是为烧的"，承续之前议论，接下来顺理成章地提问，既然如此，为什么要流泪呢？李商隐的"蜡炬"流泪是因情深意长，而闻一多的"红烛"流泪固然是因爱国情深，但心情较为复杂。一方面是为了"创造光明"；另一方面也因担心"残风来侵"而"着急"，更是因为"灰心"。这也是闻一多"死水"的主题。

3. 设计真实情境中的学习任务，让学生在完成任务的过程中学会学习

朗读必修上第一单元作品，想一想这些作品中哪一处最让你感动，一句诗、一段话、一个人、一段情节还是一处细节？画出原文，说说为什么感动，并把它写下来。（要求：须结合课文的具体内容，300字左右。）

示例三：

原文：回到包扎所以后，我就让他回团部去。他精神顿时活泼起来了，向我敬了礼就跑了。走不几步，他又想起了什么，在自己挎包里掏了一阵，摸出两个馒头，朝我扬了扬，顺手放在路边石头上，说："给你开饭啦！"说完就脚不点地地走了。我走过去拿起那两个干硬的馒头，看见他背的枪筒里不知在什么时候又多了一枝野菊花，跟那些树枝一起，在他耳边抖抖地颤动着。（《百合花》）

感动的是年轻战士的"精神顿时活泼"。因为他终于可以离开"我"，可以避免和女性交流的尴尬，瞬间的轻松中全是淳朴天真。

感动的是年轻战士走路的"脚不点地"。这是在突然放松的心理状态下，年轻的生命呈现出的特有的动作细节。

感动的是年轻战士枪筒里多了的那枝野菊花。野菊花，不尊贵不华美，但是这枝颤动的花绽放的是生命，是对美的渴望，是对和平的向往和那无处安放的青春。

三、宏观把握新教材，努力践行新课堂

9月28日，我们先后聆听了浙师大教授、人教社编审顾之川先生的报告"高中语文单元学习任务的教学问题"以及浙师大附中童志斌校长的讲座"高中语文新教材的挑战与应对"，此次培训不仅让我们从宏观上把握了新教材的本质特征，而且体会到新教材在课堂实践中的应用情况。

顾之川先生的报告主要内容为：是什么——把握课改新要求；为什么——理解教材新变化；怎么办——适应教考新形势。他认为，教而不研，行而不远。研究新教材，应从研读新课标开始。新课标的评价改革后，不再制定考试大纲，重点考查学生运用所学知识分析问题和解决问题的能力。创新试题形式，加强情境设计，注重联系社会生活实际，增加综合性、开放性、应用性、探究性试题。"学生须能读书，须能作文，故特设语文课以训练之。最终目的为：自能读书，不待老师讲；自能作文，不待老师改。老师之训练必作到此两点，乃为教学之成功。"[①]提高语文素养有三条途径：课堂有效教学、课外大量阅读、社会生活实践。高考作文的要求：鼓励写真情实感；贴近时代与社会；强调实用性写作；注重视野与眼光。对写作能力的考查，植根于学生的实际生活需求，强调实际应用，避免言之无物、大而无当的所谓"高考体"。比如清华大学复试题目考查的是文明交流互鉴的正确态度和原则。阅读材料是习近平在亚洲文明对话大会上的讲话。问题则跟文化和文明有关，要求从中华文明史的角度回答，指出在应对贸易争端中有什么传统智慧可以借鉴。

特级教师童志斌在专题讲座"高中语文新教材的挑战与应对"中说道，他

---

① 叶圣陶. 语文教育书简：上 [M]// 教育研究杂志社. 《教育研究》40 年典藏：课程与教学论. 北京：教育科学出版社，2022：1.

认为当前课堂教学的最大问题是教学内容的模糊化，使用同一本教材的语文教师教同一篇课文，教学内容千姿百态，乃至千奇百怪。而统编版高中语文教材恰恰将课程内容"教材化"，让语文教师的教学有章可循。一篇文章一旦被选入语文教材，"教学价值"便具有相对的确定性，即：一篇课文"教什么"应该说是相对确定的。王荣生教授对文本类型提出了定篇、例文、样本、用件的分类方法，可以帮助我们精准地把握新教材文本特征，因材施教。新课程倡导学习任务设计，但不能只是奔着任务去阅读。很多课文都是经典，让学生接触经典，本身就是教学的重要目标，不应该把课文纯粹作为解决问题、完成任务的材料或者讨论问题的支架。如果太功利，又先入为主，反而窄化了对课文的理解。单元学习任务设计讲究整合，不是一篇一篇地精读，而是着力提升学生的语文学科核心素养，这是一个极具挑战性的教学方向。下面以《师说》为例阐释教什么以及怎么教。

1. 依原则确定文言文字词教学

四条原则：放过（容易、偏僻的词语），分离（文言文阅读与字词落实分开），突出（古今"同中有异"的"常用字词"），深入（文本关键之处）。

2. 着力于文言文的章法考究处、炼字炼句处

中学语文教科书中的古文，都是历久传诵的经典名篇。它们既是经世济用的实用文章，又是中国文学中的优秀散文作品。就这些古文而言，"文章"与"文学"是统一的。"文章"是指其功能。有些在当时有明确的实用功能，如《陈情表》《出师表》《答司马谏议书》等；有些是载道，如《劝学》《师说》《病梅馆记》等；有些是言志，如《兰亭集序》《〈指南录〉后序》《项脊轩志》等。"文学"是指其表现形式。学习古文，研习谋篇布局的章法、体会炼字炼句的艺术，是教学的两个重点，目的是"提高自己的欣赏品位和培养审美情趣"。古文的章法考究处、炼字炼句处，往往就是作者言志载道的关节点、精髓处。比如："六艺经传皆通习之，不拘于时，学于余"中的"习"和"学"字内容上的区别，"习"是启蒙阶段的学习，而"学"是成人之间的学习。虚词"者""也""乎""之"是行文情绪流动的标志，并非传达逻辑思维，而是表现内心情感。

本次培训，不仅让我们理解了新课标的顶层设计，而且触摸到了新教材的学习任务设计，让我们对新课堂教学的转型充满了期待。

第四期：同课异构展风采，聚焦素养话课堂

2020年10月23—24日，由浙师大人文学院和浙江省朱昌元名师网络工作室联合举办的浙派名师名校长培养工程高中语文培训活动暨朱昌元名师网络工作室"同课异构"研讨会在浙江临海市回浦中学举行。本次活动的主题为：文字、文学、文化融合——学科核心素养下文言文有效教学探讨和新教材课堂教学研讨。活动方式有同课异构、展示课、微讲座、专题讲座等。

一、聚焦文言教学，展示名师风采

10月23日上午，三位来自浙江省朱昌元名师网络工作室的语文名师执教了三节蕴含各自教学理念的《兰亭集序》课。第一位是来自舟山市普陀中学的舟山市教坛新秀钱爱峰老师。钱老师从文字、文句的梳理入手，继而配乐示范诵读课文，紧接着沿着全文"乐""痛""悲"的情感脉络深入细读文本，并触摸文本背后的文化内涵，最后由学生对文章的一句感悟作结。一节课容量虽大，却仍能如行云流水般步步行来，一丝不乱，让学生与在座的听课老师们都收获满满。第二位是来自丽水市松阳一中的丽水市学科带头人张潇颖老师。张老师从"俯仰"一词入手，进而梳理探究文中四处"俯仰"的内涵，辅以王羲之原作涂改处的解读，并要求学生以一虚词（感叹词）来表达自己的阅读感受。最后，张老师力推与我们邻近的"兰亭"景区，极富感染力的"推广词"让不少学生为之心动。第三位便是我。我采用的是群文对比阅读的教学设计，体现了新课程课堂教学理念。我将王羲之的《兰亭集序》与石崇的《金谷诗序》进行对比阅读，以问题任务串起整个课堂：为何石崇《金谷诗序》只轰动一时，而王羲之《兰亭集序》却流传至今？引发学生思考与探究的欲望后，从写景、写人、叙事、抒情、议论等角度对两篇文章进行剖析品味，最后要求学生以对下联的方式归结两篇序文的学习体会。整个课堂大气而不失细腻，灵动而不失内涵，展示了对课堂极强的掌控能力。

三位上课的老师进行了简单的说课，并介绍了各自的教学设计理念。随后三位"浙派名师"代表潘榕榕、王雪芳、许琴琴老师进行了精彩的点评，阐述了自己对于文本、对于王羲之的解读与感悟，以及教学设计的改进方案，中肯而实用。

二、聚焦核心素养，探讨文言教学

围绕本次活动主题之"文字、文学、文化融合——学科核心素养下文言文有效教学探讨"，五位教学名师带来五个专题微型讲座。首先是浙江省特级教师、正高级教师、浙江师范大学继续教育学院朱昌元教授带来的"从《劝学》《虞美人》课例谈文言文个性化教学"。他从自身的两个古诗文教学课例出发，阐述了古诗文教学的设计"亮点"，明确了个性化教学的途径，那就是：文本解读有心得，教学设计有追求，课堂语言有趣味。朱老师的讲座旁征博引、贯通古今，体现了他深厚的文化功底和精深的学术造诣，让与会者深受启发。

来自镇海中学的宁波市名师王静带来了微讲座"言文合一：依言悟文，因文析言"，来自浙大附中的杭州市骨干教师顾秀芝带来了微讲座"觅文言津梁，赏锦绣文章"，来自浙师大附中的金华市教坛新秀谢仙丹带来了微讲座"说文解字，古今关照——核心素养视域下文言课文古代文化常识注释的教学策略"。最后，来自永康市外国语学校的林彬作了"从'有字之书'到'无字之书'——《烛之武退秦师》的三次教学与思考"的微讲座。她们分别从不同的视角，探讨当下文言文教学的价值追求。

在文言文教学中，文字占有重要地位。若不能准确理解其文字，就不能阅读原汁原味的传统作品，就不能欣赏文言文中的文学和文化之美。可以说，文字是走向文学和文化的津梁。如果找不到渡口和桥梁，是不可能到达彼岸的。在教学文字的基础上，还必须有文学的鉴赏和文化的熏陶，并将这三者打通，实现有机融合。文言文作为优秀的中华传统文化经典，对学生的成长起到了精神奠基之作用。我们对文言文的教学不能仅仅停留在文字的翻译和内容的理解上，更要从传统文化的浸润和育人的高度，让学生学有所得、学有所成、学有所长。

三、聚焦统编教材，尝试课堂转型

10 月 24 日上午，我们又观摩了三节示范课。执教内容均选自统编教材必修上册第六单元，这一单元属于学习任务群中的"思辨性阅读与表达"。第一节是回浦中学李圣宇老师执教的《上图书馆》。李老师的课堂设计充分体现了新课标的理念和思想。一是群文阅读。李老师将《上图书馆》和《读书：目的和前提》这两篇文章整合在一起，启发学生对阅读的新思考。二是真实情境。本节课围绕着"十月阅读推广册"这一真实情境任务展开教学。新课标特别重视真实情境，李老师的这节课为我们提供了很好的范例。三是语文课程的实践性。李老师通过任务群设计，强化了学生的自主学习，让学生投身于积极的语言实践活动，体现了语文学科核心素养提升的要求。第二节是丽水学院附属高级中学的周世媛老师执教的《师说》。周老师引入黄宗羲的《续师说》，通过比较阅读带领学生深入文本，辩证思考，体现了"思辨性阅读与表达"这一学习任务群的学习目标与内容。在"细读文本"这一课堂环节，周老师通过四个活动，带领学生从不同的角度和层面对两篇文章的观点进行阐发、评价和质疑，启发学生学会准确把握和评价作者的观点与态度。环环相扣的课堂设计让在座老师备受启发。第三节是嵊州市高级中学应栋梁老师执教的《拿来主义》。应老师从文体辨析入手，先要求学生理清思路，将文本"读薄"；再讨论探究，将文本"读厚"；最后要求学生古为今用，通过思考本文观点的时代意义从文本中"读出"。教学过程清晰流畅，启发点拨适时适当，学生思维的逻辑性和深刻性在应老师不着痕迹的引领中得到了提升。应老师的课堂机智也让这节课增色不少，让我们看到一位优秀的语文老师不仅要有扎实的专业功底，更要有灵活机智的教学智慧。

四、本真语文视域，守正创新课堂

10 月 24 日下午，回浦中学语文特级教师、正高级教师包建新给大家作了题为"本真语文视域的新课程教学设计"的讲座。包老师从本真语文的两个基本视点（教师，回到原点；学生，尊重天赋）切入，阐述了他对教学内容和教学方法的独特理解，最后以八个基于新课程理念设计的课例为入口，向与会老师展示了新课程教学设计的实施路径。他认为，任务型教学的根本目的是把学生引向深度学习。

浅层学习是对零散的、无关联的内容不加批判地机械记忆，学习内容脱离生活实际，与学生以往的经验缺乏关联，学不致用；而深度学习则是对学习内容积极主动地理解，建立联系和结构，追求基本原理，权衡相关证据，批判反思和应用。

简单地说，浅层学习是把学习内容看作外加的东西的学习，深度学习是把学习内容与学习者的生活甚至生命联结起来的学习。深度学习能够使学习者更有效、更持久地记住相关信息。从具体操作看，深度学习是指在教师指导下，学生围绕具有挑战性的学习主题，通过积极地探究实践，深刻地掌握学科核心知识，并运用该知识解决实际问题。

深度学习的一个重要标志，就是能将外在的教学内容转化为学生内在的精神力量，但教学内容并不能直接转化为学生的精神力量，必须先转化为学生能够进行思维操作和加工的教学材料，成为学生学习的对象。

这样去看语文任务群教学，我们就能明白，教学时不仅仅组织了一个任务群，更重要的是，通过一个个任务群的教学，把学生引向深度学习，让学生心理与语文学习内容联结起来，使语文知识成为学生心理结构的一部分，而不是外在于学生心理、需要记忆的存在。简单地说，任务群教学就是让语文知识在学生那头实现从"所知"到"所有"的转变。

示例1：《哦，香雪》教学

奶奶原来是个教师，年老了，喜欢躺在椅子上听孙女给她朗读故事。孙女小杨每到周末就去看望奶奶，给她读故事。这个周末，她想给奶奶读《哦，香雪》，可这个题目中"哦"应该怎么读就把小杨难住了。

"哦"究竟应该怎样读？

A.查词典，"哦"的读音和含义。【ò】表示领会、醒悟等，【ó】表示疑问、惊奇等，【é】吟哦。B.分析香雪人物形象，讨论"哦"的读音。C.分析作者的态度，讨论"哦"的读音。

这是单篇的任务型教学。

示例2：《喜看稻菽千重浪》教学

《科技日报》的编辑接到沈英甲先生的《喜看稻菽千重浪》，建议沈先生改一改小标题。沈先生怎么改，你有什么好建议？

（1）编辑为什么要沈先生改小标题？

（2）小标题怎么拟定比较好？参照《"探界者"钟扬》。

"英雄"少年、种子达人、科学队长、"接盘"导师、生命延续等等。

（3）动手重新拟小标题。

①实践是他发现真理的途径

②创新是他的灵魂和本质

③实事求是是他的立场和态度

④引领"绿色革命"是他的心愿

示例3：写一首意味深长的诗——《峨日朵雪峰之侧》教学

（1）这是一首写＿＿＿＿＿＿＿＿的诗。提示：登山感受。

（2）用一个形容词来形容读到的"感受"，你会用什么词？提示：意味深长的诗；用形象表达情感。

（3）诗人写登山一共用了哪些形象？这些形象全都和登山有直接的关系吗？

（4）呈现20年前的初稿，看看修改了什么。

（5）再读诗歌，尝试创作。

写诗体验：选择十位学生写一句话，组合成一首诗歌。

示例4：必修上第三单元教学设计

任务：致诗歌背后的你。

（1）分析诗人形象：《琵琶行》《梦雨天姥吟留别》。

（2）其他诗歌的诗人形象：《短歌行》《归园田居》《登高》《念奴娇·赤壁怀古》《永遇乐·京口北固亭怀古》《声声慢》。

（3）阅读传记，揭秘诗人一生，写"生平档案"。

（4）撰写文化散文，品鉴诗人。

包老师结合新课标新教材的理念，对"任务设计"做了深刻的阐述，并以大量的课堂设计为例，让我们看到了新课程理念下的语文教学的改革方向。"语言"始终是教学之根，"做任务"是学生自主学习语言文字运用的重要方式，"深度学习"是高中语文课堂的本质特征。

第五期：践行新课改，实现课堂转型

2020年12月8—11日，浙派名师名校长培养工程高中语文培训活动（第五期）先后在杭州富阳区江南中学、余杭高级中学举行。在江南中学，我们观摩了该校王琳琳的《金锭》、骆文俊的《反对党八股》两节展示课，聆听了江南中学副校长季丰"寻找切实可行的新教学样态"、省特级教师胡勤"单元学习任务设计中的必备知识与关键能力"两场讲座。

一、训练逻辑思维，注重生活体验

王琳琳老师展示课《金锭》，是一堂涉及欣赏推理小说的思维训练课，骆文俊老师展示课《反对党八股》则是新教材必修上册的老课文，是一堂体现了生活情境体验的实践课。

王老师从达·芬奇名画《最后的晚餐》中出卖耶稣的人导入小说《金锭》。然后引导学生梳理小说的故事情节，再组织小组讨论：纽曼是罪犯的证据有哪些？阅读小说，画出相关的句子。纽曼为了掩盖真实目的而制造了假象，故意把自己绑起来，从而栽赃给凯尔文。推理小说往往蕴含着逻辑思维，小说在叙述中一定有空白，这也是小说的魅力所在。比如《神探夏洛克》《查理九世》，以及东野圭吾的系列小说。推理小说的常见模式有密室杀人（《东方快车谋杀案》）、童谣杀人（《无人生还》）、双胞胎模式（《白夜追凶》）、密码模式（《血字的研究》）等等。推理小说，"推理"是最大看点，推理小说讲究逻辑自洽。推理必须是一个闭合的"环"，通过若干"已知前提"，顺着唯一符合条件的思考方向，形成一个严密的首尾衔接的观点。推理小说读什么？王老师说："因为我也不知道最终的答案。但是它相当离奇有趣，所以我还是想把它当作一个谜题讲给大家听。说不定我们中有人能找到一些合乎逻辑的解释。"

骆老师先从给课文注解入手，引导学生理解"党八股"的含义。然后结合课文说说反对党八股的理由有几条。同时，引入五个片段（全部选自课文），指出分别对应哪一条罪状。以各种生活真实情境的创设，引导学生深入理解文本内容。这几条罪状按逻辑关系排列，最后一条是对党风危害最严重的一条。反对党八股就是对党员干部讲的，党员干部在写文章、做宣传时脱离人民群众了。这就是整风运动。那么，怎样的文风是共产党人应该具备的呢？马克思列宁主义的，生动的，活泼的，新鲜的，有力的。骆老师小结道：文章运用了先破后立的方式论述。最后，进行比较阅读。

"什么他娘的精锐，老子打的就是精锐！什么武士道，老子打的就是武士道！就算是见了阎王爷，老子也要撸它几根胡子下来！

"我们团要像野狼团，我们每个人都要做嗷嗷叫的野狼！吃鬼子的肉，还嚼碎鬼子的骨头。狼走千里吃肉，狗走千里吃屎。咱独立团啥时候吃肉？啥时候改善伙食啊？那就是碰到小鬼子的时候！"

——电视剧《亮剑》中的李云龙

"现在开始每个人都是战士，你在家里不是隔离，而是在战斗啊！你觉得很闷吗？病毒也要被你闷死了，闷两个礼拜！

"把所有岗位上的医生换下来，换成科室所有的共产党员！入党的时候我不管你有什么想法，对不起，现在，你马上给我上去！不管你同意不同意，也没有讨价还价，肯定是上去，因为我也上去！"

——复旦大学附属华山医院感染科主任、上海市医疗救治专家组组长张文宏

男生齐读《亮剑》中的李云龙战前动员的语言，女生齐读上海华山医院感染科主任张文宏的语言。从表达目的、听众感受等角度，品评这两段谈话的表达效果。李云龙的话，鼓励战士英勇作战，"他娘的""老子"等这些口语化语言最贴近普通战士的心理。张文宏"共产党员……因为我也上去"贴近党员心理，体现了共产党员的先锋模范作用。《人民日报》评论："文风是党风的一面镜子。每一个时期的文风，无不映照出那个时期的党风。文风事关党的形象，事关党和国家事业兴衰成败……何谓好文风？概括地说，就是'短、实、

新'，就是写出的文章使广大读者能看懂、喜欢看、看了信。"①

二、寻找教学样态，培养必备知识和关键能力

江南中学季丰在讲座"寻找切实可行的新教学样态——来自一个一线教师的思考与实践"中，提出了新课改和现实语文教学的三种矛盾：传统教学的惯性与对新课标理解的模糊性的矛盾，高考导向的语文学习与高考的未知性的矛盾，大单元设计的自由性与教材单元的局限性的矛盾。他还阐述了自己对新课标的思考与实践。

1. 研究高考，托住底气

研究《中国高考评价体系》《普通高中语文课程标准（2017 年版 2020 年修订）》等纲要性文件精神，把握新高考命题趋势。"这一轮课程改革的脉搏要扣住、摸准，高考一定会一脉相承的。"也就是课程组专家、教材编写者、高考命题专家的一致性。

2. 寻找适切可行的任务

举例：编唐诗自选集。

A.让学生大量阅读唐诗原典，编辑属于自己的独一无二的唐诗选集。

B.内容结构化，例如要不要分栏目，怎样分栏目（分期、体裁、流派、风格、意象等角度），通过设计栏目形成与唐诗相关知识的关联。

C.向同学推荐自己喜欢的唐诗作品。

D.一句话点评。

E.选取一两篇最喜爱的作品写鉴赏文章。

F.围绕特定主题或问题探究形成一篇小文章。

3. 立足课标，组织单元整体教学

一个隐喻："脚手架"（18 个学习任务群，都是"脚手架"）。

两组短语：必备知识和关键能力、内容知识与过程技能。

做法：研读课标；研读教师教学用书；研读教材；研读单元学习任务。

---

① 张国祚.何谓好文风[N].人民日报，2013-01-21（7）.

新课改关键词

经济全球化时代，信息技术迅速发展，社会对人才培养提出了更高要求。夸美纽斯认为，教育的目的是培养"全知全能"的"智慧接班人"；杜威提出了"教育即生活""学校即社会""从做中学"等一系列教育思想；布鲁纳倡导结构主义课程观。21世纪的社会发展和人才培养呼唤相应的课程改革，基于核心素养的教学方式应运而生。

从课程目标的角度看，高中语文课程改革经历了从"双基""三维目标""核心素养"等三个阶段的发展变化。2018年1月，《普通高中语文课程标准（2017年版）》正式颁布。随之而来，对"学习任务群""学科核心素养""语文实践活动"等核心概念的学习和研究逐渐深入。掌握了这些新课标的关键词，才能精准地把握新课改的理念，更好地服务于语文教学改革。核心素养强调学生在学校教育环境中形成解决问题的能力和面向未来社会的精神品格。新课标将语文学科核心素养提炼为语言建构与运用、思维发展与提升、审美鉴赏与创造、文化传承与理解四个方面，以发挥语文课程对立德树人总目标的独特价值与作用；并把语文学习活动分为三类——阅读与鉴赏、表达与交流、梳理与探究。而实现高中语文学科核心素养的途径则是设置了18个高中语文学习任务群。"这些学习任务群追求语言、知识、技能和思想情感、文化修养等多方面、多层次目标发展的综合效应，而不是学科知识逐'点'解析、学科技能逐项训练的简单线性排列和连接。"① 在研读新课标的过程中，我遴选出"学习任务群""学科核心素养""语文实践活动"这三个关键词并加以阐述，以便更好地推进课堂教学改革，提升教育教学质量。

学习任务群：语文课程的内容重构

长期以来，语文学习内容的不确定性，是语文教学被诟病"少慢差费"的

---

① 中华人民共和国教育部. 普通高中语文课程标准：2017年版2020年修订 [S]. 北京：人民教育出版社，2020：8-9.

原因之一。语文教与不教一个样，学与不学差不多，同一篇课文可以有十几种教法，语文课堂评价标准不一，莫衷一是。这些现象跟语文课程教学内容的模糊不清有一定关系。《普通高中语文课程标准（2017年版）》实施之后，首次出现了"学习任务群"概念，并明确了"整本书阅读与研讨""当代文化参与""跨媒介阅读与交流"等18个学习任务群贯穿必修、选择性必修、选修三个阶段。也就是说，语文课程学习内容主要以学习任务群为核心，并把它们落实到教材编写与课堂实践中。这样一来语文课程就有了相对固定的学习内容，也就是课程标准规定的18个学习任务群。

那么，什么是"语文学习任务群"呢？首先，它是"群"，意味着群体、集群、众多，也意味着整合性、聚焦性、结构化。"群"的对立面是"单一""独立"。也就是说，单篇教学之外，单元教学、专题学习是语文学习的必然趋势。其次，是"语文学习任务"的"群"，语文学习任务是"素养导向的语文实践活动"，其实质是"真实情境下的语言文字运用"。[1]"所谓'学习任务群'，是在真实情境下，确定与语文核心素养生成、发展、提升相关的人文主题，组织学习资源，设计多样的学习任务，让学生通过阅读与鉴赏、表达与交流、梳理与探究的自主活动，自己去体验环境，完成任务，发展个性，增长思维能力，形成理解、应用系统。"[2]由此可见，语文学习任务群是为学生的语文学科核心素养服务的。它以真实的情境任务为驱动，围绕着相关的人文主题，通过整合学习内容、学习方法和学习资源，让学生在阅读与鉴赏、表达与交流、梳理与探究的语文实践中，实现课程育人的目标。语文学习任务群的关键在于"任务"，难点在于设计科学合理、激发兴趣、富有挑战的"学习任务"。比如《促织》和《变形记》学习项目设计：（1）对比阅读两篇小说，以《似曾相识的"人"和"事"》为题，讨论两篇小说人物、情节设计的异同；（2）如果蒲松龄和卡夫卡相约聊天，他们会聊些什么？以《蒲松龄遇到卡夫卡》为题撰写小剧本，选择一个主题撰写"台本"。[3]这样的学习任务设

① 文艺，崔允漷.语文学习任务究竟是什么？[J].课程·教材·教法，2022（2）：17.
② 王宁，韩梅梅.走进新时代的语文课程改革——访普通高中语文课程标准修订组负责人王宁[J].基础教育课程，2018（Z1）：24.
③ 吴欣歆.高中语文学习任务群教学笔记[M].北京：北京师范大学出版社，2020：85.

计，极富有挑战性，更具有探究性，能够极大地激发学生深入文本、探究两位作者在文学创作上成就的欲望和兴趣。新课标指出："学习任务群以自主、合作、探究性学习为主要学习方式，凸显学生学习语文的根本途径……学习任务群的设计，旨在引领高中语文教学的改革，力求改变教师大量讲解分析的教学模式。"①学习任务群除了有"教学内容结构化"的作用外，还有一个重要作用，那就是"教学指向具体化"。②以学习任务群的视野来观照语文单元学习，甚至课文学习，有助于形成学生的必备知识、关键能力等综合素养。

语文学习任务群由相互关联的系列学习任务组成，共同指向学生的核心素养发展，具有情境性、实践性、综合性。新课标中包含了普通高中语文学习任务群共18个，比重及学分安排如下表。

普通高中语文课程结构及学分③

必修（8学分）	选择性必修（6学分）	选修（任选）
整本书阅读与研讨（1学分）	（整本书阅读与研讨、当代文化参与、跨媒介阅读与交流在选择性必修和选修阶段不设学分，穿插在其他学习任务群中）	
当代文化参与（0.5学分）		
跨媒介阅读与交流（0.5学分）		
语言积累、梳理与探究（1学分）	语言积累、梳理与探究（1学分）	汉字汉语专题研讨（2学分）

---

① 中华人民共和国教育部.普通高中语文课程标准：2017年版2020年修订［S］.北京：人民教育出版社，2020：8-9.

② 吴再柱.从语文课标到语文课堂［M］.济南：济南出版社，2023：76.

③ 中华人民共和国教育部.普通高中语文课程标准：2017年版2020年修订［S］.北京：人民教育出版社，2020：10.

必修（8 学分）	选择性必修（6 学分）	选修（任选）
文学阅读与写作 （2.5 学分）	中华传统文化经典研习 （2 学分）	中华传统文化专题研讨 （2 学分）
思辨性阅读与表达 （1.5 学分）	中国革命传统作品研习 （0.5 学分）	中国革命传统作品专题研讨 （2 学分）
	中国现当代作家作品研习 （0.5 学分）	中国现当代作家作品专题研讨 （2 学分）
实用性阅读与交流 （1 学分）	外国作家作品研习 （1 学分）	跨文化专题研讨 （2 学分）
	科学与文化论著研习 （1 学分）	学术论著专题研讨 （2 学分）

从分布情况看，"整本书阅读与研讨""当代文化参与""跨媒介阅读与交流"等 3 个学习任务群贯穿在高中语文的必修、选择性必修、选修等课程中，意味着这些学习任务群的基础性、时代性和重要性。"这三个学习任务群的共同特点为：贯彻国家立德树人的教育方针，拓展语文学习的领域和边界，满足学生未来生活和学习的需要。其学习内容影响着高中生未来的人生取向，决定着高中生价值观念的形成、文化自信的树立，以及用正确的价值观念和文化信念接受和传递当代社会各类信息的能力。"[①] "文学阅读与写作"占 2.5 学分，意味着高中语文教学的重点学习内容之一就是"文学阅读与写作"学习任务群。"思辨性阅读与表达"在发展学生逻辑思维和提升思维品质方面具有不可或缺的重要作用，而"语言积累、梳理与探究""汉字汉语专题研讨"学习任务群作为学生语言学习的基础和根本，也贯穿于整个高中阶段语文学习的全过程。选择性必修中的"作品研习"与选修中的"专题研讨"显然在学习目标、内容和要求上具有螺旋递进和迭代升级的味道。这 18 个学习任务群，每个任务群都有各自的学习目标与内容，彼此之间又渗透融合、衔接延伸。统编版高中语文教材以学习任务群和人文主题双线结构编写，其中教材单元与学习任务群均有对应关系。以必修上册为例：第一单元对应"文学阅读与写作"，人文

---

① 吴欣歆 . 高中语文学习任务群教学笔记 [M]. 北京：北京师范大学出版社，2020：208.

主题是"青春激扬";第二单元对应"实用性阅读与交流",人文主题是"劳动光荣";第三单元对应"文学阅读与写作",人文主题是"生命的诗意";第四单元"家乡文化生活"对应"当代文化参与",人文主题是"我们的家园";第五单元"《乡土中国》"对应"整本书阅读与研讨",人文主题是"乡土的中国";第六单元对应"思辨性阅读与表达",人文主题是"学习之道";第七单元对应"文学阅读与写作",人文主题是"自然情怀";第八单元"词语积累与词语解释"对应"语言积累、梳理与探究",人文主题是"语言家园"。

语文学习任务群的设置,启示我们高中语文学习要有"群"的概念、系统的知识以及课程意识,也要体现学生在具体情境下"做任务"的学习特征。教师可根据学习任务群的特点、学生的学习程度,结合自身的专业优势、教学风格,有规划、创造性地实施教学,"建立起任务群之间的联结点,关注不同学习任务群从语感到语理、从文学到文化、从感悟到哲思的变化,明确内容领域相近的学习任务群之间的关系——在能力发展上的衔接递进,在学习内容上的拓展深入"[1]。"开展具有开放性、综合性的多维语文实践活动,引导学生在语言探源、历史探源、文化探源、德性探源的语文学科实践中发展核心素养。"[2]学习任务群也是一种学习方式。既然是"学习任务",就要创设情境,设计典型任务,整合学习资源,以任务驱动实现深度学习。既然是"群",就要学习带有普遍性的一类文本,形成这一类文本的共同体式,让学生在群的学习中形成结构化知识,在语言实践中提升学生的思维、审美、文化等素养。《普通高中教科书教师教学用书》中关于教学方式的表述,体现了高中语文学习任务群教学的基本特征。

一是任务。"学习任务群"就是一种单元教学,还是以课堂教学为主,还是要教听说读写,只不过变换了一种方式,这种方式就是以"任务"为引领。教材中的"单元学习任务"是设计这个单元教学的依据,也是用以整合单元课文阅读与写作的抓手。当然,也要注意到,很多课文都是经典,让学生接触经典,本身就是教学的重要目标,不应该把课文纯粹作为解决问题、完成任务的

① 吴欣歆.高中语文学习任务群教学笔记[M].北京:北京师范大学出版社,2020:212.
② 郭元祥,汤雪平.语文的学科观及其价值超越[J].语文建设,2022(9):16.

材料或者讨论问题的支架。二是语言实践活动。教材中的"单元学习任务"中的"任务"都是以"活动"为主设计的，目的是让学生带着问题在一定的情境中去"做事"，做我们经常说的阅读与鉴赏、表达与交流、梳理与探究。三是情境。学习活动要尽可能营造"情境"，不只是为了激发兴趣，更是为了给活动的展开提供背景、条件与氛围。有时候"情境"就是课堂教学内容涉及的"语境"，这种情境或者语境，对学生的学习活动而言，必须是真实的，是能和他们的生活经验贴近，并能促进其深度学习的。四是整合。以学习任务来整合单元教学，突出统整性，突破单篇阅读的藩篱，让学生在自主的语文实践中学会学习，建构语文核心素养。五是学科核心素养。总体上来说，学科核心素养是教学的最高追求，任务的设计、活动的安排、资源的设置、基础知识和关键能力的培养，最终目标都是核心素养的养成。①

比如我执教的"因'言'求'气'——梳理归纳文言特殊句式的基本特点"一课，源自选择性必修中册第三单元的"单元研习任务"中的"梳理归纳句式基本特点"。以单元中的《屈原列传》《苏武传》两篇课文为整合对象，引导学生在语境中梳理归纳文言特殊句式。再通过学习小组命名、墓志铭写作等语言实践活动，让学生学会运用文言特殊句式，以此提升学生的语言、审美、思维和文化等素养。

首先，创设语文学习的情境任务。"梳理归纳句式基本特点"这一学习任务，知识性比较强，客观理性，容易枯燥乏味。课堂上，我创设了各种各样的学习情境，设计丰富多彩的活动任务，引导学生在活动中体会文言特殊句式的魅力。比如我以英语"I watch TV."引入课堂，拉近了学生与文言特殊句式的距离；用临海方言说"来喝杯茶""吃点饭吧"等句子，加强语言与生活的联系，消除学生与宾语前置句的隔阂；为学习小组命名，并尝试用判断句阐释、为屈原或苏武撰写墓志铭等学习任务，让语文课堂充满了活力、魅力。核心素养必然是在学生自主的语言实践中培养形成的，积累、梳理、运用，这是任何语言习得的规律。课堂上，创设各种各样的情境任务，就是引导学生在丰富多

---

① 人民教育出版社，课程教材研究所，中学语文课程教材研究开发中心. 普通高中教科书教师教学用书 语文：必修上册 [M]. 北京：人民教育出版社，2019：11-12.

彩的语言实践中提升语言建构与运用、思维发展与提升、审美鉴赏与创造、文化传承与理解等方面的素养和能力。

其次，体现语文课堂的深度学习。对学生高阶思维的培养，是深度学习的特征之一。梳理归纳句式的基本特点，就是培养学生对文言特殊句式的理性认识，让学生在大量文言特殊句式的比较、分类、归纳中找到规律性的东西，从而形成一种普遍性认知。比如当学生发现判断句往往有"者""也"等标志性语言时，教师追问："出现'者''也'的文言句子是否就是判断句呢？"当学生找出"见""于""被""为""为……所"等被动句标志性语言时，教师追问："被动句的本质是什么呢？"当学生找出宾语前置句的众多例句后，教师补充以前学过的另外两种类型宾语前置句的例句，再让学生归纳出宾语前置句的特点和规律。当然，本堂课的重心不仅仅在于梳理归纳句式的基本特点，更在于探究不同特殊文言句式所蕴含的表达效果，感悟人物的精神品质，读出特殊句式背后的文学、文化。从固化的语言中读出了"人的情感和温度"，也就是本课的核心理念因"言"求"气"。所有的文学作品，只有使用跟人相关联的语言，才有生命，才有精神活力。课堂结束时，我小结道："中国特殊文言句式背后体现的是民族特有的言说方式、文化心理。"

最后，探索"表达与交流"的有效路径。《普通高中语文课程标准（2017年版2020年修订）》要求学生"能凭借语感和对语言运用规律的把握，根据具体的语言情境和不同的对象，运用口头和书面语言文明得体地进行表达与交流；能将具体的语言文字作品置于特定的交际情境和历史文化情境中理解、分析和评价"[1]。"表达与交流"是建立在"阅读与鉴赏"的基础上，为"梳理与探究"服务的一种语文实践活动。本节课始终结合《屈原列传》《苏武传》文本内容，从梳理文言特殊句式入手，围绕具体语境品读语言魅力，探究其蕴含的表达效果，体悟人物的精神品质，注重学生在各种情境中的"表达与交流"，让知识教学不再碎片化。比如让两位学生分角色朗读并演绎《苏武传》第七段中李陵和苏武之间的对话，进一步体会宾语前置句的表达效果；将文言

---

① 中华人民共和国教育部.普通高中语文课程标准：2017年版2020年修订［S］.北京：人民教育出版社，2020：6.

特殊句式运用于自己的写作，尝试为屈原或苏武撰写墓志铭，在表达与交流中进一步领悟人物精神内涵，提升语言运用能力。总之，"表达与交流"的主体是学生，把课堂让给学生，以任务引导学生，让学习真正发生，这是语文课堂"表达与交流"的有效路径。

语文学习任务群的教学在引导学生进行理解性阅读的时候，要注意把握"篇"和"类"的关系，不能仅仅把课文当成图解诠释某一文体的样本，也不能只关注特殊性而忽视对文体特质的理解。因此，既要"据类观篇"，读出这一篇文章的个性，读出作者的独特创造和风格特征，也要"据篇观类"，善于总结提升，把握同一类体裁的总体特征。这种以学习任务为核心的设计思路，将课文视为完成学习任务的材料，可能会削弱课文的价值，导致浅阅读和阅读的碎片化。经典课文是人类智慧的结晶，在语文学习中具有综合的育人价值，下降为完成任务的实用材料是很可惜的。从某种意义上说，经典文本的阅读，阅读本身就是目的；"为任务的阅读"和"为阅读的阅读"，二者不可同日而语。因而，即便是实用性文本的阅读，也要超越学习任务群的限制，从经典文本的角度对文章做些鉴赏品析。①

学科核心素养：语文教学的课程目标

《普通高中语文课程标准（2017年版2020年修订）》指出："语文学科核心素养是学生在积极的语言实践活动中积累与构建起来，并在真实的语言运用情境中表现出来的语言能力及其品质；是学生在语文学习中获得的语言知识与语言能力，思维方法与思维品质，情感、态度与价值观的综合体现。"②可见，语文学科核心素养是区别于其他学科的学生必备知识和关键能力，是一种综合的重要的语文能力和修养。语文学科核心素养主要包括"语言建构与运用""思维发展与提升""审美鉴赏与创造""文化传承与理解"四个方面。这四个方面是一个整体。语言是重要的交际工具，也是重要的思维工具；语言的

① 朱于国．"实用性阅读与交流"任务群的内涵、课程价值与实施策略[J].语文建设，2020（9）：9.
② 中华人民共和国教育部．普通高中语文课程标准：2017年版2020年修订［S］．北京：人民教育出版社，2020：4.

发展与思维的发展相互依存，相辅相成。语言文字是文化的载体，又是文化的重要组成部分；学习语言文字的过程也是文化获得的过程。语言文字作品是人类重要的审美对象，语文学习也是学生审美能力和审美品质发展的重要途径。语言建构与运用是语文学科核心素养的基础。在语文课程中，学生的思维发展与提升、审美鉴赏与创造、文化传承与理解，都是以语言的建构与运用为基础，并在学生个体言语经验发展过程中得以实现的。可见，语言建构与运用是基础，是依托，是根本性的，也是区别于其他学科素养的关键。比如，审美是很多学科都强调的素养，绘画是线条和色彩的审美，舞蹈是形体的审美，而语文的审美是语言文字的审美，是通过语言文字发现美、表现美。

大多数专家的看法：四个核心素养是由三维目标（即知识与能力、过程与方法、情感态度与价值观）升级而来的，三维目标是由"双基"（即基础知识、基本技能）升级而来的。有人用比喻来形容核心素养、三维目标、"双基"之间的关系，说核心素养是5G，三维目标是4G，"双基"就是2G。也有人用飞机来作比，"双基"是一代机，三维目标是二代机，核心素养是三代机。江苏省特级教师黄厚江用"早餐"来形象地比喻三者之间的关系，"双基"就像他们这一代人的早餐，相当于两碗稀饭加上一个馒头，有了它就饿不死。三维目标就像他女儿小时候的早餐，有鸡蛋、牛奶和面包，可能还有苹果、核桃之类的东西，这个年代追求的是营养全面。核心素养就像早餐中的糊糊，买个破壁机，放几个核桃，加几个红枣，还有红豆、绿豆等各种杂粮，有条件的还加几根虫草，这些东西倒在一起搅，倒进去的东西越多，糊糊的营养价值越高，而且好吸收。因此，"双基"、三维目标和四个核心素养都是特定时代的产物，各有各的价值，不存在谁对谁错，也不存在谁优谁劣。[①]核心素养的要义，是面对真实的、复杂的、变化的、有挑战性的实际问题时，一个人所表现出来的价值观、关键能力和必备品格。

吴欣歆教授认为，作为课程目标的语文学科核心素养，需要关注其内隐性、综合性和导向性。核心素养不是人类行动本身，而是个体行为背后的内在品质，是对个体相关的知识、能力、品格及价值观念的整合。正确的价值观

---

① 黄厚江. 播种核心素养的语文课堂 [M]. 上海：华东师范大学出版社，2023：41-42.

念、必备品格和解决问题的关键能力是人的内在品质，这些内在品质需要借助外在的行为动作发展、提高，外在的行为动作需要确定具体的活动类型及情境。①正因如此，语文学科核心素养是潜移默化的结果，也是在语言实践过程中的综合运用。语文学科核心素养需要依靠学习任务群的实施，是一种大单元的整体设计，是真实情境下的深度学习。只有这样，才能让语文学科核心素养在学生身上生根、发芽、成长、相融，最后形成语文品质。

那么，语文学科核心素养如何在教学中落实呢？第一，丰富的语言积累和扎实的语言运用基本训练，是形成核心素养的基础和关键。第二，把思维、文化与审美融入语言的建构与运用的过程中，提升语文学习活动的品质。第三，要通过有意义、有逻辑、有价值的任务驱动促进四个核心素养的融合提高。把教学内容变成学习任务，通过功能性学习任务来实现目标性学习任务，在学习内容、学习主体和生活实际三元融合的情境中促进任务的完成。②

特级教师郑朝晖对如何完整理解语文学科核心素养做了系统阐述。他认为，语文教学应该关注语言中的美（审美对象是具体的语言形式）、语言中的思维（关注思维的语言表现）和语言中的文化（语词、语言和语用中的文化精神）。我们所说的核心素养更多的是关注语言形式本身，或者是以语言形式为视角的关注，因为最终目的是"语文能力"的提升。先看审美鉴赏与创造。语文学科要求的审美鉴赏与创造，自然是不同于美术、音乐或者其他艺术门类的，它是通过具体的语言来形成的审美体验。再看思维发展与提升。无论何种思维方式（课程标准描述了五种思维类型），都是通过具体的语言得以呈现的。最后看文化传承与理解。文化必然是通过衣食住行、言谈举止表现出来的。从语文的角度进行文化传承与理解，就是要感知语言之中的文化精神，并将其转化为自觉的语言实践活动。语文教学应该通过语言所传达的内容进行文化教育，但不能忽视语言本身的文化内涵。③由此可见，语文学科核心素养是一个综合体，它首先体现在一个人对语言文字本身的感悟能力上，而语言建

---

① 吴欣歆.高中语文学习任务群教学笔记[M].北京：北京师范大学出版社，2020：200.

② 黄厚江.播种核心素养的语文课堂[M].上海：华东师范大学出版社，2023：45-52.

③ 郑朝晖.完整理解语文学科核心素养[J].中学语文教学，2023（1）：85-86.

构与运用又无法脱离审美特质、思维品质和文化传统，因此，语文教学的落脚点应该是对语言形式本身的感悟上。比如，我执教的"'语言积累、梳理与探究'之修辞与广告"一课，以广告语欣赏与创作的活动设计，体现学习任务群4"语言积累、梳理与探究"的专题学习内容。课前，我让学生搜集"你印象最深的一条广告语"；但结果显示，这些广告语大多语言通俗，缺乏美感和文化含量。于是，我增加了几条具有一定审美意蕴和文化内涵的广告语，整合成九条广告语作为课堂教学的材料。在品味广告语魅力的过程中，我充分尊重学生的主体地位，不断激活学生的生活体验，引导学生品味语言文字背后的审美意蕴和文化内涵，然后归纳广告语创作的特点和规律。最后，设置生活情境，引导学生选择宁波代表性建筑天一阁或特色美食宁波汤圆来撰写广告词，并且推荐评选最佳广告语，让学生在积极的语言实践中构建起自我的语言体系，提升语言表达能力、审美能力、文化水平。在一系列的任务驱动下，学生的思维被唤醒，精神得以升华。

特级教师褚树荣认为，这节课基本上符合微专题教学的要求：（1）教学重点聚焦于广告语的美感和文化。从"农夫山泉"开始到"天一阁""宁波汤圆"的广告语写作，自始至终都围绕着美感和文化在引导。（2）形成纵贯式结构，使得教学展开有层次。"活动一：农夫山泉"目的是认识广告语的特点。"活动二：喜欢你，有道理"是体验广告语的美感和文化含量。"活动三：写广告，我能行"是美感和文化在广告写作中的渗透。三个活动环节始终伴随着评价。（3）它让学生学到了本乎教材（教参）又高于教材（教参）、源自生活又高于生活的东西，教学内容适当"陌生化"。（4）教学内容做到了集中、凝聚、定向钻探、深入爆破，学生在广告的美感和文化这个知识点、经验点上，学有所得。（5）基于教材又不囿于教材，形散神不散，点连成线，线构成面，面结成体，学习内容和过程既有"景深"又有"广角"。

语文实践活动：核心素养的形成路径

《普通高中语文课程标准（2017年版2020年修订）》指出："语文学科核心素养是在具体的阅读与鉴赏、表达与交流、梳理与探究等语文实践活动中形成与发展，并通过具体、多样的实践活动表现、展示出来的。"①也就是说，语文学科核心素养的形成路径，必须是语文实践的活动，这也是语文学习区别于其他学科的主要学习方式。语文实践活动主要指阅读与鉴赏、表达与交流、梳理与探究。这里的阅读与鉴赏侧重"阅读"，表达与交流侧重"写作"，但是内涵有所扩大。而梳理与探究则是新课标倡导的一种全新的语文实践活动。无论是哪一种语文实践活动，都强调学生的自主体验过程，都侧重语言的实践运用。在传统的语文教学中，阅读、记忆、背诵、书写等是学生主要的学习活动方式，但仅凭简单的记忆与理解活动无法使语文学科内容转化为学科素养，学生只有经过沉浸式的活动体验，才能使学科素养"植根"于自己的内心深处。因而，以实践活动为抓手和突破口，使从学科知识向学科素养的转化有了可靠的过程和方式。

语文实践活动的开展不能脱离语文学科本质，而应以语言实践为主，依据课程标准，在明确活动主题和内容的基础上科学设计学习任务群。语文实践活动所要达成的目标，应该围绕学生语文核心素养的提升来设定。这就需要教师在设定活动目标时，要保证提出的目标不是一般性的实践目标，而是语文学习的目标。如果教师片面地理解了语文与生活的关系，忽略了语文活动与实际生活的差别，活动目标中就可能缺少语文要素，而将活动变成一般性的实践活动。比如，作为语文实践活动的新闻采写，与实际生活中的新闻采写活动，就不会完全是同一个目标。实际生活中的新闻采写，所要达到的具体目标只有一个，那就是记者需要写出一篇新闻稿件，完成特定的报道任务，至于稿件的采写过程并不重要。而作为语文实践活动的新闻采写，目标就不仅仅是写出一篇像样的新闻稿，让学生亲身经历新闻采访的全过程，也是活动需要达成的重要目标。而从语文学习的角度讲，让学生感受和体验新闻采写整个复杂的过程，比最终写出一篇新闻稿更为重要。②正如孙国萍、黄厚江两位老师所说："无论是课内的教学活动的情境还是课堂之外的学习活动的情境，都不等于学

---

① 中华人民共和国教育部. 普通高中语文课程标准：2017年版2020年修订 [S]. 北京：人民教育出版社，2020：47-48.

② 张黎明. 对语文实践活动的再认识及实施策略 [J]. 语文教学与研究，2024（8）：30-31.

生实际生活中的情境，它们本质上都有一定的虚拟性。尽管实际生活中的情境也必然是'语言运用'的情境，但它与课堂教学中的情境以及学生课外学习活动情境的区别是明显的。"①高通路迁移是学习任务群中语文实践活动的重要特征。高通路迁移不是单线、机械的训练，它是学习情境任务引领下的语文实践活动，它是"用中学""创中学"的重要体现形式，它从具体的情境中来，到真实的情境中去。②布兰斯福特等人将"迁移"定义为，"把在一个情境中学到的东西迁移到新情境的能力"。高通路迁移的机制是"具体—抽象—具体"，也就是说，要从很多具体的案例中抽象出一个原理，再用这个原理指导下一次任务的完成。高通路迁移强调学生在学习过程中要像专家一样思考，形成专家思维，这样当面对从未遇到过的问题时，学生能够创造性地解决问题。③阅读与鉴赏、表达与交流、梳理与探究等语文实践活动，虽然形态不同，但共同的特征是"迁移"，即通过文本的学习，学生习得语文知识、关键能力、必备品格，然后在新的情境中尝试运用，解决实际问题，进而提升语文学科素养。以学习任务群统领，教材单元形成了一个整体，构成了一个学习单位，这里的语文实践活动便有了"内在的逻辑关联"，鲜明地凸显出高通路迁移"具体—抽象—具体"的特点。

---

① 孙国萍，黄厚江. 对"真实的语言运用情境"的困惑和理解 [J]. 语文建设，2021（1）：68.

② 滕衍平. 高通路迁移：学习任务群中语文实践活动的重要特质 [J]. 语文教学通讯，2023(11C)：17.

③ 滕衍平. 高通路迁移：学习任务群中语文实践活动的重要特质 [J]. 语文教学通讯，2023(11C)：15.

建构

教学

主张

　　根据"金字塔"模型，骨干教师专业成长的第三阶段核心能力是"建立联系"。通过对教育理论的观念梳理，说明"我认为应该这样做"，在经验、现象、理论之间建立联系，建构自我的教学主张，形成教学信念。这一阶段属于"跃升"期，是对教师专业的突围，对自我教学主张的丰富与深化。新课改理念中，学习任务群、大单元教学、项目化学习、整本书阅读教学、跨媒介阅读与交流、思辨性阅读与表达，这些都是全新的教学领域。单篇教学不再是唯一的课堂方式，群文教学、整本书阅读教学、任务群教学带来的挑战，让很多教师无所适从。基于学生核心素养的理想课堂，应该是怎样的？教师是否仍然应固守原有的课堂教学理念？大单元教学真的一无是处吗？情境任务的创设，怎样才能符合学情？阅读与鉴赏、表达与交流、梳理与探究在课堂教学中如何落地？黄厚江老师认为，语文教学的最高境界是什么都有且什么都是语文。要达到这样的境界，必须追求语言、思维、审美、文化等各种素养之间的相融共生。"坚守原点"与"突破创新"的统一，才是语文教学的本质追寻。特别是在当下任务群、大单元、项目化教学时代，我们更要处理好单篇教学与单元教学之间的关系，坚守语文教学的"言语"底线，还要敢于创新课堂方式，以新课标为指引，尝试进行课堂改革。这种面对新课改不回避，敢于尝试与创新的精神，值得每一位语文教师学习。

　　在这些关键概念中，阅读与鉴赏、表达与交流、梳理与探究这三种语文实践活动的落地，成为新课改语文教学转型的关键。这三种语文实践活动是语文学科本身所特有的基本特征，也是区别于其他学科的根本性特征。阅读与鉴赏、表达与交流、梳理与探究，是相互渗透又相对独立的言语实践活动。围绕着这三种语文实践方式，我开展了一系列的教学尝试，形成了一系列的课堂作品，并进行了理性观照，试图突破固有的语文课堂形式，形成丰富多彩的语文课堂样态，为学生语文学科核心素养的培育建构自我的教学主张，打造语文课堂教学特色，提炼语文教育思想。高考评价是新课改的一项重要内容。研究评价改革，把握命题方向，领悟命题精髓，也就成为我深入研究新课改的一项重要内容。语文课程评价的根本目的在于全面提高学生的语文学科核心素养。评价的过程即学生学习的过程，应围绕阅读与鉴赏、表达与交流、梳理与探究等学习活动，在具体的语文学习情境和活动任务中，全面考查学生核心素养的发展情况。情境是学生核心素养形成、发展和表现的载体，对学生核心素养的测查也应该在真实、富有意义的情境中进行。脱离了情境，阅读与鉴赏、表达与交流、梳理与探究容易成为"做题目"，而不是"完成任务"。测试情境越真实，越贴近学生的生活实际，就越容易激发学生言语实践的兴趣，也有助于学生呈现真实的言语实践能力。

阅读与鉴赏

　　阅读与鉴赏，是语文课程实践活动的重头戏。阅读是通过语言文字来获取信息、认识世界、发展思维并获得审美体验的重要途径；语文学习中的鉴赏是指人们对艺术形象进行感受、理解和评判的思维活动和过程。阅读与鉴赏之间，有一种层递关系。如果说阅读是吸纳，那么鉴赏则是内化。学生通过广泛而长久地吸纳与内化，不断丰富自身的文学底蕴，获得对自然、对社会、对人生的有益启示，并不断在语言建构、思维拓展、审美创造、文化理解等方面获得提升。阅读与鉴赏的对象一般包含文学类文本和非文学类文本。在语文课程中，它往往对应着"整本书阅读与研讨""文学阅读与写作""思辨性阅读与表达""实用性阅读与交流""中华传统文化经典研习""中国革命传统作品研习""中国现当代作家作品研习""外国作家作品研习""科学与文化论著研习"等学习任务群。

　　阅读方法受制于文本体式，文学作品和实用文章的阅读方式以及具体的阅读方法，有本质的差异。概言之，实用文章阅读，是"得其意可以忘其言"；而文学作品阅读，则要"品其言才能会其意"。[①]把小说当小说读，把诗歌当诗歌读，把散文当散文读，不仅是一种阅读取向，而且预示着各自不同的阅读方法。王荣生教授从阅读的过程技能角度，把阅读分为四个方面加以阐述。一是阅读取向。这是战略层面上的"如何阅读"。读者的阅读目的、阅读任务和阅读习惯，决定其阅读取向。包括三个方面：（1）由目的、态度、习惯导致的阅读取向，大体可分为常态、特态和变态。（2）因情境、目的、任务而取用的阅读方式。单篇文章或著作，阅读方式主要有精读、略读、浏览。联系多篇文章或著作，阅读方式主要有互文阅读、参读、比照阅读、同主题比较阅读等。（3）不同思考水平的阅读。比如文章阅读，大致按思考水平从低到高的次序排列，有信息性阅读、理解性阅读、操作性阅读、批判性阅读、研究性阅读等。根据不同阅读取向采取相应的阅读方式、阅读姿态，进而采用与其阅读取向相

---

① 王荣生.语文课程与教学内容：2021版[M].北京：中国人民大学出版社，2021：147.

匹配的阅读策略、阅读方法。二是阅读策略。包括三个方面：（1）学习策略，包含复述策略、精加工策略、组织策略。从阅读的历程看，主要是在阅读之后加深记忆和理解的阶段。（2）阅读理解策略，即阅读中所使用的策略，来源于阅读心理学的研究成果。（3）自我监控和调节，包括阅读中的阅读理解监控、阅读前和阅读后的自我监控学习。三是阅读方法。是程序性知识，与阅读策略的知识来源不同。阅读方法受制于语篇类型。四是阅读技能。技能是一些具体的操作步骤。比如，科技文的"情报阅读"，具体的阅读方法分为以下七项技能：（1）阅读文章的标题；（2）阅读内容概要；（3）阅读小标题；（4）注意图表的内容；（5）阅读每一段的第一个句子；（6）快速浏览段落的其余部分；（7）阅读最后一个段落。①

新课标以核心素养为指向，阅读与鉴赏更是关注阅读的系统性、联结性、深刻性和迁移性，指引学生走进文字深处，从阅读内容中习得阅读方法，最后形成阅读能力。对一篇文章、一则或一组阅读材料，如果只是泛泛而读，那么看到的只是冰山一角，而鉴别和赏析就像潜水，只有真正深入海底，才能一窥冰山全貌，发现真正有价值的东西，比如文章的言外之意、作者独到的观点以及谋篇布局的匠心。当然，对于文本的阅读和理解，常常存在诸多可能性。阅读与鉴赏正是走向开放的通道。在具体的学习情境中，学生大胆地提出问题，对文本做出自己的分析和理解；学生小组合作探究、讨论分享，不断地相互碰撞交流，思维向纵深处延展，学习也从对同一文本整齐划一的表达，走向不同角度和层次的理解，走向多元和开放。单篇阅读和群文联读，都应该成为阅读与鉴赏的重要方式；文学类文本阅读、实用类文本阅读、社科类文本阅读，以及纸媒阅读、跨媒介阅读等，多样化的阅读方式，也是当下社会发展的必然趋势。

基于语文学科核心素养的测评，测试内容聚焦于在语文实践活动中形成的语言文字运用能力，立足于测查学生运用语文学科的知识与能力、思维方式与方法，认识问题、分析问题、解决问题的综合素质。②在阅读与鉴赏活动中，学生要能对文本内容形成整体性认识，提炼关键信息，还需要在文本信息的内

---

① 王荣生.语文课程与教学内容：2021版[M].北京：中国人民大学出版社，2021：105-106.
② 吴欣歆.高中语文学习任务群教学笔记[M].北京：北京师范大学出版社，2020：174.

部、文本信息与现实生活之间建立合理联系，在此基础上运用文本内容解决实际问题。这一类的语文实践主要涉及整体感知、信息提取、理解阐释、推断探究、赏析评价五种认知活动。吴欣歆教授对这五种认知活动做了如下阐述：

整体感知突出汉语言文字的特点，强调整体性、直觉化的思维方式，强调对文本内容、意蕴、语言等的直观感受和体会，而不是肢解文本进行单一的理性分析。

信息提取是对文本信息快速定位、识别、提取和加工的过程。现实生活中，阅读的目的往往是获取信息、知识或方法等，读者不必将文本从头读到尾。因此，学生首先要具备整合信息的能力，根据自己的阅读需要筛选、梳理、整合相关信息。

理解阐释要求学生进入文本的更深层次，在文本意义的情境中解释具体词句的内涵和作用、阐释文字背后的意义，善于发现问题，用自己的方式解释问题出现的原因。

推断探究，即借助相关信息理解文本中某一片段，判断某种观点。对于介绍新事物、专有名词较多或结构复杂的文本，需要学生利用文本信息进行合理的推断，或完成探究过程形成合理的观点。

赏析评价要求学生超越文本，结合自身经历和生命体验欣赏文本，能够客观地审视、思考文本的思想内容，评价文本的表现形式。①

2024 年 11 月作者在宁波市直属高中语文研训活动中开设专题讲座"单元学习任务课时化设计与教学"现场

① 吴欣歆. 高中语文学习任务群教学笔记 [M]. 北京：北京师范大学出版社，2020：172-173.

基于思辨阅读的创意课堂
——《阿Q正传》教学实录及反思

一、教学过程

2024年，浙江省温州市"爱上课联盟"举行新课程新教材"素养课堂"教研活动，我和温州市教育教学研究院周康平老师合作开设了70分钟的《阿Q正传》"茶馆式"创意课堂。以下是课堂教学实录①（我简称"张"，周康平老师简称"周"）。

（一）创设情境，初识人物阿Q

张：有人说，读书如品茶，只有慢慢地品，才能品茶中真味，悟书中要义。今天，我们就一起品读鲁迅先生著名的小说——

生（齐）：《阿Q正传》。

张：你读什么？

生：我读《阿"贵"正传》。

张：是桂花的"桂"，还是富贵的"贵"？

生：这个需要探究一下。

张（指向另一位学生）：你读阿Q，为什么？

生：因为这是英文字母Q。

张：还发现了什么吗？

生：字母Q的右下方像他的辫子。

张：那么，阿Q叫什么名字呢？

生：叫阿Q。

张：真的叫阿Q吗？

生：他无名无姓，也没有家，临时住在未庄的土谷祠里。

张：阿Q生活在社会最底层，好可怜哦！那么，你叫什么名字呢？

生：谢雨秋。

---

① 以下教学实录于2024年发表于《语文教学通讯》（10A），题为《〈阿Q正传〉"创意课堂"教学实录》，此处内容略有改动。

张：有名有姓，你是一个独一无二的存在。

（阅读《阿Q正传》第一章，思考鲁迅先生是怎么给阿Q取名的。）

（二）设计任务，走进阿Q形象

【学习任务1】请你参考下面表格为阿Q设计一张名片。

姓名	不详	籍贯	不详
年龄	而立之年	婚姻状况	
身份		爱好	
外貌特征		住址	

生：阿Q的婚姻状况是未婚；爱好是押牌宝，还有喝酒；身份是农民，没有固定的职业，给别人打工。

张：补充一下，阿Q是雇农，他没有属于自己的土地，还不如农民。也就是说，别人雇你打工，你就有饭吃；如果不雇你，你就没饭吃。比如，阿Q因为与吴妈"恋爱"失败，导致未庄人都把他当作"流氓"，没有一个人雇他打工，他就只能饿肚子，最后只好离开未庄去城里流浪了。

生：阿Q的外貌特征是癞疮疤和黄辫子。

张：为什么是黄辫子呢？

生：因为他营养不良。

张：很好。阿Q穷啊！那他住在哪里呢？

生：未庄的土谷祠。

张：阿Q就是一个社会地位低下、无依无靠的贫困雇农。下面，有请周康平老师跟大家继续聊。

周：同学们好。我是温州的老师，张老师是我邀请来的名师。今天，我是站在他的对立面的。刚才他跟同学们聊得很开心，然后得出阿Q是一个"社会地位低下、无依无靠的贫困雇农"的结论。我坐在下面听，是不大同意他的结论的。我女儿也读高二，我问她：你觉得阿Q是一个怎样的人？她想都没想就说：阿Q是个"有病"的人。

【学习任务2】如果说阿Q是一个"病人"，那他的症状有什么具体表现呢?

(学生细读文本。)

生:阿Q打不过闲人,心里就想:"我总算被儿子打了,现在的世界真不像样……"这就是一种病态的表现。

周:在被人欺负的情况下,没有打回去,而是用精神胜利法自我满足。

生:当阿Q被人抓住辫子的时候,还说自己是"虫豸"。

周:为什么闲人们让阿Q说"人打畜生",而阿Q却说"打虫豸"呢?两者有何区别?

生:畜生地位更下贱,虫豸身份稍微高一点。

周:那说明阿Q在处理事情时还是有点"小智慧"的。(生笑。)

生:当阿Q遇到身份比他低、能力比他弱的人的时候,他就会欺负他(她),欺软怕硬。

生:阿Q押牌宝赢钱却被抢被打,他竟然在自己脸上连打两个嘴巴,仿佛自己打了别人一般,转败为胜了。他的思想已经麻木了,他的屈辱感也丧失了。

周:天哪,考试考不好,我就自己打两巴掌好了?

生:是的。(全班哈哈大笑。)

周:这不就是有病吗?

生:阿Q看不起未庄人,也看不起城里人,认为"长凳"叫"条凳"是错的,很可笑。

周:看来,阿Q的确好像有病。上帝在创造人类的时候,给了他一个附加功能,那就是自愈。面对病症,阿Q也为自己开出了一个"药方",名字叫什么?

生(齐):精神胜利法。

周:请同学们说一说,他是怎么个精神胜利的?

生:当阿Q被闲人打,他心里想:"我总算被儿子打了,现在的世界真不像样……"这样就会让自己好受些,取得精神上的胜利。

生:他还觉得自己是第一个能够自轻自贱的人,以"第一个"能够"自轻自贱"为自我麻痹，并且跟"状元"的第一相比，从而在精神上取胜。

生：阿Q押牌宝赢钱却被抢被打，他竟然在自己脸上连打两个嘴巴，仿佛自己打了别人一般，转败为胜了。

生：阿Q"蒙"赵太爷打他嘴巴……他又觉得赵太爷高人一等了，自己也得意了起来。

周：精神胜利法的"药效"怎么样？课文里可以直接找到形容的词语吗？

生：心满意足。

生：得意。

生：飘飘然。

周：文中反复出现"心满意足"，可见"药效"是非常棒的。你们能不能给精神胜利法下一个定义？

生：精神胜利法，即对于事实上的屈辱和失败，在想象中取得精神上的胜利。

生：精神胜利法是一种自轻自贱、自我麻痹、自我安慰的方法。

周：同学们说得很好，我也出示一种定义，仅供参考：精神胜利法，即对于事实上的屈辱和失败，用一种自嘲自解的方式，在想象中取得精神上的满足和胜利。

周：后来我跟女儿交流过：阿Q有病，但他用精神胜利法治愈，你觉得怎么样？女儿说：挺好的。确实，如果没有这样的"药方"，是很难走出来的。

【学习任务3】最近有人提出向阿Q学习，说精神胜利法是人类摆脱绝望处境的一种常见反应，你怎么看？

生：我认为是错误的。精神胜利法是国民"劣根性"的表现，正如鲁迅所说：阿Q这样的人是关在铁屋子里的，出不去的。如果大家都用这种精神胜利法麻痹自己，是会被烧死在铁屋子里的。

周：天哪，说得太好了，你是做了充分的准备来对付我们两个老师的吧？（学生大笑。）有一个关键词你说得特别好——

生：铁屋子。

周：还有一个关键词也用得特别好——

生：劣根性。

生：我认为是正确的。因为当时的社会背景下，像阿Q这样社会地位低下的人，如果一辈子都钻牛角尖，很有可能会出现心理上的抑郁，活不下去，所以他只好用精神胜利法来摆脱绝望的处境。

周：像阿Q这样的人，他除了用精神胜利法治愈之外，还能怎么样呢？当然，阿Q精神胜利法的形成肯定也是有根源的。接下来，把这个更难的问题交给张老师来上，我上不了。

（学生大笑。）

（三）深入文本，挖掘社会根源

张：精神胜利法是人类摆脱绝望处境的一种常见反应，你们怎么理解？《大卫·科波菲尔》中的哪位人物也有一套精神胜利法呢？

生：米考伯先生。

张：他是怎么体现精神胜利法的呢？

生：米考伯负债累累，被关进监狱。但那种"债多不愁，乐天知命"的态度使他暂时摆脱了现实的困境，这也是一种精神胜利法。

张：还有没有其他的具体事例呢？比如考试考不好的时候，你是怎么做的？

生：拿下一次考好一点来安慰自己。

张：但是事实呢？（学生大笑。）如果你努力了，就不是精神胜利法；如果你躺平了，以此自我安慰，那就是精神胜利法。

生：现实中失败了，通过打游戏的方式，暂时放飞自我，在游戏中"愚乐"自己，从而获得成就感和满足感。

生：当不开心的时候，无法摆脱困境的情况下，通过自我安慰的方式暂时获得心理上的成功暗示，以免陷入抑郁的境地。

张：精神胜利法其实是心理学中的一种心理防御机制，人在精神上感到痛苦和焦虑时，会通过某种方式进行自我调节，从而减缓焦虑，去除痛苦。这其实是人类的一种本能反应，所以人们在读《阿Q正传》时，也能在自己身上发现精神胜利法的影子。

【探究任务】阿Q的精神胜利法形成的根源有哪些?

(学生再次细读文本,小组讨论交流。)

生:从个人方面看,阿Q是一个无名无籍的人物,处于社会底层,受人欺负;从他生活的环境看,当受到闲人羞辱时,他开始是"怒目而视",但最后还是失败了,所以只能通过精神胜利法获得自我安慰;他借用赵太爷的威风,使大家仿佛格外地尊敬他,由此也可看出未庄人的趋炎附势。

张:"蒙赵太爷打他嘴巴",这里的"蒙"是什么意思?

生:蒙受恩惠,写出了一种奴性,自己挨打还说是蒙受恩惠。未庄的人也是如此。

生:阿Q很自尊,未庄的人很多时候就因为阿Q过于自尊而欺负他;他又过于自大,看不起别人。

张:一个过于自尊的人,别人揭你伤疤,你对外界的反抗就会很激烈;但阿Q的反抗往往以失败告终,所以他只能用精神胜利法自我安慰。

生:阿Q的反抗对象是没有权势的人,当他反抗不了时,他会选择怒而不发,忍了。

张:"阿Q不幸而赢了一回,他倒几乎失败了。"这句话你怎么理解?

生:阿Q这一次押牌宝确实赢了钱,但不幸的是(赢的钱)被别人抢走了,所以失败是千真万确的,而他最终以打自己两个嘴巴的自虐方式,取得了精神上的胜利。

张:你会不会这样干?

生:不会。我要告他!

张:但是你有地方告吗?

生:没有。

张:可见,阿Q好可怜啊!

生:钱太爷的大儿子"跑到东洋去了""辫子也不见了",被阿Q称为"里通外国的人""假洋鬼子"。阿Q尤其对他的假辫子深恶痛绝,认为他没有"做人的资格",可见未庄人故步自封、盲目排外、愚昧落后的思想意识。

生:我想补充一点,阿Q欺负小尼姑的时候,未庄的人都很冷漠,然后大笑，恣意，这就是典型的"看客"，他们愚昧、麻木、欺负弱小，喜欢看热闹，体现了民族的劣根性。

张：你是怎么理解阿Q"十分得意的笑"和酒店里的人"九分得意的笑"的？

生：因为他们没上手，阿Q上手了。这里写出了那些人个个有肮脏的灵魂，缺乏起码的同情心，麻木冷漠，欺软怕硬。

张：你读懂了鲁迅，将来可能成为一位鲁迅研究专家。（学生鼓掌。）阿Q的精神胜利法形成的根源有哪些？我也请教了ChatGPT（投影）：

阿Q的精神胜利法形成的根源主要有两方面。首先，他生活在贫穷落后的社会环境中，饱受压迫和欺凌，这使得他无法从现实生活中获得真正的胜利感和满足感。其次，他自身的性格特点和心理状态也促使了这种精神胜利法的形成。阿Q缺乏自信，但又渴望得到他人的认可和尊重，因此他选择了一种自欺欺人的方式，通过想象和虚构来获得心理上的满足。

张：ChatGPT虽然说得不错，但是还有值得补充的地方。比如未庄的地理特征，它是一个什么样的地方？

生：远离城市的一个闭塞的落后乡村。

张：生活在这样的一个地方，人的眼界不可能开阔，思想不可能开放。马克思说，人的本质是一切社会关系的总和。未庄的偏僻落后，造成了阿Q以及未庄人们的思想落后、妄自尊大、愚昧盲目，这是阿Q精神胜利法存在的现实土壤。所以，当辛亥革命到来之际，未庄人最大的改变也莫过于把辫子盘起来。

张：这个话题我们就探讨到这里，下面我把课堂交给康平老师。

（四）拓展思维，探究创作意图

周：昨天备课的时候，张老师说自己对这一课还是有研究的。我说：明天课堂上你敢不敢接受我和柳市中学学生的挑战？如果现在张老师化身为"鲁迅"，我准备向他提一个问题，你们猜，我会问他什么问题？同学们，你们也可以在课堂上向"鲁迅"先生提一个问题。

（学生安静，有点难住了的样子。）

周：这篇文章你们都读懂了吗？难道就没有质疑了吗？

（学生思考。）

生：我们都知道，"传"都是为那些道德高尚或者名垂千古的人而立的，鲁迅为什么为阿Q立传呢？

周：天哪，我不活了。（学生大笑。）我本来想要显示一下我自己的水平，你知道吗？我想问的就是这个问题。

张：鲁迅为什么要给这个无名无姓的人作传呢？你觉得呢？（让第一排的学生回答，全班大笑。）

生：阿Q虽然无名无姓，但是很有特点，比如他的精神胜利法。

周：我反对。有特点的人很多啊，为什么偏偏给阿Q立传？

张：对啊，你也很有特点啊，为什么不给你立传啊？

生：他的身上体现了国民性，很多人都有像他一样的特征。

张：你有像他一样的特征吗？

生：有。

张：那你认为鲁迅为什么要给阿Q作传呢？

（老师指向另一位学生。）

生：阿Q代表了当时社会中非常典型的人物，体现了鲁迅先生对当时社会的批判，对当时愚昧麻木的人们的同情，"哀其不幸，怒其不争"。

张：阿Q运用精神胜利法永远活在自我的世界里，这是鲁迅先生所批判的。只有唤醒他们的灵魂，中国才有希望，所以文学的"启蒙""改良人生"就是鲁迅创作《呐喊》的根本目的。

生：小说揭示了人的劣根性，也是为了警醒后人。

张：阿Q的劣根性，包括奴性，体现在小说中的很多地方。比如"假洋鬼子"打他时，他"赶紧抽紧筋骨，耸了肩膀等候着"。

生：他没有逃跑，也没有反抗，而是傻傻地"等候"着让别人打，这就是深入骨髓的奴性。

张：还有阿Q后来被抓，来到大堂上见到光头把总、长衫人物时，"膝关节立刻自然而然的宽松，便跪了下去"，这种"奴隶性"，就是鲁迅先生重点要揭露的。

投影：

鲁迅《我怎么做起小说来》："说到'为什么'做小说罢，我仍抱着十多年前的'启蒙主义'，以为必须是'为人生'，而且要改良这人生。……所以我的取材，多采自病态社会的不幸的人们中。"

鲁迅作《阿Q正传》，实不以滑稽为目的，意在"画出沉默国民的灵魂""暴露国民的弱点"，让读者了解长期封建统治所造成的可怕的国民的愚昧，意在"引起疗救的注意"。

鲁迅《论睁了眼看》："中国人的不敢正视各方面，用瞒和骗，造出奇妙的逃路来，而自以为正路。在这路上，就证明着国民性的怯弱，懒惰，而又巧滑。一天一天的满足着，即一天一天的堕落着，但却又觉得日见其光荣。"

——国民劣根性

张：鲁迅先生为什么把他取名为"阿Q"？

生：说明阿Q不是一个人，而是一群人，是抽象的符号。

投影：

毕飞宇：鲁迅根本就不想让阿Q有"姓"、根本就不想让阿Q有"名"、根本就不想让阿Q有"籍贯"，这就保证了阿Q的抽象性。阿Q是"大多数"，甚至是"全部"，他是无所不在的。

——人物典型性

沈雁冰：我读这篇小说的时候，总觉得阿Q这人很是面熟，是呵，他是中国人品性的结晶呀！

沈雁冰在《读〈呐喊〉》中又发展了自己的观点：我又觉得"阿Q相"未必全然是中国民族所特具，似乎这也是人类的普通弱点的一种。

——人类普遍性

张：《阿Q正传》被翻译到国外，很多外国人读后也说"阿Q是多么的熟悉，在哪里我见过他……他的影子随处可见，无法磨灭"。鲁迅先生用喜剧的方式来叙述悲剧，借一个照出了千万个。最后，我们把总结交给康平老师。

周：刚开始我们很开心地讨论阿Q，最后却发现这不是一部"喜剧"。下面我们来看一个视频——

（播放阿Q摸小尼姑头皮被骂断子绝孙的片段。）

【探究任务】小尼姑骂"这断子绝孙的阿Q"，你想到了什么？

周：我第一遍看的时候，心里头也跟着笑。但是很多年过去再看这个片段时，心里非常有感触。特别是小尼姑骂"这断子绝孙的阿Q"时，你想到了什么？

生：她希望社会上像阿Q那样的人少一点。

生：我觉得阿Q似乎没有死，因为我们后世很多人俨然也是阿Q。

周：断子绝孙的阿Q永远没有死，还有很多的子孙后代，你能举出一个例子吗？

（学生不吭声，只是笑。）

周：你一个都找不出来，说明他隐藏得很深。看看同桌，是吗？（学生大笑。）

生：每个人身上都有阿Q的影子吧。比如我考试老考不过这位同学，我就在精神上打败他，从我自己身上也能找到阿Q的影子。

周：这就是阿Q为何具有超越时代、民族的意义和价值。很多人说在读《阿Q正传》的时候常有毛骨悚然的感觉，因为在阿Q身上看到了自己，这也许就是作品的伟大之处。读完阿Q，你仿佛照见了自己，不敢言语，明知道有某些东西的存在，却不敢去说。是的，阿Q无处不在，这些特征可能在我们每个人身上，可能在社会的角角落落里。阿Q不死，代代有。期待阿Q有一天真的能有自己的名字，只有那时阿Q也许才会真正消失。

二、教学反思

《阿Q正传》是统编教材高中语文选择性必修下册第二单元的一篇小说，它与沈从文的《边城》组成一课。本单元属于"中国现当代作家作品研习"学习任务群，所选的都是现当代文学中的优秀作品，有小说、诗歌、散文、话剧等，涵盖了新文学的主要体裁，体现了现当代文学创作的多方面成就。研习本单元，要结合特定的社会历史背景，理解作品的思想文化内涵，探索其中蕴含的民族心理和时代精神，了解百年来人们社会生活和情感世界变动的轨迹。《阿Q正传》是鲁迅的代表作，也是具有世界意义的杰出作品。"学习提示"中说，阅读《阿Q正传》（节选），要对辛亥革命前后的中国历史和鲁迅致力于"改造国民性"的思想有所认识。学习时要着重分析阿Q这一典型人物的性格特点，挖掘精神胜利法的内涵；从人物形象、叙述语言以及幽默、夸张、讽刺等艺术手法的角度，欣赏作品的艺术独创性，关注小说喜剧表象下的悲剧意味；还可以探讨阿Q为何具有超越时代、民族的意义和价值。这就意味着文学作品的阅读与鉴赏要以文学欣赏为核心，通过人物形象的品读、精神内涵的挖掘、艺术手法的鉴赏，体悟文学作品的艺术魅力。作为鲁迅的代表作，《阿Q正传》所体现的深刻思想以及超越时代、民族的意义和价值，也成为课堂思辨探究的方向之一。

《阿Q正传》"创意课堂"，就是两位老师合作上课，用70分钟的时间，模拟茶馆式的真实情境，围绕《阿Q正传》这篇小说，聚焦阿Q这一典型人物，探究精神胜利法的内涵、根源及其引申出的社会现象，进而体会作者对旧中国国民"劣根性"的批判。如何理性地看待精神胜利法，这是一个值得探究的思辨性话题。看似轻松、自由、开放的课堂，背后却是指向文本、重在思维、着力探究的深度学习。这是一种真正体现"学为主体"的以开放性、体验性、实践性为特征的课堂样态。

三、听课评价

（一）互动课堂之有效提升学生思辨能力——《阿Q正传》课堂评价（台州学院 王思涵）

在当今教育体系中，培养学生的思辨能力已经成为不可或缺的一环。本次以《阿Q正传》为载体的语文课堂，通过茶馆式教学、互动讨论和角色扮演等多元化教学手段，生动展现了如何有效提升学生的思辨能力。

1. 课堂内容设计富有深度与广度

课堂以《阿Q正传》为核心，不仅涵盖了小说的基本情节和人物特征，还深入探讨了阿Q的精神胜利法及其社会根源。通过填写阿Q的名片、分析阿Q的性格特点和社会地位，以一种新方式让学生们对小说人物有了全面而深入的理解。同时，课堂还引导学生从多个角度思考精神胜利法的利弊，以及它作为人类摆脱绝望处境的一种手段的合理性与局限性。这种设计不仅拓宽了学生的知识面，还激发了他们的思考热情。

2. 教学方法灵活多样，注重互动与参与

"茶馆式教学"是该课堂的一大亮点。这种教学方式打破了传统课堂的沉闷与束缚，让学生们能够更加积极地参与到课堂讨论中来。同时，教师通过提问、引导、反馈等多种方式，不断激发学生的思考热情，引导他们深入思考问题的本质和根源。这种教学方法不仅提高了学生的参与度，还锻炼了他们的表达能力和批判性思维。

3. 思辨能力培养贯穿始终

学生们在不断地提出问题、分析问题、解决问题的过程中，逐渐形成了独立思考、勇于质疑、善于反思的思辨品质。特别是在总结阿Q人物性格时，两位老师带头展开的两方讨论，让学生们能够从不同角度、不同立场出发，对同一问题进行深入剖析和多元解读。

本次课堂对我影响重大，在让我看到一个活力满满的语文课堂的同时，也让我对《阿Q正传》有了更深入的了解，比如，之前从未探讨过的"阿Q"名字的读法，引发了我的深入思考。在张老师"变身"为鲁迅的阶段，我认为可以增加多样的角色以及师生之间的互动和对话，这样能够更直观地展现作品的深意。

（二）品茶之精妙，评课之深意（台州学院 唐兰萍）

1. 茶香四溢，入口醇厚——引人入胜，层次鲜明

课堂伊始，以"品茶中真味，悟书中要义"为导入，暗示了所讲文本的深层韵味，需抽丝剥茧般层层递进，奠定了课堂讲解的宏大格局，使后续展开不至于生硬。从标题入手，循循善诱，从"阿Q"这个名字的读音，再到取名原因，抛出一个个问题，自然引到其身份疑云，过渡顺滑，富有条理。

2. 茶韵新意，味蕴交融——课新意异，思辨飞扬

不拘泥于传统的单人授课方式，采取二人以不同视角讲课的模式，让人耳目一新，可谓"旧壶装新酒，别有新意"。区别于以往课堂，学生的批判性思维和求知欲在对立面的交织中得到了更好的激发，课堂也显得跌宕起伏，高潮迭起，思维的进程也随着趣味横生的课堂不断深入，直指问题症结。在两个老师不同观点的交替下，阿Q由学生最初认知里贫困的雇农，摇身一变为"病人"，精神胜利法顺水推舟被发现，引发了其症状、形成根源的热烈讨论。进而周老师提出了精神胜利法是不是人类摆脱绝望处境的一种常见反应这个问题，紧接着张老师将重点放在"人类"这个字眼上引导学生斟酌，将阿Q这一特定人物形象扩大范围，引申到国民的普遍性，不经意间培养了学生思考的逻辑性，促使他们加深理解，也使课堂进度严谨有序，经得起推敲。

3. 余香绵长，回味无穷——深含哲理，启人自省

临近结束，张老师把课开头所探究的问题"阿Q名字的由来"拿来再研讨，首尾照应。因为经过之前一番学习，这时阐明其名字的抽象性，代表大多数人，更显其意蕴深刻。由电影中小尼姑的话"断子绝孙的阿Q"，让学生联想，剖析自己，自视自悟，实现了课堂本身的教育意义。而老师结尾所说的话，将课堂升华到了一个意想不到的高度，既与课堂内容相连，又紧扣时代脉搏，符合人文素养培育目标，令人拍案叫绝。

（三）"茶馆式"课堂教学（台州学院 陈秋蓉）

我有幸观摩了一节生动而富有深度的公开课。这节课不仅让我对鲁迅先生的经典之作《阿Q正传》有了更深入的理解，更让我深刻感受到了张永飞老师和周康平老师卓越的教学能力和独特的教学风格。

1. 课堂导入与氛围营造

课堂伊始，张永飞老师便以一句"读书如品茶，只有慢慢地品，才能品茶中真味，悟书中要义"巧妙地点明了本节课的主题和任务：精细阅读《阿Q正传》。这一开场白不仅激发了学生们的学习兴趣，更营造了轻松愉悦的学习氛围。随后，张老师通过大屏幕展示"阿Q正传"这一题目让学生们齐读，

并通过单个提问的方式了解学生们对这篇文章的熟悉程度。这一系列互动不仅让学生们迅速进入学习状态，更为后续的课堂讨论打下了坚实的基础。最后以"阿Q有没有名字？"这一问题引出"他这么一个无名无姓的人在社会上的处境怎么样？"的思考。问题环环相扣，他在与学生的互动中循循善诱，幽默风趣。

2. 细致入微的文本解读

在引导学生们阅读"序言"之后，张老师巧妙地设计了一个为阿Q写名片的环节。通过填写阿Q的年龄、外貌特征、住址、身份、爱好等信息，学生们对阿Q这一人物形象有了初步的了解。张老师还特地强调了"农民"与"雇农"的区别，进一步突出了阿Q在社会中的低下地位和糟糕处境。在学生们填写名片的过程中，张老师还敏锐地捕捉到了"黄辫子"这一关键词，通过"黄"字引导学生们联想到阿Q的生活窘迫和常年营养不良。这一细节处理不仅展现了张老师深厚的文本解读能力，更让学生们对阿Q的形象有了深刻的认识。

3. 对立面讨论与深度挖掘

在张老师的精彩讲解后，周康平老师接过话筒，从张老师的对立面展开讨论。周老师一开始便得出"阿Q是一个病人"的结论，并抛出一张病历单让学生们填写。这一设计不仅激发了学生们的好奇心，更引导他们从不同的角度思考阿Q这一人物形象。在激烈的讨论后，周老师引导学生明白阿Q在"有病"的同时具备了自愈能力，他为自己开的药方便是精神胜利法。通过提问和解读，学生们对精神胜利法的内涵有了更深入的理解，并为其下了定义：对于事实上的屈辱和失败，用自嘲和自解的方式，在想象中取得精神上的满足和胜利。

4. 科技助力与独立思考

在深度了解和讨论精神胜利法后，张老师继续带领学生们探索其根源，对文本进行深度解读。值得一提的是，张老师在常规的讨论后还巧妙地利用人工智能来寻找答案，将当代科技与教学工作创新结合，不仅提高了课堂的趣味性和互动性，更让学生们感受到了科技助力教育的魅力。此外，周老师还鼓励学生自己提出问题,这一做法不仅有助于学生独立思考,更有助于他们深刻地理解这篇文章。

5. 课堂总结与升华

课堂的最后,以观看电影片段的方式,引导学生们思考"阿Q真的断子绝孙了吗?"这一问题。在讨论中,学生们逐渐明白,鲁迅笔下的阿Q不是特指一个人,而是描写了像阿Q一样在黑暗社会下只能自我麻痹的一群人。这一总结不仅升华了课堂主题,更让学生们对《阿Q正传》这部作品有了更深刻的认识和理解。

总的来说,这节公开课是一次成功的教学实践。两位老师通过精心设计的教学环节和深入浅出的讲解方式,不仅让学生们对《阿Q正传》这部经典作品有了更深入的理解,更激发了他们的学习兴趣并锻炼了他们的思考能力。同时,老师们还巧妙地运用了现代科技手段来辅助教学,提高了课堂的趣味性和互动性。这样的教学方式不仅值得我学习和借鉴,更为我今后的教学工作提供了宝贵的启示和参考。

 群文教学的一种方式
——《兰亭集序》《金谷诗序》教学实录

一、教学过程

师:课前,我们先来做个游戏。(邀请一名男学生和一名女学生到讲台,然后请学生回答。)请你说说,这两位同学的不同之处。

生1:一男一女;一高一低;一位长得白,一位长得黑;一位头发长,一位头发短;一位戴眼镜,一位不戴眼镜;一位偏理科,一位偏文科。

师:这都被你看出来了。(学生哈哈大笑。)那么,这两位同学相同的地方是什么呢?

生2:都穿着校服,都是回浦中学学生。

师:刚才的游戏,印证了一个概念——比较。比较是人类认识事物的一种思维方式。比较的方法有两种:一种是同中求异,一种是异中求同。距今

1700 年前后，类似的两场聚会，类似的两篇诗序，为什么石崇的《金谷诗序》仅轰动一时，而王羲之的《兰亭集序》却流传至今呢？今天，我们一起来探究一下。

【任务一】说一说这两篇文章的相同点。

师：我们来比较一下这两篇文章的相同或相似之处。

生 3：这两篇文章都叙述了宴会活动，描写了周围的景物，抒发了人生的感悟。

师：最后都交代了什么呢？

生 3：写作诗序的缘由。

师：这就是两篇序文结构上的相同点。还有哪些相同点呢？

生 4：从内容上看，都写了喝酒写诗。

生 5：从情感上看，都是先写快乐，后写悲伤。

生 6：从文体上看，两篇文章都是序文。

（PPT 呈现）

相同点：

①都是序文；

②都是先叙写宴会时间、地点、事由，然后抒发参加宴会后的感触，最后交代作序目的；

③都写了宴会之乐、人生之悲。

师：刚才，同学们分别从文体、情感、结构、内容等方面比较了这两篇文章的相同点，发现其共性的地方。

【任务二】品一品这两篇序文的不同之处。

师：接下来，我们分别从写景上、写人上、叙事上、抒情议论上比较这两篇序文的不同之处。请同学们先找出不同的文字读一读，再说说不同背后的意蕴。

（小组讨论，推荐一位同学发言。）

生 7：写景上，《兰亭集序》总体上是概述，比如"崇山峻岭，茂林修竹"；而《金谷诗序》侧重景物的种类，比如"有清泉茂林，众果、竹、柏、药草之属……"《兰亭集序》语言优雅,《金谷诗序》语言质朴。

师:你是从内容和语言两个角度,比较写景上的不同点。其他同学还有补充吗?

(男女生齐读、对读。)

(PPT呈现)

写景上:

《兰亭集序》:"此地有崇山峻岭,茂林修竹,又有清流激湍,映带左右……是日也,天朗气清,惠风和畅。"

《金谷诗序》:"有清泉茂林,众果、竹柏、药草之属,莫不毕备。又有水碓、鱼池、土窟,其为娱目欢心之物备矣。"

生8:景物有不同的特点,《兰亭集序》所写的景物清幽雅致,《金谷诗序》除写景物之外,更多地写"众果""鱼池"等食物和娱乐方面。

师:写人上,这两篇序文又有哪些不同之处呢?

生9:《兰亭集序》写人很概括,就一句话"群贤毕至,少长咸集";而《金谷诗序》把许多人的名字都列了出来。

师:举个例子?

生9:比如"凡三十人,吴王师、议郎、关中侯、始平武功苏绍"。

师:这里写了几个人呢?(学生疑惑。)这里只写了一个人,他叫苏绍,前面的都是他的官名。这说明了什么呢?(学生疑惑。)

(PPT呈现)

写人上:

《兰亭集序》:"群贤毕至,少长咸集。"

《金谷诗序》:"余以元康六年,从太仆卿出为使持节,监青、徐诸军事、征虏将军。""凡三十人,吴王师、议郎、关中侯、始平武功苏绍,字世嗣,年五十,为首。"

师:《兰亭集序》写人"群贤毕至,少长咸集",说明参加兰亭集会的都是些有名望的贤士,不论长幼;《金谷诗序》写人,除了介绍苏绍的各种官名之外,开头还介绍了自己的各种官名、职位,"从太仆卿出为使持节,监青、徐诸军事、征虏将军"。这里的"使持节"是一种什么官呢?

生 10:这是一种掌管地方军政的官员,拥有诛杀中级以下官吏之权。

师:这说明了什么?

生 10:说明作者很厉害,权力很大,体现他看重富贵名利。

师:《金谷诗序》的作者石崇是一位富豪,参加这次宴会的除了当时的名流之外,都是些趋炎附势的"望尘之友"。

(学生齐读PPT上的一段文字。)

(PPT呈现)

苏东坡评论:"兰亭之会或以比金谷,而以逸少比季伦,逸少闻之甚喜。金谷之会皆望尘之友也;季伦之于逸少,如鸱鸢之于鸿鹄。"

师:这段文字同学们可能对"望尘之友"不大理解,我们先来看"季伦之于逸少,如鸱鸢之于鸿鹄"的意思。

生 11:季伦是石崇的字,逸少是王羲之的字,也就是说石崇跟王羲之比较,就像是鸱鸢跟鸿鹄相比。

师:鸱鸢是一种什么鸟呢?它以什么为食呢?

生 11:猫头鹰之类的鸟,以腐鼠为食物。

师:庄子把功名利禄比作腐鼠,可见鸱鸢与鸿鹄之志完全不同。比如,当时参加金谷园盛会的潘岳与参加兰亭诗会的谢安,就是两类人的代表。请阅读下列材料。

(PPT呈现)

《晋书·潘岳传》:"岳性轻躁,趋世利,与石崇等诣事贾谧,每候其出,与崇辄望尘而拜。"

《晋书·王羲之传》:"会稽有佳山水,名士多居之。谢安未仕时亦居焉。孙绰、李充、许询、支遁等皆以文义冠世,并筑室东土,与羲之同好。"

师:潘岳"趋世利",与石崇等向权臣贾谧献媚,"望尘而拜",趋炎附势之态毕现;而谢安乃是当时的贤才名士。可见,《兰亭集序》中参与盛会的大多是文人雅士,《金谷诗序》中参与宴会的则是官员贵族。我们再来看看叙事上的不同之处。

生 12：《兰亭集序》"修禊事也"，举行驱逐不祥的礼俗之事；《金谷诗序》"余与众贤共送往涧中，昼夜游宴"，举行送别友人的宴会。

生 13："兰亭集会"是"无丝竹管弦之盛"，流觞曲水，比较雅致；金谷宴会则"时琴、瑟、笙、筑，合载车中，道路并作"，觥筹交错，歌舞盛会，热闹非凡。

师：从这两段文字的叙事中，我们还读出了什么呢？

（男女生对读，体味语言背后的意蕴。）

（PPT 呈现）

叙事上：

《兰亭集序》："暮春之初，会于会稽山阴之兰亭，修禊事也。……虽无丝竹管弦之盛，一觞一咏，亦足以畅叙幽情。"

《金谷诗序》："时征西大将军祭酒王诩当还长安，余与众贤共送往涧中，昼夜游宴，屡迁其坐，或登高临下，或列坐水滨。时琴、瑟、笙、筑，合载车中，道路并作；及住，令与鼓吹递奏。"

生 14：修禊事，这是一种风俗祭祀。

师：我们可以把这次兰亭集会看作是一场文化盛会。修禊，是自古以来流传的传统文化仪式。请看下面的文字。

（PPT 呈现）

农历三月三日（上巳日），临水嬉游，以驱除不祥，谓之修禊。

《周礼》："女巫掌岁时祓除、衅浴。"

《后汉书·礼仪志》："是月上巳，官民皆洁于东流水上，曰洗濯祓除，去宿垢疢，为大洁。"

师：《周礼》女巫掌岁时"祓除、衅浴"，《后汉书》上巳日"官民皆洁于东流水上，曰洗濯祓除"，说明了修禊源远流长，是一种祛除不祥的祭祀风俗。这里的"衅浴"是指用芳香的草药熏身并沐浴。后来，东晋时文人雅士把这种修禊仪式改为"流觞曲水"，这是一种高雅的文化集会。所以《兰亭集序》叙述的是一场文化盛会，《金谷诗序》叙述的是一场送别宴会。

【任务三】议一议这两篇序文的人生感悟。

师：接下去，我们看看抒情议论上的不同之处。

（PPT呈现）

抒情议论上：

《兰亭集序》："夫人之相与，俯仰一世。……岂不痛哉！……悲夫！……后之览者，亦将有感于斯文。"

《金谷诗序》："感性命之不永，惧凋落之无期。"

生15：《兰亭集序》用了两大段的议论抒情，体现了对生死的悲痛和思考；而《金谷诗序》只用了一句话的议论抒情（"感性命之不永，惧凋落之无期"），体现了对生命短暂、繁华易逝的感慨。

师：我们继续对《兰亭集序》的两大段议论赏析一下。

（PPT呈现）

夫人之相与，俯仰一世。或取诸怀抱，悟言一室之内；或因寄所托，放浪形骸之外。虽趣舍万殊，静躁不同，当其欣于所遇，暂得于己，快然自足，不知老之将至；及其所之既倦，情随事迁，感慨系之矣。向之所欣，俯仰之间，已为陈迹，犹不能不以之兴怀，况修短随化，终期于尽！古人云："死生亦大矣。"岂不痛哉！

每览昔人兴感之由，若合一契，未尝不临文嗟悼，不能喻之于怀。固知一死生为虚诞，齐彭殇为妄作。后之视今，亦犹今之视昔，悲夫！故列叙时人，录其所述，虽世殊事异，所以兴怀，其致一也。后之览者，亦将有感于斯文。

师：老师来朗读这两段文字，同学们思考一下哪些句子特别能引起你的共鸣，说说为什么。

（教师配乐朗读，音乐曲调悲伤，师生沉浸其中。）

生16：我对"死生亦大矣"有感触，确实死亡对于我们普通人来说是最大的伤痛，意味着生命的消失，亲人的离去。

生17：我对"向之所欣，俯仰之间，已为陈迹，犹不能不以之兴怀"有感触，想起以前自己欢乐的日子，一会儿就过去了，未免伤感。

师：举个例子？

生17：比如高一时同学相聚在一起过得很开心，但一想到马上就要分别，未免伤心。

生18：我对"或取诸怀抱，悟言一室之内；或因寄所托，放浪形骸之外"有感触，它交代了当时的情感寄托、襟怀抱负，表达了对自由自在生活的向往之情，这也是我所追求的生活。

生19：我对"及其所之既倦，情随事迁，感慨系之矣"有感触，有些事当初觉得很新鲜很喜欢，但随着时间的流逝，慢慢地变得厌倦，人生的感慨随之而生。

师：刚才同学们都是从自身的生活体验出发，来解读王羲之在兰亭乐事之后对生死的感慨。其实，古人也是如此，请看下面的文字。

（全班齐读。）

（PPT呈现）

汉武帝《秋风辞》："泛楼船兮济汾河，横中流兮扬素波。箫鼓鸣兮发棹歌，欢乐极兮哀情多。少壮几时奈老何！"

魏文帝《与朝歌令吴质书》："乐往哀来，怆然伤怀。余顾而言：'斯乐难常。'足下之徒，咸以为然。"

葛洪《抱朴子》："然乐极则哀集，至盈必有亏。故曲终则叹发，宴罢则心悲也。"

王勃《滕王阁序》："天高地迥，觉宇宙之无穷；兴尽悲来，识盈虚之有数。"

师：生命短暂，人生无常，乐极生悲，这是人类共同的精神困境。那么，王羲之为何会有如此感慨？我们了解一下时代背景。

（PPT呈现）

两晋政治恐怖，统治集团内部互相倾轧，残杀现象时有发生。士大夫不满，普遍崇尚老庄，追求清静无为、自由放任的生活。

东晋名士崇尚老庄，爱谈玄理，大多思想虚无，不务实际，寄情山水，笑傲山野，达到物我两忘和生死等同的精神境界。他们消极无为，认为人生像浮萍随波逐流，漂到哪里就是哪里，死了就死了，因为死就是生，生就是死。

师：东晋名士崇尚老庄，爱谈玄理，寄情山水，喝酒纵歌，最典型的要数"竹林七贤"阮籍、嵇康、刘伶等人。就像刘伶放浪形骸之外，"死便埋我"，喝酒远游，让仆人提着锄头跟在身后，"死了就埋了"，人生虚无，死生等同。但是王羲之是否也这样认为呢？

生20：他不是这样认为的，因为他说"一死生为虚诞，齐彭殇为妄作"，也就是说把死生等同，把寿命长短等同，是虚无缥缈、很荒谬的看法。死了就是死了，活着就是活着，所以，更要珍惜短暂的生命，不能碌碌无为，要创造生命的价值。

师：《古文观止》评《兰亭集序》："通篇着眼在'死生'二字。只为当时士大夫务清谈，鲜实效，一死生而齐彭殇，无经济大略，故触景兴怀，俯仰若有余痛。但逸少旷达人，故虽苍凉感叹之中，自有无穷逸趣。"老师读过《王羲之传》，他写《兰亭集序》时51岁，经历了东晋北伐之战、权力之争、王氏家族衰落等一系列残酷事件，所以才有对死生的悲叹。但"消极其表，执着其里"，深受儒家思想影响的王羲之既要为民分忧，又要超脱世俗。《兰亭集序》打动我们心灵的，是美，是凄凉，更是超脱世俗的人格魅力与精神追求！最后，我们小结一下《兰亭集序》流传至今的原因：语言清丽，格调高雅，情感真挚，思想深邃。（板书）

【任务四】写一写对这两篇序文的学习体会。

（PPT呈现）

上联：金谷宴集繁华散

下联：

师：请同学们用对联的方式，写一下对这两篇序文的学习体会。

（学生写作，个别呈现。）

生21：兰亭盛会万古传。

生22：兰亭会散风骨传。

师：我把最后的点评留给班长，大家掌声欢迎。

生23：我个人而言，更欣赏第二联，对仗工整，语言典雅，写出了《兰亭集序》所蕴含的魏晋风骨流传至今。

师：其实第一联也是不错的。好，今天这堂课我们运用了比较的方法，着眼于语言比较，读出了雅俗之别、精神韵味深浅之别，窥见了魏晋士人的精神风骨。

二、教学反思与点评

《兰亭集序》是统编版高中语文选择性必修下册第三单元的一篇课文，本单元属于"中华传统文化经典研习"学习任务群，选取魏晋到明代的六篇经典散文：有的以情见长，至情至性，感人肺腑；有的以理取胜，理趣盎然，发人深思。集中在一个单元研习，让学生能在对比中体会，在联系中思考。新课程倡导群文联读的整合意识，《兰亭集序》可以与陶渊明的《归去来兮辞并序》构成联读，也可以与石崇的《金谷诗序》构成联读。"阅读与鉴赏"在立足于单篇精读的同时，也可以在同类异质文本的比较阅读中，提升学生的语言建构、审美鉴赏、思维能力、文化传承等核心素养。

"群文阅读"是新课标背景下高中语文课堂教学的新探索、新尝试。所谓"群文阅读"，就是师生围绕着一个或多个议题选择一组文本，然后进行阅读和集体建构，最终达成共识的过程。山东师范大学文学院教授潘庆玉认为，"从根本上讲，无论单篇阅读，还是群文阅读，除了关注学生语言、思维与审美能力的发展，还应致力于对学生进行人格的陶冶与文化的涵养……任何文本都既是文化的载体，也是文化的表象。文化的涵养不是知识的灌输，也不是技能的训练，它更多的是指一种潜移默化的体认和感悟"[1]。"群文教学"有利于帮助学生获得单文教学所不可能获得的综合的、立体的认知体验。

在《兰亭集序》"同课异构"教学中，我采用了群文联读的教学方式，充分体现新课程课堂教学理念。在选择文本时，石崇的《金谷诗序》恰好是《兰亭集序》的同类异质文本，两篇都是写盛会的诗序，但在写景、写人、叙事、抒情议论等方面各有千秋，高下有别。因此，可以让学生在比较异同中，欣赏中华传统文化经典的魅力，提升学科核心素养。当然，由于比较的两篇文本

① 潘庆玉.群文阅读：由链接而群聚，因秘响而旁通[J].语文建设，2018(1)：28.

都是文言文，需要尊重文言文阅读教学的规律，若要在课堂上呈现群文阅读的效果，课前学生必须做充分的预习准备。课堂上，回浦中学的学生充分体现了深厚的文言文阅读功底和严密的逻辑思维能力，精准地把握了两篇文章的思想内涵。

　　湖州二中的许琴琴老师听后对本堂课做了高度的评价。她认为本堂课的教学大气、从容、睿智、高雅。第一，张老师儒雅的气度给大家如沐春风的感觉；第二，配乐深情诵读有一种抑扬顿挫、行云流水之美；第三，张老师对两篇文章领悟得很深刻；第四，《兰亭集序》是教学难度比较大的文章，张老师却采用了新颖独到、高屋建瓴的比较阅读的方式，的确很有勇气，并且在分析时，他是引导学生在读中悟、在悟中读，采用"跳出来、走进去"的方法，让学生对文本的理解不是停留在表层的感官上，而是进入深层次的理性的感悟。让人印象比较深的地方是，整堂课他始终围绕着一个大问题——"为什么石崇的《金谷诗序》仅轰动一时，而王羲之的《兰亭集序》却流传至今？"在这个大问题的引导下，他充分尊重、相信学生的回答和思考，以两篇看似枯燥的序文，比较那个时代（"一死生，齐彭殇"）的人们心中幽微复杂的内心世界和深层的思考。张老师说每次读到这篇文章总会有要落泪的感觉，其中蕴含的王羲之对死生的感悟是千百年来文人们共同的感叹，可以说是"千古同悲"。如果简单地讲"死生亦大矣"，学生是没有特别的感触的，但是张老师补充了一系列背景材料，真正做到了"以文释文"。在课堂最后的环节让学生用对联的方式，书写对这两篇文章的体会，呈现了很浓厚的语文独特的味道。张老师大胆地尝试运用群文阅读的方式，想达到的目的是"操千曲而后晓声，观千剑而后识器"。这堂课重在引导学生通过比较的方式，让思维更加灵活、开阔一些，这种比较阅读的能力十分重要。富春中学的吴燕萍老师对同课异构的三节课做了形象化的比喻，来突出她的听课感受："文字、文学、文化，需要教师拥有一定的文学功底。钱爱峰的课就像一幅画，张潇颖的课像一阵风，张永飞老师的课就像一首歌，对比阅读中设计四个环节，一唱三叹，入情入境，对联拟写，亮了！一堂好课，不仅学生参与有感触，而且听课老师也有参与其中的冲动，'金谷宴集繁华散，兰亭会聚人间暖'。"

整本书阅读的课堂实践
——"《红楼梦》之'手帕'赏读"教学实录

一、教学过程

师：皇皇巨著《红楼梦》，我们进入其中的方式有多种。当我们了解全书的故事情节之后，学会从对日常生活细节的描写中品味语言的魅力，不失为一种经典阅读的最佳途径。下面请看PPT，你能否说出其中大致的故事情节？

（PPT呈现）

1.林黛玉刚进贾府时"喝茶"的细节；

2.周瑞家"送宫花"的细节；

3.王熙凤向刘姥姥介绍"茄鲞"的细节；

4.贾宝玉送"两块旧手帕"给黛玉的细节。

生1：《红楼梦》第3回，林黛玉刚进贾府时，大家族吃完饭，"有丫鬟用小茶盘捧上茶来"，原来这是漱口用的，然后"又捧上茶来，这方是吃的茶"，这样的吃茶习俗不同于黛玉平时家中的习惯。

师：从这个喝茶的细节中，你读出了什么呢？

生1：我读出林黛玉初到贾府的谨慎与修养，以及贾府钟鸣鼎食之家的富贵礼仪。

生2：《红楼梦》第41回，刘姥姥进大观园时，王熙凤介绍"茄鲞"的制作：先把新鲜茄子的皮去掉，切成碎钉子，用鸡油炸了，再用鸡脯子肉并香菌、新笋、蘑菇、五香腐干、各色干果子，都切成钉子，拿鸡汤煨了，将香油一收，外加糟油一拌，盛在瓷罐子里封严，要吃时拿出来，用炒的鸡瓜一拌就是。

师：从这样的饮食细节中，你读出了什么呢？

生2：贫富差距形成鲜明的对比，揭示了贾府当时日常生活的穷奢极侈、纸醉金迷，也暗示了其必然走向没落的命运。

生3：《红楼梦》第7回，周瑞家的送宫花，薛姨妈吩咐："你家的三位姑娘，每人一对，剩下的六枝，送林姑娘两枝，那四枝给了凤哥罢。"三位贾府姑娘是主人，林黛玉是客居，也是贾母的心头肉，王熙凤是自家人，所以按照这个顺序和数量送宫花，完全符合人情世故，可见薛姨妈也是个圆熟之人。

师：但是周瑞家的按照这个顺序送宫花了吗？

生3：没有。她先是送给贾府三位姑娘，然后送王熙凤，最后两枝宫花送给林黛玉。

师：为什么要这样送宫花呢？

生3：因为王熙凤在贾府地位高，她想巴结她，可见周瑞家的势利眼。

师：如此看来，同学们对《红楼梦》中的日常生活细节描写印象挺深的，读得也还比较深入。今天这节课，我们就通过品读《红楼梦》中的"手帕"相关故事情节，来进一步领悟小说的艺术魅力。下面请一位同学说说自己梳理的"手帕"相关的故事情节。

生4：第24回第349页，写红玉丢了手帕，去找手帕时在宝玉房前遇见贾芸；第26回第372页，写贾芸通过坠儿之手将手帕还给红玉；第27回第382页，写红玉与坠儿在屏后一起讨论手帕的事；第28回第407页，写蒋玉菡和宝玉互换红汗巾子，宝玉因金钏事件和琪官事件被贾政痛打；第34回第479页，写宝玉挨打后，派晴雯给黛玉送去两块旧手帕；第87回第1288页，写黛玉在绢包中看见两方旧手帕，勾起回忆而落泪。

师：你找得比较全面，情节梳理得也很不错。但是蒋玉菡和宝玉互换红汗巾子，是系在身上的，不能算手帕。哪位同学还有补充的吗？

生5：第3回第43页，写林黛玉进贾府时，王熙凤说："只可怜我这妹妹这样命苦，怎么姑妈偏就去世了！"说着，便用帕拭泪。其实王熙凤并没有哭，活脱脱刻画出一个善于表演、懂得人情世故的王熙凤形象。

生6：第8回第136页，写袭人伸手从他项上摘下那通灵宝玉来，用自己的手帕包好，塞在褥下，次日戴时便冰不着脖子。可见袭人对宝玉的细心体贴。

生7：第30回第429页，写黛玉因晴雯不开门受委屈时，跟宝玉闹矛盾，宝玉伤心地流泪，正要找手帕擦眼泪，黛玉见了忙把自己的手帕往宝玉怀里一摔，这一情节可以看出黛玉对宝玉的关心和谅解。还有宝玉脸上沾了胭脂，黛玉用自己的手帕替他揩拭。

师：刚才同学们找到了小说中多处描写手帕的故事情节，本节课，我们选择情节相对集中的"小红遗帕""宝玉赠帕"来深入品读欣赏其中的艺术魅力。

《红楼梦》中手帕描写集中的回目

故事总括	情节细分	人物	回目和页码
小红遗帕	小红遗帕	小红与贾芸	第 24 回第 349 页
	小红梦帕		第 24 回第 350 页
	贾芸还帕		第 26 回第 372 页
	小红换帕		第 27 回第 382 页
宝玉赠帕	黛玉摔帕	宝玉与黛玉	第 30 回第 429 页
	宝玉赠帕		第 34 回第 479 页
	黛玉题帕		第 34 回第 480 页
	黛玉忆帕		第 87 回第 1288 页
	黛玉焚帕		第 97 回第 1408 页

师："小红遗帕"分别在小说第 24 回和第 26～27 回中描写，请同学们自由选择其中的语段，说说你的阅读体会与感悟。

【示例 1】小红梦帕

正闷闷的，忽然听见老嬷嬷说起贾芸来，不觉心中一动，便闷闷的回至房中，睡在床上暗暗盘算，翻来掉去，正没个抓寻。忽听窗外低低的叫道："红玉，你的手帕子我拾在这里呢。"红玉听了忙走出来看，不是别人，正是贾芸。红玉不觉的粉面含羞，问道："二爷在那里拾着的？"贾芸笑道："你过来，我告诉你。"一面说，一面就上来拉他。那红玉急回身一跑，却被门槛绊倒。（第 24 回第 350 页）

生 8：小红为什么会梦见贾芸捡到自己的手帕呢？

生 9："日有所思，夜有所梦"，小红梦帕，其实就是小红心底里暗暗喜欢贾芸的投射。

师：为什么她又梦到贾芸"上来拉她。那红玉急回身一跑，却被门槛绊倒"呢？

生9：她还是担心自己跟贾芸的关系，因为他们的身份、地位有差距，让小红喜欢又害怕。

【示例2】贾芸还帕

原来上月贾芸进来种树之时，便拣了一块罗帕，便知是所在园内的人失落的，但不知是那一个人的，故不敢造次。今听见红玉问坠儿，便知是红玉的，心内不胜喜幸。又见坠儿追索，心中早得了主意，便向袖内将自己的一块取了出来，向坠儿笑道："我给是给你，你若得了他的谢礼，不许瞒着我。"坠儿满口里答应了，接了手帕子，送出贾芸，回来找红玉，不在话下。（第26回 第372页）

师：贾芸为什么不把捡到的手帕还给小红，而是把自己的手帕让坠儿转交给小红呢？

生10：贾芸不知道小红对自己是否有意思，所以把自己的手帕给小红，这是一种试探。

【示例3】小红换帕

宝钗在亭外听见说话，便煞住脚往里细听，只听说道："你瞧瞧这手帕子，果然是你丢的那块，你就拿着；要不是，就还芸二爷去。"又有一人说话："可不是我那块！拿来给我罢。"又听道："你拿什么谢我呢？难道白寻了来不成。"又答道："我既许了谢你，自然不哄你。"又听说道："我寻了来给你，自然谢我；但只是拣的人，你就不拿什么谢他？"又回道："你别胡说。他是个爷们家，拣了我的东西，自然该还的。我拿什么谢他呢？"又听说道："你不谢他，我怎么回他呢？况且他再三再四的和我说了，若没谢的，不许我给你呢。"半晌，又听答道："也罢，拿我这个给他，算谢他的罢。——你要告诉别人呢？须说个誓来。"（第27回第382页）

师：小红明知道这块手帕不是自己的，为什么还说"可不是我那一块"？

生11：小红接受了贾芸的手帕，并把自己的手帕送给贾芸，意味着小红接受了贾芸的心意，两人交换了手帕，互诉了对彼此的喜欢。这是以帕传情，私订终身。

生12："小红遗帕"的故事借两块手帕含蓄地表达两人对爱情的渴望，大胆地冲破了封建礼教的束缚。

师：我们来做个小结：①"小红遗帕"其实是写底层丫鬟小红与贾府旁亲少爷贾芸的爱情故事。②"手帕"是小说线索、爱情信物。③在情节上，与"宝玉赠帕"形成呼应。下面，我们再来欣赏一下"宝玉赠帕"。大家最想听哪位同学来朗读？推荐一下。好，请语文课代表朗读PPT上的文字。

【示例4】宝玉赠帕

袭人去了，宝玉便命晴雯来吩咐道："你到林姑娘那里看看他做什么呢。他要问我，只说我好了。"晴雯道："白眉赤眼，做什么去呢？到底说句话儿，也像一件事。"宝玉道："没有什么可说的。"晴雯道："若不然，或是送件东西，或是取件东西，不然我去了怎么搭讪呢？"宝玉想了一想，便伸手拿了两条手帕子撂与晴雯，笑道："也罢，就说我叫你送这个给他去了。"晴雯道："这又奇了。他要这半新不旧的两条手帕子？他又要恼了，说你打趣他。"宝玉笑道："你放心，他自然知道。"

晴雯听了，只得拿了帕子往潇湘馆来。只见春纤正在栏杆上晾手帕子，见他进来，忙摆手儿，说："睡下了。"晴雯走进来，满屋魆黑，并未点灯，黛玉已睡在床上，问："是谁？"晴雯忙答道："晴雯。"黛玉道："做什么？"晴雯道："二爷送手帕子来给姑娘。"黛玉听了，心中发闷："做什么送手帕子来给我？"因问："这帕子是谁送他的？必是上好的，叫他留着送别人罢，我这会子不用这个。"晴雯笑道："不是新的，就是家常旧的。"林黛玉听见，越发闷住，着实细心搜求，思忖一时，方大悟过来，连忙说："放下，去罢。"晴雯听了，只得放下，抽身回去，一路盘算，不解何意。（第34回第479页）

师：我们先简要回顾一下"宝玉赠帕"前后相关的故事情节。

生13：小说第33回、34回，写贾宝玉因金钏事件、会见贾雨村、私赠蒋玉菡等遭到贾政毒打，林黛玉看望时十分心疼，"只见两个眼睛肿的桃儿一般，满面泪光"，而且规劝宝玉"你从此可都改了吧！"

师：这里宝玉为什么先让袭人去宝钗那里借书，然后吩咐晴雯去看望黛玉呢?

生 14: 因为袭人比较懂事,而且跟黛玉的价值观念不一样,宝玉如果让她去看望黛玉,恐怕难以传达自己的心意。

师: 当晴雯提出说句话或送取东西时,宝玉"想了一想",便拿了两条手帕子撂与晴雯,让她送给黛玉。那么,晴雯明白宝玉送手帕的意图了吗?

生 14: 没有。

师: 请小组讨论一下:宝玉为什么要送两条旧手帕给黛玉?可分为三个问题探究:①宝玉为什么要送手帕给黛玉?②为什么是旧手帕?③为什么是两条旧手帕?

(小组热烈讨论,各抒己见。)

生 15: 宝玉送手帕给黛玉,是因为自己挨打没法亲自去看望黛玉,他知道黛玉肯定因为自己被打而伤心哭泣,所以送手帕就代表了替她拭泪以示安慰。

生 16: 宝玉送旧手帕,是因为旧手帕是私人之物,带着个人的情感。送旧帕而不是新帕,他可能想告诉黛玉自己喜欢的是故交,而不会因为新交(宝钗)而遗忘旧知,希望黛玉放心。

生 17: 宝玉送两条旧手帕,似乎代表了两颗心,"好事成双",寄寓了宝玉对和黛玉未来成双配对的期盼。

师: 对于宝玉为什么送两条旧手帕的问题,不同读者可以有不同的理解,但能自圆其说即可。在古代,手帕一般由丝线做成,也称为"鲛绡"。以帕定情,已成为传统戏剧、小说中的常见意象,比如《西厢记》中的张生和崔莺莺也是互传手帕定情。因此,手帕中纵横的丝线也代表了宝玉对黛玉深切的相思,诠释了他对黛玉的满腹柔情。那么,黛玉能懂得"宝玉赠帕"的心思吗?请齐读PPT上的文字。

【示例5】黛玉题帕

这里林黛玉体贴出手帕子的意思来,不觉神魂驰荡:宝玉这番苦心,能领会我这番苦意,又令我可喜;我这番苦意,不知将来如何,又令我可悲;忽然好好的送两块旧帕子来,若不是领我深意,单看了这帕子,又令我可笑;再想令人私相传递与我,又可惧;我自己每每好哭,想来也无味,又令我可愧。如此左思右想，一时五内沸然炙起。黛玉由不得余意绵缠，令掌灯，也想不起嫌疑避讳等事，便向案上研墨蘸笔，便向那两块旧帕上走笔写道：

眼空蓄泪泪空垂，暗洒闲抛却为谁？

尺幅鲛绡劳解赠，叫人焉得不伤悲！

其二

抛珠滚玉只偷潜，镇日无心镇日闲；

枕上袖边难拂拭，任他点点与斑斑。

其三

彩线难收面上珠，湘江旧迹已模糊；

窗前亦有千竿竹，不识香痕渍也无？

林黛玉还要往下写时，觉得浑身火热，面上作烧，走至镜台揭起锦袱一照，只见腮上通红，自羡压倒桃花，却不知病由此萌。一时方上床睡去，犹拿着那帕子思索，不在话下。（第34回第480页）

生18：从黛玉复杂的心理活动看，她领悟了宝玉送两条旧帕的深意。且在手帕上题诗三首，更是体现了她对宝玉的感激和爱意。

师：你是如何理解这三首题帕诗的？

生18：这三首诗都是以眼泪表达黛玉对宝玉的痴情、担忧和感伤。

生19：第一首诗是说自己为宝玉而流泪，也感谢宝玉送来的两块旧帕；第二首诗是说因为宝玉挨打而痛苦和伤心，表达了对宝玉的一片赤诚；第三首诗借湘妃的故事，含蓄地表达对宝玉的情意之深笃，也预示了他们爱情的悲剧结局。

师：大家还记得《红楼梦》前5回中"木石前盟"和"还泪之说"的神话故事吗？

生20：绛珠仙草为了报答神瑛侍者的灌溉之恩，愿意用"一生的眼泪"来还他，这就是宝黛爱情的前世今生。

师：这三首诗是林黛玉对贾宝玉爱情的心血之流注。组诗通篇都闪烁着泪光，黛玉的形象跃然纸上。因此，脂砚斋批语："两条素帕，一片真心；三首新诗，万行珠泪。"清人洪秋蕃评论说："前番黛玉以手帕掷宝玉，此番宝玉以手帕遗黛玉，于是黛玉帕中有宝玉泪痕，宝玉帕中有黛玉泪痕。自有手帕以来，未有如是之深情密意者，鲛绡不足数矣。"由此可见，宝玉送给黛玉的两条旧手帕，是两人爱情发展、成熟的见证。然而，随着故事情节的发展，他们的爱情并没有得到贾府家族的认可，随着贾府的败落，宝玉的痴呆，黛玉身体的每况愈下，宝黛爱情摇摇欲坠。请看下面PPT上的文字。

【示例6】黛玉忆帕

黛玉便问道："天气冷了，我前日叫你们把那些小毛儿衣服晾晾，可曾晾过没有？"……雪雁走去将一包小毛衣服抱来，打开毡包，给黛玉自拣。只见内中夹着个绢包儿，黛玉伸手拿起打开看时，却是宝玉病时送来的旧手帕，自己题的诗，上面泪痕犹在，里头却包着那剪破了的香囊扇袋并宝玉通灵玉上的穗子。原来晾衣服时从箱中捡出，紫鹃恐怕遗失了，遂夹在这毡包里的。这黛玉不看则已，看了时也不说穿那一件衣服，手里只拿着那两方手帕，呆呆的看那旧诗。看了一回，不觉的簌簌泪下。（第87回第1288页）

生21：寥寥数笔，勾画出黛玉睹帕忆情的苦境，两方旧帕在黛玉的心中代表着一段不能圆满的深情，睹帕想起旧年情事，令人伤痛。今日自身命运及爱情又无法把握，黛玉因此而潸然泪下。

【示例7】黛玉焚帕

黛玉气的两眼直瞪，又咳嗽起来，又吐了一口血。雪雁连忙回身取了水来，黛玉漱了，吐在盒内。紫鹃用绢子给他拭了嘴。黛玉便拿那绢子指着箱子，又喘成一处，说不上来，闭了眼。紫鹃道："姑娘歪歪儿罢。"黛玉又摇摇头儿。紫鹃料是要绢子，便叫雪雁开箱，拿出一块白绫绢子来。黛玉瞧了，撂在一边，使劲说道："有字的。"紫鹃这才明白过来，要那块题诗的旧帕，只得叫雪雁拿出来递给黛玉。紫鹃劝道："姑娘歇歇罢，何苦又劳神，等好了再瞧罢。"

只见黛玉接到手里，也不瞧诗，挣扎着伸出那只手来狠命的撕那绢子，却是只有打颤的分儿，那里撕得动。紫鹃早已知他是恨宝玉，却也不敢说破，只说："姑娘何苦自己又生气！"黛玉点点头儿，掖在袖里，便叫雪雁点灯。雪雁答应，连忙点上灯来。

黛玉瞧瞧，又闭了眼坐着，喘了一会子，又道："笼上火盆。"紫鹃打谅他冷，因说道："姑娘躺下，多盖一件罢。那炭气只怕耽不住。"黛玉又摇头儿。雪雁只得笼上，搁在地下火盆架上。黛玉点头，意思叫挪到炕上来。

雪雁只得端上来，出去拿那张火盆炕桌。那黛玉却又把身子欠起，紫鹃只得两只手来扶着他。黛玉这才将方才的绢子拿在手中，瞅着那火点点头儿，往上一撂。紫鹃唬了一跳，欲要抢时，两只手却不敢动。雪雁又出去拿火盆桌子，此时那绢子已经烧着了。紫鹃劝道："姑娘这是怎么说呢。"黛玉只作不闻，回手又把那诗稿拿起来，瞧了瞧又撂下了。紫鹃怕他也要烧，连忙将身倚住黛玉，腾出手来拿时，黛玉又早拾起，撂在火上。（第97回第1408页）

生22：当黛玉得知宝玉将和宝钗成亲的消息，万念俱灰。爱情的信物被烧，宝黛恩断义绝，从此阴阳两隔。"如今是知音已绝，诗稿怎存？""万般恩情从此绝，只落得一弯冷月照诗魂。"

师：《红楼梦》里涉及宝黛爱情的线索有若干条，作为一个小道具，手帕穿插在情节中也构成了一条副线。在这条线索中，以手帕为中心衍生出的摔帕、赠帕、题帕、忆帕、焚帕等一系列情节完整地勾勒了宝黛爱情悲剧的始末。这节课，我们从日常生活中的"手帕"读出了丰富的内涵，它不仅作为线索贯穿始末，也作为爱情信物传递出含蓄的传统习俗和文化美感。同时，它又侧面烘托出人物的个性，反映出作者巧妙的艺术构思。《红楼梦》像一棵参天大树，贾府盛衰和宝黛爱情悲剧是其主干，"淡淡写来"（脂砚斋）的日常生活细节则犹如茂盛的枝叶。小说中这些"家庭闺阁琐事"，既真实可信，又内涵深刻，具有以小见大的艺术容量，充分展示了小说家对现实生活敏锐的观察力和深刻的表现力。希望大家能运用这节课所学的方法来品读小说精彩的语言，领悟其博大精深的丰富内涵。

二、教学反思

"整本书阅读与研讨"是"2017年版课标"规定的18个学习任务群的第一个，该任务群"旨在引导学生通过阅读整本书，拓展阅读视野，建构阅读整本书的经验，形成适合自己的读书方法，提升阅读鉴赏能力，养成良好的阅读习惯，促进学生对中华优秀传统文化、革命文化、社会主义先进文化的深入学习和思考"①。其中《乡土中国》《红楼梦》分别代表学术著作和文学著作被纳入高中语文统编版必修教材之中，成为独立的整本书阅读单元。

在开展整本书阅读的过程中，教师的作用主要在于：第一，进行课程化设计，推进阅读过程；第二，开展导读，提示阅读的策略、方法；第三，组织专题研讨，促进阅读的深入。由点到线，培养学生系统阅读的能力。《红楼梦》整本书阅读编排在必修下册第七单元，课堂教学要以学生阅读过程中的疑问或者感兴趣的话题为重心，精选经典片段，聚焦学习任务，组织学生进行专题研讨，以实现深度学习。我根据课标要求和单元学习任务，结合学情，完善了《红楼梦》教学的课时规划，明确了课堂教学内容：

（1）前五回情节梳理（包含人物关系）：2课时。

（2）赏析典型人物（侧重人物性格的多样性和复杂性）：3课时。

（3）品味日常生活细节：1课时。

（4）品读红楼诗词：1课时。

（5）欣赏小说叙事艺术：1课时。

（6）学写主题综述：1课时。

这9课时的安排，既抓住了阅读中的难点，比如前五回情节的梳理；又紧扣小说的文体特点，比如主要情节、典型人物、小说主题、日常细节描写、诗词品读、叙事艺术等。当然，并不是说《红楼梦》整本书阅读就必须围绕着这些学习任务进行，教师也可以结合自己的理解和感悟，开发个性化的课时规划。

"琐屑之中意味长——《红楼梦》之'手帕'赏读"，学习任务是"品味日常生活描写所表现的丰富内涵"。细读《红楼梦》中有关"手帕"的日常生活片段，从中挖掘"手帕"在小说爱情描写中的作用，体悟小红与贾芸、宝玉与黛玉之间的爱情故事，欣赏小说高超的构思艺术，领悟"手帕"背后丰富的文化内涵。由此推及《红楼梦》整本书中的类似手法，由此及彼，学会迁移，

---

① 中华人民共和国教育部.普通高中语文课程标准：2017年版2020年修订[S].北京：人民教育出版社，2020：11.

品味和领悟日常生活描写所表现的丰富内涵。

（一）整本书阅读的课堂设计，基于单元学习任务

《红楼梦》作为一部百科全书式的经典著作，课堂上可以从任何地方切入，比如饮食文化、建筑艺术、服饰文化、道家思想等等，但作为文学经典，首先应该遵从文学阅读规律。本堂课就是基于单元学习任务中的"在日常细节描写中品味小说丰富内涵"的教学目标。作为日常生活中常用的物件——手帕，对其的描写无疑是日常生活方式的一种展示。通过与手帕相关的故事情节的梳理，帮助学生留意小说中对日常生活的细节描写，从小说语言中读出人物的性格特征，读出人情世故，读出情感内涵，读出文化寓意，从而体会小说博大精深的艺术构思和文化内涵。

（二）整本书阅读的核心，于文本细读中领悟魅力

当前，《红楼梦》整本书阅读教学由于受课时的限制，有些老师的做法就是大致梳理小说的故事情节、人物形象、主题等，就匆匆结束。加上全国新课标高考试卷没有涉及《红楼梦》等经典著作内容，在实际教学中，忽视《红楼梦》整本书阅读教学的现象比比皆是。当然，在整本书阅读教学中如果精读细读，根本没有足够的课时，这也是现实。但我认为，只有让学生能够借语言品味读出《红楼梦》整本书的魅力，才能吸引学生更加深入地去阅读整本书，这才是课堂教学的要义所在。本堂课就是紧紧抓住"手帕"相关情节的语言品读，引导学生从看似平常的叙述中，读出人物情感内涵，领悟小说精巧构思。

（三）整本书阅读的延伸，让学生掌握阅读的方法

这堂课，就是告诉学生《红楼梦》整本书阅读的方法和途径，比如从看似平常的日常细节描写中读出经典的魅力，通过语言的品味走进人物的内心世界，领悟小说的精巧构思，探究手帕背后的文化内涵。《红楼梦》整本书中还有没有类似的描写呢？你在阅读中有没有关注过这些细节描写的丰富内涵呢？整本书阅读既要从宏观上把握整体结构、主要故事情节，还要从微观上读出语言文字背后的丰富内涵，梳理小说的经典情节，细读其中的精彩片段，这或许是走进经典的有效途径之一。经典的力量不在实用，而在审美。《红楼梦》整本书的阅读既需要品味语言文字，还要获得审美体验，更要在文化探究上有所收获。

课堂转型的关键是学习方式的改变
——以《我与地坛》课堂教学为例[①]

新课标、新教材带来了高中语文课堂教学的新变化，然而在实际的教学中，采用传统的语文教学方式，一课一课的讲授式教学，一问一答的问答式课堂，依然较为普遍。根据某县（市）教研室问卷调查，在高一年级实际教学中，采用大单元整合设计的只占 5.26%，一篇一篇地教学占 24.56%；相比于过去的教学，认为采用新教材后的课堂中学生自主学习的时间和空间变化不明显的占 63.16%。为什么会产生这样的结果呢？我认为，首先是高考评价方式的不确定性，让老师们看不到未来语文考查改革的方向；其次是传统教学观念的根深蒂固，教师不容易接受新鲜事物，不喜欢自我革新；最后是情境任务的创设需要精心策划，教师的备课工作量大。

在一次语文教研会上，我观摩了一位新教师的公开课——《我与地坛》。在当前的新课改背景下，这位新教师依然用传统的讲授式教学方式开展教学，首先介绍了史铁生的残疾经历，然后以一问一答的形式，研读其中的景物描写片段，碎片化的问答让学生难以真正自主地开展学习。请看以下的课堂教学实录：

师："我"为什么会把地坛当作精神家园？

生 1：地坛是一个寂静的地方。

师：为什么不选择其他寂静的地方呢？

生 1：因为地坛距离"我"家很近。

师："我"为什么要去寂静的地方呢？

生 1：因为"我"逃避现实。

师："我"为什么要逃避现实呢？

生 1：因为"我"双腿残疾，找不到工作，找不到去路。

---

① 此案例发表于《中学语文》2021 年第 2 期，个别字词有改动。

师：地坛为什么可以是避难所？请阅读地坛中写景的文字。

生2："四百多年里，它一面剥蚀了古殿檐头浮夸的琉璃，淡褪了门壁上炫耀的朱红，坍圮了一段段高墙，又散落了玉砌雕栏……"地坛的命运也是被抛弃了的、荒芜的，所以和"我"的命运相似。

师："我"在地坛里做了哪些事情呢？

生2：看书或者想事。

师："我"在这园子里，看到了哪些景物呢？

生2："蜂儿""蚂蚁""瓢虫""蝉蜕"等。

师：这些景物说明了地坛怎么样？

生2：荒芜但并不衰败。

师：所以地坛是我的避难所。

应该说，这位老师对文本的解读较为深刻，课堂教学的重心放在品读地坛的景物描写上，说明其对重点的把握也是十分到位的。但是，不足之处就在于教师不断地提问学生，是典型的问答式教学方式，这样的教学容易束缚住学生的思维，造成学生阅读的零散化、浅易化、碎片化，扼杀了学生学习的自主性、主动性，违背了新课程课堂教学"学为主体"的教学理念。采用问答式教学的根本原因是教师课前预设过强，课堂缺乏动态生成，教师总是引导学生回答自己想要的结论，结果导致学生被动地接受。

那么，如何设计课堂教学才能改变学生被动的学习方式呢？新课标指出，"学习任务群的设计，旨在引领高中语文教学的改革，力求改变教师大量讲解分析的教学模式"[①]。课堂上教师通过创设具体的情境，以明确的学习任务来引导学生利用各种资源，自主探究或小组合作，从而完成任务。"任务"是激发学生内驱力、形成探究性学习的动力。首都师范大学教师教育学院蔡可教授认为"从'问题思考'到'任务解决'的设计转变，正是教育目标从学科本位、知识本位向学生发展、素养本位转变的过程"[②]。因此，情境任务是实现高

---

① 中华人民共和国教育部．普通高中语文课程标准：2017年版2020年修订[S]．北京：人民教育出版社，2020：9．

② 蔡可．从"问题思考"到"任务解决"：聚焦有质量的语文学习[J]．语文学习，2018（10）：17．

中语文课堂教学转型的关键，也是让学生从被动学习转向自主学习的关键。比如，《我与地坛》的教学，一位老师创设了这样的情境任务——再过 20 天就是史铁生逝世十周年的纪念日，为表达敬意，我们师生通过文字与他进行一场关于生命的对话，以期靠近他的心灵并从他身上获取精神的力量。接着，展示课题"灵魂深处的生命图景——《我与地坛》第一部分"。这样的情境创设，目的是激发学生对史铁生的敬意，并且暗示了本节课的学习核心是从景物描写中汲取关于生命的力量。然后，这位老师通过两个具体任务，引导学生走进文本深处，开展与作者的灵魂对白。

【任务一】快速浏览第一部分，你能找出几幅图景？请为这些图景命名，并简要说明命名之由。

【任务二】以小组为单位，选取一幅图景，反复交流，细细品味，然后写一段 150 字左右的评点文字。（可以从语言形式、景物特点、情感、哲理等角度思考。）

任务一"为这些图景命名，并简要说明命名之由"，就是引导学生通过对写景文字的品读、概括、提炼，把握地坛的景物特点，走进史铁生的心灵深处。在这一任务驱动下，学生充分发挥了学习的自主性、主动性，体现了学习的动态过程和个性特征，比如有同学把图景分别命名为"等待""生机""永恒"，也有同学分别命名为"时间印记""岁月新生""生命沉思"等等。如果说这一具体任务是针对文章中三处写景文字的总体概括，那么，任务二"选取一幅图景""写一段 150 字左右的评点文字"，就是引导学生理性认识景物描写背后的生命哲思、灵魂对白，既可从文字表达上鉴赏，又可从思想内容上领悟。请看以下课堂实录：

第一处景物

生 1：我命名为"时间印记"，是因为地坛与"我"命运相似，都是曾经辉煌过，如今荒芜冷落，被社会遗弃，这是时间留下的生命印记。

生 2："剥蚀……淡褪……坍圮……"从语言形式上看，句式整齐，朗朗上口，凸显了岁月的沧桑感。

生 3：地坛就像是情感的寄托，它在那里召唤我、等待我、启示我。

第二处景物

生4："蜂儿如一朵小雾稳稳地停在半空；蚂蚁摇头晃脑捋着触须，猛然间想透了什么，转身疾行而去……"这些景物描写很细致，体现了作者观察的仔细，以及对生命意义的深入思考。

生5："满园子都是草木竞相生长弄出的响动，窸窸窣窣窸窸窣窣片刻不息"，意味着地坛荒芜但并不衰败，启示着作者要重新审视残疾后的人生意义。

第三处景物

师：第三处景物描写与第二处景物描写有何不同呢？

生6：第三处景物描写有时间的永恒和空间的遥远，启发我思考怎样活的问题。

生7：个体的生命在广袤的宇宙前是微不足道的，即便如此，我们也要绽放，活出生命的精彩。

从学生的回答中，我们可以看到课堂成为学生自主学习的场所，也是学生与文本、与作者对话的途径。在这样的对话交流中，学生获得了精神的启迪，形成了语文的核心素养。教师一问一答的现象消失了，教师的"讲授"变成了"介入"，教师成为课堂的配角，学生真正成为学习的主人。总之，课堂上情境任务的创设，改变了学生的学习方式，提升了学生的学科素养，实现了真正的课堂转型。

 单元学习任务的课时化设计
　　　　——**以必修上册第七单元为例**

当新课标的学习任务群成为课程内容，新教材的群文联读成为编写的体例，选编的课文既要渗透单元的人文主题，又要落实新课标任务群的要求。从某种程度上说，这是语文课程的顶层设计，教学应该要顺应这样的背景。而单元学习任务作为新教材编写的最大亮点，又该如何在课堂教学中落地呢？我以必修上册教材第七单元为例，阐述单元学习任务的课时化教学路径。

本单元属于"文学阅读与写作"任务群，所选篇目均为散文。人文主题是

"自然情怀"，写作任务重点是"情景交融"。选文都是经典散文名篇，包含现代散文和古代游记名篇等，内容上以写景抒情为主，兼及叙事和议论。郁达夫《故都的秋》描写故都北平的秋天，抓住富有特点的景物，细腻刻画了故都的秋"清、静、悲凉"的特点，体现了"物哀文化"的意蕴，表达了作者对北平的深切眷恋之情。朱自清《荷塘月色》写出了月下荷塘的朦胧幽静之美，也抒发了自己"淡淡的喜悦""淡淡的忧愁"之情，呈现了一位真正的知识分子的精神之旅。史铁生《我与地坛》写出了地坛这一古老的场景对于"我"的意义，景物描写与对往事的回忆交织在一起，表达了作者对生命的思考和对母亲的怀念之情，地坛也是一个精神家园。苏轼《赤壁赋》运用主客问答的形式，描写了月色下长江的优美景色，抒发了作者"乐—悲—喜"的情感变化，表现了苏轼豁达乐观的人生态度。姚鼐《登泰山记》写出了雪后泰山的独特景致，叙事写景简洁明快。王国维在《人间词话》中说："有我之境，以我观物，故物皆著我之色彩。"纵观这一单元的写景散文，无一不是作者情感的倾注。自然，是作者描述的对象，也是作者灵魂的寄托，蕴含着作者的深情厚意。

围绕这一组文章，本单元将核心任务设定为：学习本单元的写景抒情散文，体会民族审美心理，提升文学欣赏品位，培养对自然的热爱之情。在教学中，要引导学生关注作品中的自然景物描写和人生思考，体会作者观察、欣赏和表现自然景物的角度，以及情景交融、情理结合的手法；反复涵泳咀嚼，感受作品的文辞之美。具体来说，可以从以下方面落实：

第一，欣赏写景文字，体会作者情感。在写景抒情散文中，景物描写能充分显示作者的语言才华和对自然景物的观察力、感受力。要让学生带着感情朗读写景文字，体会文章的独特情味，探寻作者的感情基调、感情线索等。通过比较分析同一景物的不同形象、色彩、趣味和情调，获得更为深刻的理解和更为广阔的视野。

第二，品读语言文字，加强审美体验。透过优美的语言在心中获得有关景物的生动形象，获得对作者思想感情的体会和对课文的审美感知。通过朗读、默读等方式，沉潜涵泳，细细琢磨，品味赏析语句含义。学习时要结合作者的人生经历，理解他们所表达的生命感悟，挖掘其中的民族审美心理和特征。

第三，注重读写结合，训练表达能力。将写作目标、写作要求引进散文鉴赏教学，既有助于提高散文鉴赏水平，又有助于提高书面表达能力。[①]

本单元学习任务具体如下：①品读自然美并评点；②分析情景交融；③分析民族审美心理及文化；④借鉴手法写散文，修改并编辑成册。这些任务按照"赏析写景散文""探究民族审美（文化）""迁移写作能力"这样的逻辑顺序设计，由浅入深，由易到难。从学习任务的内容看，突出单篇精读与群文联读的有机融合，体现任务群教学、大单元教学的整体意识、整合意识与实践意识。第一项任务侧重于"品味鉴赏"，第二、三项任务侧重于"分析探究"，第四项任务侧重于"写作交流"，这种安排符合文学鉴赏从体验积累到分析探究，再到实践运用的一般规律。单元学习任务课时化设计的具体操作如下：调查学情—研读任务—查阅资料—搭建框架—分配课时—课堂实践—反思改进。

第一、二课时

【学习活动一】概括自然景物特点

1. 本单元的写景抒情散文，都表现了作者眼中的自然美，表达了他们对生命的感悟与思考。阅读《故都的秋》《荷塘月色》《我与地坛》，请分别概括自然景物的特点。

教学提示：《故都的秋》：清、静、悲凉；《荷塘月色》：朦胧、清淡、幽静；《我与地坛》：荒芜但并不衰败。

【学习活动二】点评精彩画面

2. 品读《故都的秋》《荷塘月色》《我与地坛》相关段落，完成下列表格。

篇目	选取的景物	画面命名
《故都的秋》		
《荷塘月色》		
《我与地坛》		

---

① 人民教育出版社，课程教材研究所，中学语文课程教材研究开发中心. 普通高中教科书教师教学用书　语文：必修上册 [M]. 北京：人民教育出版社，2019：222.

教学提示: 见下列三张表格。

表一

篇目	选取的景物	画面命名
《故都的秋》	破屋、浓茶、碧空、驯鸽、槐树、牵牛花、秋草	秋晨院落
	槐树	秋槐落蕊
	秋蝉	秋蝉残鸣
	秋雨	秋雨话凉
	枣树	秋果胜景

表二

篇目	选取的景物	画面命名
《荷塘月色》	荷叶、荷花、荷香、荷波、流水	月下荷塘
	月光、青雾、树影	荷塘月色
	树色、树姿、远山、蝉声、蛙声	荷塘四面

表三

篇目	选取的景物	画面命名
《我与地坛》	琉璃、门壁、高墙、玉砌雕栏、老柏树、野草荒藤	沧桑印记
	蜂儿、蚂蚁、瓢虫、蝉蜕、露水、草叶	荒园生机
	落日、雨燕、脚印、古柏、草木和泥土的气味、落叶	生命沉思

3. 同样描写北平的景物，却呈现出不同的美。选取你认为最精彩的段落，朗诵并点评。

朗诵标准：（1）读得准，读得流畅，读得富有美感；（2）注意语调、语速，贴合文本情感；（3）在诵读过程中，展开想象，想象自己来到某个自然之景，置身其境去感知自然之美。

示例1: "说到了牵牛花，我以为以蓝色或白色者为佳，紫黑色次之，淡红者最下。"（《故都的秋》）

点评：我最喜欢这段写景文字，是因为此处作者用色丰富，但实则只选择了蓝、白两色，表现了故都秋清、静的特点。冷色调也暗含着作者内心的一些悲凉，可以说"一切景语皆情语"。

示例 2："微风过处，送来缕缕清香，仿佛远处高楼上渺茫的歌声似的。"（《荷塘月色》）

点评：写荷香运用了通感手法，由嗅觉向听觉转移。"缕缕清香"与"渺茫的歌声"在时断时续、若有若无、清淡缥缈、沁人心脾方面有相似之处。"清香"与"歌声"同属美好的事物，两个优美的意象叠加在一起，丰富了意境的内涵，使意境变得更加优美。

示例 3："四百多年里，它一面剥蚀了古殿檐头浮夸的琉璃，淡褪了门壁上炫耀的朱红，坍圮了一段段高墙，又散落了玉砌雕栏，祭坛四周的老柏树愈见苍幽，到处的野草荒藤也都茂盛得自在坦荡。"（《我与地坛》）

点评：运用排比的修辞手法，形象生动而富有气势地写出了地坛所历经的沧桑历史。地坛剥蚀的是"浮夸的琉璃"，淡褪的是"炫耀的朱红"，坍圮的是高墙，散落的是玉砌雕栏，昔日的地坛是多么辉煌壮丽，现在却如此荒芜冷落，一如作者此时的人生。但是，地坛真的荒芜冷落到一无所有了吗？在这四百多年里，地坛那些人为的、表面的浮华几乎被无情的岁月剥蚀殆尽，但那里还有愈见苍幽的古柏、茂盛得自在坦荡的野草荒藤，其实这些恰恰是生命最本真的东西。

【学习活动三】体悟"情景交融"

4. 王国维说："昔人论诗词，有景语、情语之别，不知一切景语，皆情语也。"这三篇现代散文借故都的秋、荷塘月色、地坛分别表达了作者什么样的情感呢？

教学提示：

《故都的秋》：所写景物多半是冷色调的，突出清、静、悲凉的特点，表达作者悠闲、惬意、忧郁的情感基调。《荷塘月色》：所写景物荷塘和月色巧妙结合，突出朦胧、清淡、幽静的特点，表达作者淡淡的喜悦、淡淡的忧愁的情感基调。《我与地坛》：心境不同，所见景致不同；认知不同，面对同样的景致，心情不同。作者面对"荒芜但并不衰败"的地坛，思考生命的意义和价值，深切感受母爱的坚忍与博大。

小结：自然与自我是契合或互补的。

5. 从三篇散文中选取一个你最喜欢的片段，拟写视频拍摄脚本，挑选合适的音乐和场景，制作一个小视频。如果条件允许，可以将小视频上传至班级公众号或微信群，大家跟帖评论。

参考示例：《我与地坛》小视频拍摄脚本。

片名	配音字幕	选取镜头	镜头表现和音效	表现意境
地坛·沧桑	四百多年里，它一面剥蚀了古殿檐头浮夸的琉璃	1. 古殿檐头浮夸的琉璃	特写"剥蚀"	要表现看似荒芜，实则远离浮夸，彰显生命本真状态与坚韧精神的深远意境
	淡褪了门壁上炫耀的朱红	2. 门壁	中景，朱红淡褪特效	
	又散落了玉砌雕栏	3. 玉砌雕栏	近景，"散落"	
	祭坛四周的老柏树愈见苍幽	4. 祭坛四周的老柏树	摇镜头，祭坛四周，转近景，表现"苍幽"	
	到处的野草荒藤也都茂盛得自在坦荡	5. 野草荒藤	镜头叠加，表现"茂盛"	
	这时候想必我是该来了	6. "我"	近景，园中作者坐在轮椅上的景象	

第三课时

【学习活动一】品读文字，赏析语言魅力

1. 结合《故都的秋》《荷塘月色》《我与地坛》的写景片段，选择你印象深刻的语段，赏析多种艺术手法的运用。

教学提示：景物描写形象生动的常用艺术手法——善用修辞、虚实结合、动静结合、正侧结合、多角度描写等。

示例 1："……秋的味，秋的色，秋的意境与姿态，总看不饱，尝不透，赏玩不到十足。"运用排比手法，通过描写南方之秋的不足，反衬北国之秋的味足。顿挫分明又气势连贯，表情达意非常充分。(《故都的秋》)

示例 2："早晨起来，泡一碗浓茶，向院子一坐，你也能看得到很高很高的碧绿的天色，听得到青天下驯鸽的飞声。从槐树叶底，朝东细数着一丝一丝漏下来的日光，或在破壁腰中，静对着像喇叭似的牵牛花的蓝朵，自然而然地也能够感觉到十分的秋意。"这里写了视觉形象、听觉形象。景物描写非常细致，如"一丝一丝漏下来的日光""像喇叭似的牵牛花的蓝朵"；也写出观景、赏景的心态、动作，如"细数""静对"，给人以悠闲、惬意的感觉。(《故都的秋》)

示例 3："塘中的月色并不均匀；但光与影有着和谐的旋律，如梵婀玲上奏着的名曲。"运用通感的手法，用"名曲"形容宁静的月光与树影，将读者带入一种幻境。这也是一种化静为动的写法，将景物写活了，激发了读者的联想和想象。(《荷塘月色》)

示例 4："蜂儿如一朵小雾稳稳地停在半空；蚂蚁摇头晃脑捋着触须，猛然间想透了什么，转身疾行而去；瓢虫爬得不耐烦了，累了，祈祷一回便支开翅膀，忽悠一下升空了；树干上留着一个蝉蜕，寂寞如一间空屋；露水在草叶上滚动，聚集，压弯了草叶，轰然坠地，摔开万道金光。"运用比喻、拟人、夸张等手法，形象地描绘出地坛的一切景物、生物等"荒芜但并不衰败"的特点，这也是对作者生命的启发。(《我与地坛》)

【学习活动二】知人论世，挖掘情感根源

2.请你联系作者生平及写作背景，体会作者在文中渗透的思想情感。

教学提示：

(1)《故都的秋》写作背景：1926 年 6 月，郁达夫之子龙儿在北京病逝。北平，在 19 世纪末 20 世纪前期的历史风云中越来越显得衰老颓败。1933 年 4 月，由于国民党白色恐怖的威胁等，郁达夫从上海迁居杭州。1934 年 7 月，郁达夫"不远千里"从杭州经青岛去北平，再次饱尝了故都的秋"味"，写下了这篇优美的散文。郁达夫赞赏西方感伤主义，但其精神世界却内隐着中国传统文人的失意落魄情怀。

思想情感：对故都的眷恋、赞美；家国之忧；忧郁、孤独的生命感受。

（2）《荷塘月色》写作背景：写于1927年7月，那时作者在清华大学教书，住清华园西院，那里有一片荷塘。那时正值大革命失败，中国接连发生了"四一二""七一五"反革命大屠杀，白色恐怖笼罩着中国大地。朱自清处于苦闷彷徨中，他自己也知道，"只有参加革命或反革命，才能解决这惶惶然"，但他最终还是选择了"暂时逃避的一法"。但他毕竟是一个爱国的民主主义者，面对黑暗现实，又不能安心于这种"超然"。

思想情感：对月下荷塘、荷塘月色的赞美；不满黑暗现实，向往自由光明；彷徨苦闷。

（3）《我与地坛》写作背景：1969年史铁生去延安一带插队，因双腿瘫痪，于1972年回到北京。他在一段时间里精神几近崩溃。正是在这不寻常的心境下，他来到了地坛公园。作者在"最狂妄的年龄上"残废了双腿，"便一天到晚耗在这园子里"。地坛的树荫和夕阳笼罩着作者绝望的身影，他在这里"一连几小时专心致志地想关于死的事"。在地坛古老而又充满生机的境界中、在母亲深厚无言的爱护中、在长期痛苦深沉的思索中，作者获得了对自然、生命与爱的崭新理解，从而走出了自伤的阴影。

思想情感：痛苦、绝望、迷惘后的平静；对生命色彩的发现；对生命永恒的体悟；活下去的勇气。

小结："在寂寞中，在无人可与告语的境况里，它们（小草和树木）始终维系住了我向上的心情，它们在我的生命里发生了比任何人类的名言懿行都重大的作用。"（冯至《山水》后记）。自然，是作者描述的对象，也是作者灵魂的寄托，蕴含着作者的深情厚意。

【学习活动三】深层理解，探究文化心理

3. 故都之秋，即使在郁达夫那个时代，明艳之色有，繁闹之境在，作者为什么避而不写？对此，你如何看待？

教学提示：

（1）身世性格：作者自幼丧父，家境困窘，从 17 岁开始，在异国生活十年，长期颠沛流离，饱受人生的愁苦与哀痛，造成了个人性格的抑郁善感。

（2）文艺审美：在文艺和审美观方面，提倡"静的文学"，读的也多是"静如止水似的遁世文学"。他主张文学作品都是作者的自叙传。由此，他对秋的审美倾向是欣赏秋之悲，而这种"悲凉"已不仅仅是故都赏景的心态，而是对自己的人生和民族命运的感悟。他的审美倾向体现了民族审美心理。

（3）时代背景：郁达夫为躲避国民党的白色恐怖威胁，1933 年 4 月，由上海迁居杭州。1934 年 7 月，郁达夫从杭州经青岛去北平，在此饱尝了故都的"秋味"，并于 8 月写下该文。此时的故都，早已不再是当年的皇城，留下的是衰败与沧桑；此时的中国，连年战乱，民不聊生。

《故都的秋》通过对北平秋色的描绘，赞美了故都的自然风物，抒发了向往、赞美及眷恋故都之秋的真情，表达了作者对故都、对祖国深沉而炽热的爱，同时也流露出作者颠沛流离、饱尝人间愁苦的忧郁、孤独的心情。

第四、五课时

【学习活动一】朗诵课文，读懂文章内容

要求：（1）听朗读音频，读准字音，读清句读；（2）自由朗诵，结合课文注释，大致读懂文义。

教学提示：结合上下文的语境，落实下列重难句翻译。

《赤壁赋》：

（1）纵一苇之所如，凌万顷之茫然。（定语后置）

（2）飘飘乎如遗世独立，羽化而登仙。

（3）客有吹洞箫者，倚歌而和之。（定语后置）

（4）舞幽壑之潜蛟，泣孤舟之嫠妇。（使动用法）

（5）固一世之雄也，而今安在哉？（宾语前置）

（6）况吾与子渔樵于江渚之上，侣鱼虾而友麋鹿。（状语后置、意动用法）

《登泰山记》：

（1）崖限当道者，世皆谓之天门云。

（2）稍见云中白若樗蒱数十立者，山也。（定语后置）

【学习活动二】涵泳语言，体会不同意境

品味《赤壁赋》《登泰山记》中的写景段落或文字，体会赤壁、泰山美景。

1.采用圈点批注法，对两篇文章中的景物描写进行赏评。

教学提示：

示例1：《赤壁赋》——赤壁之水月

"清风徐来，水波不兴。举酒属客，诵明月之诗，歌窈窕之章。少焉，月出于东山之上，徘徊于斗牛之间。白露横江，水光接天。纵一苇之所如，凌万顷之茫然。浩浩乎如冯虚御风，而不知其所止；飘飘乎如遗世独立，羽化而登仙。"

赏评："清风徐来，水波不兴"，分别从触觉、视觉角度，写出清风柔和、舒缓的特点；"月出于东山之上，徘徊于斗牛之间"，"徘徊"一词生动地描绘出柔和的月光似对游人极为依恋；"白露横江，水光接天"，在皎洁的月光照耀下，白茫茫的雾气笼罩江面，天光、水色连成一片，开阔的景象使人心胸舒畅，无拘无束；"纵一苇之所如，凌万顷之茫然"，乘着一叶扁舟，越过那茫茫的江面，好像凌空驾风而行，恍惚间仿佛离开尘世，超然独立。这段话为读者描绘了一幅缥缈、朦胧、空灵、宁静、自由的优美画面。

示例2：《登泰山记》——泰山夕照图

"苍山负雪，明烛天南。望晚日照城郭，汶水、徂徕如画，而半山居雾若带然。"

赏评："苍山负雪，明烛天南"，写出初至山头一刹那的感受：不言冰雪覆盖青山，却说青山背负着冰雪，赋予静态的青山动感，一个"负"字，赋予"苍山"生命，使之人性化，新颖传神，境界全出；而苍山上的雪反照的日光照亮着天南，形象生动地写出积雪的光彩。"而半山居雾若带然"，写出了泰山飘逸的特殊风韵，充满生机和情趣。这幅泰山夕照图意境开阔，色彩绚丽，飘逸灵动。

示例3:《登泰山记》——泰山日出图

"日上，正赤如丹，下有红光动摇承之，或曰，此东海也。回视日观以西峰，或得日或否，绛皓驳色，而皆若偻。"

赏评:"日上，正赤如丹，下有红光动摇承之"，运用想象，用朱砂的色彩，写出朝阳的生气和力量，把太阳的形象表现得气势磅礴。"回视日观以西峰，或得日或否，绛皓驳色，而皆若偻"，运用比喻、拟人等修辞手法，写出了日观峰以西的山峰的特点，更显出日观峰的雄峻，且赋予日观峰以西的山峰人的感情，形象而生动。这段景物描写体现了泰山日出时的雄伟、绚丽、壮美的特点。

2.《赤壁赋》写月出，《登泰山记》写日出，二者传达出的意境不同，你更喜欢哪种呢? 说出你的理由。

教学提示:《赤壁赋》写月出，《登泰山记》写日出，二者传达的意境一个柔美，一个壮美。至于喜欢哪一种意境，应该尊重学生个性化的理解和追求，关键是有理有据地表达。

【学习活动三】感受情感，探究人生哲理

3.在这如画山水中，你能分别感受到苏轼、姚鼐怎样的情感和思想呢?

教学提示:

（1）《赤壁赋》写作背景:元丰二年（1079），因"乌台诗案"入狱的苏轼获释，被贬为黄州团练副使。元丰五年（1082）七月，苏轼游览黄州城外的赤壁，写下这篇《赤壁赋》。作者游览时触景生情，借"赤壁"一题抒发自己被贬后内心的苦闷和对人生、宇宙的感悟。

（2）《登泰山记》写作背景:姚鼐参与纂修的《四库全书》于乾隆三十七年（1772）启动。担任编修官的姚鼐与主纂官纪昀不和，乾隆三十九年（1774）以养亲为名告归田里，道经泰安，与挚友泰安知府朱孝纯于此年十二月二十八日傍晚同上泰山山顶，第二天即除夕五更时分至日观峰的日观亭后，观赏日出，写下了这篇游记。

（3）两位作者在文章中所体现的情感内蕴:苏轼——在矛盾中走向欢喜、旷达;姚鼐——在激荡中走向淡定、自足。

4.两篇散文各蕴含了作者怎样的人生感悟？

教学提示：

（1）《赤壁赋》写了作者夜游赤壁的经历和感受。通过主客问答的形式，写了饮酒放歌的欢乐和对人生短暂无常的感叹，抒发了作者对宇宙和人生独特的感受，从而表现作者豁达的胸襟和洒脱豪迈的风度。

（2）《登泰山记》记述了作者携友人冬日登泰山观日出的经过，生动地表现了泰山雪后初晴的瑰丽景色和日出时的雄浑景象，体现了作者的人生应不断攀登以历绝美的人生观。

第六课时

游览胜迹，登临高山，常常能引发文人墨客的遐思，从而催生许多优秀的文学作品。赤壁是古代战场，当年的"舳舻千里，旌旗蔽空"，引发无数人的怀古之情；泰山为五岳之尊，是中国古代重要的文化符号，登临赋诗者众多。

苏轼和姚鼐寄托在赤壁和泰山上的情思，蕴含了怎样的文化意蕴？

【**学习活动一**】了解古代文人的赤壁情结

1.仕途失意的苏轼在自然山水中寻找到了一个无功利的纯净本真的世界，苏轼山水哲思的文化源头何在？

天地有大美而不言。　　　　　　　　　　　　——《庄子·知北游》

无听之以耳而听之以心；无听之以心而听之以气。听止于耳，心止于符。气也者，虚而待物者也。　　　　　　　　　　——《庄子·人间世》

若夫乘天地之正，而御六气之辩，以游无穷者，彼且恶乎待哉？故曰：至人无己，神人无功，圣人无名。　　　　　　——《庄子·逍遥游》

小结：道家——无功利的审美追求。苏轼劝解自我，寄情山水，源于对道家思想的认同。自然界乃天地大美，文人寄情于山水就是接近真纯自然的自我的本心。

2."主客问答"是赋体文章的特色，在文中也是儒道的对话，是苏轼内心两个自我的辩论。仿照示例，各找两处体现儒与道思想的语句，并体会苏轼的复杂情思。

《赤壁赋》	语句	情思
儒家思想	渺渺兮予怀，望美人兮天一方	以美人比君，可见忠君之殷切，情怀悠远，思为世用，建功立业，成就人生
道家思想	飘飘乎如遗世独立，羽化而登仙	渴望凭虚御风，超尘出世，顺乎自然，获得精神的超脱

【学习活动二】探究赤壁的文化意义

3.拓展阅读写赤壁的诗文，探究赤壁的文化意义。

霜天晓角·赤壁

辛弃疾

雪堂迁客，不得文章力。赋写曹刘兴废，千古事、泯陈迹。　　望中矶岸赤，直下江涛白。半夜一声长啸，悲天地、为予窄。

小结: 赤壁风景礼赞——赤壁之奇，奇在其色。

念奴娇·赤壁怀古

苏　轼

大江东去，浪淘尽，千古风流人物。故垒西边，人道是，三国周郎赤壁。乱石穿空，惊涛拍岸，卷起千堆雪。江山如画，一时多少豪杰。　　遥想公瑾当年，小乔初嫁了，雄姿英发。羽扇纶巾，谈笑间，樯橹灰飞烟灭。故国神游，多情应笑我，早生华发。人生如梦，一尊还酹江月。

小结: 三国英雄崇拜——对英雄周瑜的崇拜。

题苏子瞻游赤壁图

何景明

垂老黄州客，高秋赤壁船。

三分留古迹，两赋到今传。

落日寒江动，青天断岸悬。

画图谁省识，千载尚风烟。

小结：对东坡风流的无尽追慕——推崇坡仙。

读赤壁赋前后二首（其一）

文天祥

昔年仙子谪黄州，赤壁矶头汗漫游。

今古兴亡真过影，乾坤俯仰一虚舟。

人间忧患何曾少，天上风流更有不。

我亦洞箫吹一曲，不知身世是蜉蝣。

小结：坡仙景仰——推崇赤壁二赋。

赤壁情结 ┤ 江山之兴

英雄崇拜

坡仙追慕

具体体现了中国传统文人、传统文化儒道思想的互补。"穷则独善其身，达则兼善天下"，居庙堂之高而不自矜，处江湖之远而不自哀，在自己的人生旅途中既现实又飘逸，既稳重又洒脱，具备了宠辱皆忘、圆融自足的人格魅力。

【学习活动三】探究泰山的文化意义

4. 拓展阅读写泰山的诗文，探究泰山的文化意义。

教学提示：

孔子登东山而小鲁，登泰山而小天下，故观于海者难为水，游于圣人之门者难为言。观水有术，必观其澜。日月有明，容光必照焉。流水之为物也，不盈科不行；君子之志于道也，不成章不达。　　　　——《孟子·尽心上》

人固有一死，或重于泰山，或轻于鸿毛。　　　　——《史记》

小结：以泰山喻人生，泰山成为博大、崇高的精神象征。

泰山岩岩，鲁邦所詹。　　　　——《诗经·鲁颂》

凡朝廷之制度纪纲，莫不得其条理，而四海九州岛之民，莫不安居乐业，天下之势，盖若泰山而四维之安。　　　　　　　　　——《尚书全解》

小结： 国泰民安、中正平和的象征。

愿蒙矢石，建旗东岳。　　　　　　　　　　　　——曹植《责躬》

拊剑西南望，思欲赴太山。　　　　　　　　　　——曹植《杂诗》

小结： 强烈的进取心和建功立业的愿望。

国之大事，在祀与戎。　　　　　　　　　　　　　——《左传》

岁二月，东巡守，至于岱宗，柴，望秩于山川。　　——《尚书·舜典》

小结： 泰山封禅文化，泰山崇拜心理。

天门一长啸，万里清风来。　　　　　　　——李白《游泰山六首》

会当凌绝顶，一览众山小。　　　　　　　　　　——杜甫《望岳》

山灵见光怪，似喜诗人来。　　　　　　　——元好问《游泰山》

小结： 对泰山自然景观的描写和赞颂。

自古以来，中国文人就有对话自然、精神突围的文化传统，文人常寄情自然，以获取精神的超越与升华。

第七课时

【学习活动一】回顾散文文体知识

1.写景抒情类散文的写作有哪些特点？

教学提示：

写景抒情类散文的特点：（1）以描写景物来抒发作者本人内心情感；（2）带有一定的心灵寄托和对自然景物的感悟；（3）激发对自然和生活的热爱之情。

【学习活动二】借鉴写作手法，明确写作要点

2.回顾五篇散文，思考：如何写好写景抒情散文中的景物？

教学提示：

（1）抓住景物的特点。不写没有"个性"的景物，没有特点就没有鲜明的形象。一旦景物形象模糊，抒情就会失去可靠的倚傍，最终导致情和景难以交融。

（2）选好物象，见人所未见。"新鲜"的物象让人印象深刻。比如《故都的秋》中"灰土上留下来的一条条扫帚的丝纹"，"脚踏上去，声音也没有，气味也没有"的槐树落蕊，平常而细微，却极好地传递了清、静的意味。史铁生《我与地坛》选择的瓢虫、露珠等意象，平常细微，却传达出有生机的意味。

（3）用心描写，染好"色彩"。比如《故都的秋》中"在灰沉沉的天底下，忽而来一阵凉风……天又青了，太阳又露出脸来了；着着很厚的青布单衣或夹袄的都市闲人……"；《荷塘月色》中"月光是隔了树照过来的，高处丛生的灌木，落下参差的斑驳的黑影……"；《登泰山记》中"极天云一线异色，须臾成五采。日上，正赤如丹，下有红光动摇承之"。这些景物描写，色彩鲜明，画面感极强。此中不同，就是情思、趣味的不同。用心描写的过程本质上是把字句和内心相连的过程，非如此，物象或者无"色彩"，或者非"我"之色彩。

（4）注意层次，力求丰满。比如《故都的秋》的第三段，从高处的天色、驯鸽，写到叶底漏下的日光，再写到低处破壁腰处的牵牛花，既绘天色、花色，也描驯鸽的飞声。如此由高及低，"绘声""绘色"，方使得景物立体而有序，如见其形，如闻其声。

（5）巧用修辞，展现特征。比如《荷塘月色》"塘中的月色并不均匀；但光与影有着和谐的旋律，如梵婀玲上奏着的名曲"运用通感手法，作者把黑白相间的光和影构成的画面比作和谐的旋律、小提琴的名曲，把视觉的形象转化为听觉的声音，给人以视觉兼听觉的感受，达到很好的艺术效果。出水的荷叶"像亭亭的舞女的裙"，使人联想到荷叶翩翩起舞般婀娜的丰姿。"叶子本是肩并肩密密地挨着"运用了拟人手法，写出了叶子的密。

【学习活动三】写作写景抒情散文

3. 借鉴五篇散文的写法，写一篇不少于800字的散文。写完之后与同学交换阅读，互相品评，提出修改建议。以下题目供参考，也可以自拟题目。

（1）对我们的校园（村庄或小区等），你也许已经非常熟悉了，但很可能其中还有你未曾留意的一小块天地；同一处景物，你也未必观察到它在不同时间的变化。以《我仿佛第一次走过_____》为题，写一篇散文。

（2）四季更替是大自然的节律。每个季节都有它独有的特点。"立春""立秋""夏至""冬至"，这些字眼都能引发很多遐想和回忆。选择一个节气，观察此时的景物和人们的活动，写一篇散文。

【学习活动四】组建编委会，编辑散文集

要求：（1）为自己的散文配一幅插图（可以是网络图片，也可手绘）；（2）请一位同学给自己的散文写一份150字左右的简评；（3）编委会拟定书名，撰写序言，将班级同学的散文装订成册。

表达与交流

在新课程标准中，原来的学段目标"习作、写作、口语交际"变更为"表达与交流"。这是语文"技能"目标向语文"素养"目标转型的典型表述，重构了传统的听说读写概念，体现了多层面的整合特质。如果从"单元研习任务"中把"表达与交流""独立"出来，都用"学习动词"表述，它们将是这样一些学习"形态"：评价、讨论、谈谈、整理、发言、做简史、归纳、举例说明、写短评、写短文、梳理、归纳。即表达与交流，相比"写作"，"形式"上要丰富得多。如果说学习者在"阅读与鉴赏"时，更多经历的是"由外而内"的体验、领会，那么"表达与交流"更多的是"由内而外"的思想情感表达和抒发。对心理趋向成熟、已有较高语文素养的高中学生来说，"表达与交流"指向"写什么"而不是"怎么写"，无疑更富挑战性，更具表达价值。①

表达与交流，是阅读与鉴赏之后的释放和展示。表达与交流不仅体现在语文学习上，于生活中也几乎无处不在。它对应着"文学阅读与写作""思辨性阅读与表达""实用性阅读与交流""跨媒介阅读与交流"等学习任务群。课程标准指出，要根据学生身心发展和语文学习的特点，保护学生的好奇心、求知欲，鼓励自主阅读、自由表达，激发问题意识，引导他们体验发现问题、解决问题的过程。围绕语言和文化、经典作家作品、科学论著等，组织学生开展合作探究、研讨交流活动，鼓励学生以各种形式相互协作，展示与交流学习成果。教师的教育观念与教学能力，往往体现在表达与交流的思想解放、情境创设、问题设计、适时引导上，而学生的学业质量和语文素养，也将体现在表达与交流是否得体、是否顺畅、是否有文采、是否有深度等方面。表达与交流，是学生语文学科核心素养的最终体现。

表达与交流教学还要创设情景化教学环境，改革教学方法，引导学生参与到课堂教学当中，所以，教师首先需要转变陈旧的教学理念，积极适应当前的

---

① 黄华伟. 统编教材实施中的"写作"在哪里？——结合"关键问题"研训会看"表达与交流"的内涵发展[J]. 语文教学通讯，2022（5A）：51.

大环境，将一些新型的教学理念与方式引入课堂教学。再结合学生基本情况，为学生创设多样化的教学情境，激发学生学习兴趣，让学生在课堂教学中不断锻炼和提升自身的表达交流能力。在表达与交流教学过程中，教师应设计个性化和有针对性的口语交际的教学目标，结合学生年龄特征、认知特点和学习需求等设计高中生感兴趣的口语交际话题，引导学生在语言表达与交流过程中发展个性。

表达与交流不仅是"习作""写作""口语交际"等知识技能的整合，而且包含书面的、电子的、口头的、视觉的、听觉的等一切能表达与交流的知识技能，即理解和制造所有文本形式信息的能力的互动整合。各种形式的表达与交流知识技能往往会交叉综合使用，这种多元知识技能互动整合的素养转型，与国际母语教育领域的发展趋势一致。表达与交流是语文学科素养的组成部分，但又不局限于语文学科，包括语文学科在内的各学科都有发展学生表达与交流素养的责任，也都有表达与交流的需要。这种跨学科的整合，既是各学科学习的真实情形，又是核心素养导向下课程设计的总体趋势。核心素养视域下的表达与交流教学聚焦"信息加工"，可以把通过视觉、听觉、触觉获取的信息都作为文本制作的素材，并将所有的信息处理手段都纳入文本制作的整个过程，共同助力问题解决、思想观点深化，为语文教学实践开辟广阔、崭新的空间。[①]

2024年3月作者在山东济南参加"2024届高三语数英二轮复习备考全国名师峰会"

在表达与交流活动中，学生需要呈现和记录事件、描绘事物、解

---

① 魏小娜.核心素养视域下的"表达与交流"：概念重构、内容更新与教学变革[J].课程·教材·教法，2024（5）：91.

释原因、表达个人的思考和体验，能够根据需要进行交流。这一类的语文实践主要涉及陈述与叙述、描绘与表现、解释与分析、介绍与说明、应对与调整五种认知活动。（1）陈述与叙述：能够有条有理地呈现事件，按照一定的时间、空间变化或一定的逻辑顺序记录事件的前后经过或者变化过程。（2）描绘与表现：能够用文字勾勒事物或景物的整体状况和局部细节，并在此过程中显现出自己对事物的感受、认识与思考。（3）解释与分析："解释"是在充分观察事物的基础上思考，合理地说明现象出现、事物变化的原因，清晰地解释事物之间的联系或事物发展的规律。"分析"即能够从各个部分、方面、因素或不同层次呈现事物或事理的特征，寻找解决问题的途径。（4）介绍与说明：依据目的和对象的需要，按照合理的顺序详细描述事物或方法，突出其主要特点，呈现其本质特征。（5）应对与调整：针对具体的对象或情境提出合理的措施或作出合理的回答，根据对象或情境的变化重新提出措施或作出新的应答。[①]

 案例 **修辞立其诚**
　　——"'我'的职业选择"教学实录[②]

一、教学过程

师：同学们好！今天这节课跟大家一起交流一个话题，希望大家能够积极主动地发言，能不能做到？

生（大声）：能。

师：当你看到"修辞立其诚——'我'的职业选择"这一题目时，你有什么想法？

生1：关于职业选择方面的话题。

师：还有呢？

生1：其他的不知道。

---

① 吴欣歆. 高中语文学习任务群教学笔记 [M]. 北京：北京师范大学出版社，2020：173-174.
② 此案例曾收录于褚树荣主编的《大单元·微专题——高中语言名师教学实录（选择性必修下册）》（复旦大学出版社 2023 年版，第 191—197 页），原题为《修辞立其诚：我的职业选择》，个别内容有改动。

师：什么叫"修辞立其诚"呢？

（学生疑惑不解。）

师：我们可以先从文言文的字面意思来理解这句话。

生2："修辞"就是说话表达的意思，"立"是使动用法吧，"立其诚"就是要体现他的诚心、诚意。

师：很好。"修辞立其诚"源自《周易·乾卦》："子曰：君子进德修业。忠信，所以进德也；修辞立其诚，所以居业也。"可见，"修辞立其诚"的本义是建立言辞以表现自己的美好品德，后来形容说话写文章应表现出作者的真实意图。古人说："言为心声。"真诚，是写文章的根本，做人亦如此。

师：本单元有哪些课文具体体现了这一思想呢？

生3：李密在《陈情表》一文中，陈述了自己的亲情、孝情、忠情，说明自己与祖母相依为命的特殊感情，感谢朝廷的知遇之恩，又倾诉自己不能从命的苦衷，情真意切，最终打动了晋武帝。

生4：归有光在《项脊轩志》一文中，通过对日常生活的细节描写，将亲人们的音容笑貌一一描绘了出来，让人读出了温情，也感受到了作者内心的悲愁，这种感情是真实而丰富的。

师：今天这节课，我们就是以"'我'的职业选择"为话题，体现"修辞立其诚"的写作追求。

教师展示PPT——

高中时代，我们会面临重要的选择，比如选择什么高考科目、未来从事什么职业等。给友人写一封信，谈谈自己的选择及理由。要求说真话，抒真情，以理服人，以情动人。

师：面对这样一个写作任务，你准备怎么写呢？请谈谈初步计划。

生5：我对政治、历史有非常大的兴趣，有了这两门学科，不选地理有点说不过去。（学生笑。）我以后想从事法律行业方面的工作。

师：你根据自己的学科兴趣爱好来选择，很不错。今后想当律师，选择政史地学科是可以的。

生6：我有两个选择，一个是地理、技术、生物，另一个是地理、技术、历史。对于未来从事的职业，我一开始选择的是学前教育，但听说幼儿园老师的工资比较低，所以我犹豫了。（学生笑。）

师：工资的高低跟你的学历、职称等相关，选择令人尊敬而体面的职业，也是我们的考虑范围之一。

生7：我选物理、化学、技术，因为政治不会读，文科太差了，所以只能选物化技。然后从事什么职业的话，先要考虑的是"大学我能考上吗？"

师：大学肯定能考上，关键是你想要考哪一层次的大学。如果你考上了大学，有没有感兴趣的专业呢？

生7：化工专业。

师：刚才的三位同学对自己未来的职业以及"七选三"科目还是有比较清晰的认知的。那么，我想有没有在选科的过程中感到困惑或者犹豫的同学呢？有没有想过跟你的哪位好友吐露自己的心声？有没有对今后的职业规划进行过理性分析呢？每一次选择都是我们人生的机会，选择正确的道路可能比努力更重要。

教师展示PPT——

活动一：职业规划

"我的人生我做主"：

我喜欢_____的工作，选择一个你未来最想从事的职业并简要说明理由。

生8：我喜欢语言类、文学类的工作。今后希望从事播音主持这样的职业，因为播音主持可以更充分地表达我对语言、文学的感受，我也喜欢从听众的角度听到他们对我的肯定和鼓励，有一种成就感。

生9：我喜欢教师这一职业，因为可以被学生喜欢，也可以帮助别人；可以通过阅读充实自己，也可以通过教育感化别人，"十年树木，百年树人"，有一种职业的幸福感。

生10：我喜欢游戏策划。反正现在游戏没什么好玩的了，策划开发有点意思的游戏，也可以算是一个比较开心的职业。

生11：我喜欢从事历史传统文化方面的研究工作。因为我对历史很感兴趣，比如平时读语文的时候涉及历史故事，我就会探究一番，非常有趣味。历史文化挖掘方面，是我今后学习的方向。

生12：我喜欢体育类的工作。我平常就非常喜欢打篮球什么的，运动让人快乐，然后今后就想从事体育方面的工作，当体育老师也是不错的。

生13：我喜欢文学写作。平时喜欢读书，头脑中有时会有一些灵感，我就会把它写下来，平时的一些不如意我都用文字记录下来。写作可以丰富心灵世界。

生14：我希望将来从事医生职业。因为我是一个体弱多病的女孩，希望通过学医治愈自己。而且我最挚爱的外婆就是因患肺癌而离世，我要做悬壶济世的神医。

师：从刚才同学们的发言中，我们知道每位同学都有自己未来最想从事的职业。那么，你是否适合从事这一职业呢？这还需要对自我进行一番科学测试。

教师展示PPT——

活动二：自我认知

我是一个怎样的人？

从自己的性格气质开始，探索一下自己的性格与自己所感兴趣的职业的匹配度。

参考霍兰德职业兴趣测试（SDS），确定自己属于哪一种类型。

R实际型　I研究型　A艺术型　S社会型　E企业型　C常规型

师：由于课堂时间有限，同学们可以在课余进行霍兰德职业兴趣测试，以便对自我有一个更精准的定位。接下来的第三个问题也是核心的问题，即了解自己的兴趣爱好，知道自己未来的方向。那么该如何进行"七选三"学科的选择呢？

教师展示PPT——

活动三：学科选择

我的学科兴趣探究——根据10道题目统计自己对"七选三"的兴趣排序。（符合+1分，一般0分，不符合-1分）

1.我很喜欢这门学科。

2.我喜欢与这门学科相关的研究行为。

3.我在这门学科上所花费的时间和精力较多。

4.我对这门学科很重视。

5.我喜欢阅读课本中老师尚未讲到的内容。

6.我喜欢了解这门学科在现实中的应用。

7.课堂上，我总是积极主动地思考老师提出的问题。

8.我希望老师就某些问题讲得更深一些。

9.我经常在课后与同学探讨这门学科的问题。

10.我经常阅读这门学科方面的课外书籍。

生 15：我对"七选三"科目的兴趣排序：地理 6 分，物理 3 分，化学 0 分，生物等学科负分。我对地理学科比较感兴趣，未来想从事地理研究方面的工作。

生 16：我对"七选三"科目的兴趣排序：物理 6 分，生物 5 分，历史 5 分。其实我是挺想学文科的，但是不知道为什么高中我的文科就一直考不好。理科比较讲逻辑，讲究事物内在的道理，然后这跟我今后可能从事的职业有关系，所以就首选物理、生物这两门学科。

生 17：我对"七选三"科目的兴趣排序：生物 6 分，历史 5 分，化学 2 分，物理等学科负分。理科重要但我不怎么会学，文科简单我能考出高分。

师：同学们对科目的选择最主要是根据自己的学科兴趣来确定，这固然没错，但是还要考虑选科与大学的专业、今后从事的职业之间的匹配度，尤其是大学专业对物理、化学两门学科"捆绑"的要求。大家不要惧怕物理、化学的"捆绑"，也不要担心其他偏文科的组合类型。根据自己选考科目的成绩层次，选择合适的选考科目，增加优势学科，让总分最大化。当然，同学们选择职业主要还是站在个人立场，希望将来从事有尊严、体面、待遇高的职业，这无可厚非。但是，也有年轻人对未来职业的选择却不只是这样考虑的，请看马克思在他 17 岁时写的毕业论文《青年在选择职业时的考虑》中说的几段话。

教师展示PPT——

拓展延伸1

马克思《青年在选择职业时的考虑》：

"在选择职业时，我们应该遵循的主要指针是人类的幸福和我们自身的完美。不应认为，这两种利益是敌对的，互相冲突的，一种利益必须消灭另一种的；人类的天性本来就是这样的：人们只有为同时代人的完美、为他们的幸福而工作，才能使自己也达到完美。"

"如果一个人只为自己劳动，他也许能够成为著名学者、大哲人、卓越诗人，然而他永远不能成为完美无疵的伟大人物。"

"如果我们选择了最能为人类福利而劳动的职业，那么，重担就不能把我们压倒，因为这是为大家而献身……我们的幸福将属于千百万人，……面对我们的骨灰，高尚的人们将洒下热泪。"

师：从上述的三段话里面，大家能够体会到什么？

生18：我觉得选择职业不仅仅要考虑自己个人，还要考虑你所从事的职业是否可以给他人带来幸福快乐。

生19：我的体会是选择职业应遵循实现人类的幸福和个人的价值的"双赢"，让人生变得更有意义。

生20：选择职业要考虑个人的价值与社会的责任结合，让人生更有意义和价值。

师：下面提供两则材料，请同学们结合自己的想法，完善你对未来职业的规划。

教师展示PPT——

（一）

在一档节目中，"清华男神"梁植称自己来自清华，拥有法律、金融、新闻传播等专业的名校学历，但现在为毕业以后做什么工作而困惑，希望导师给些建议。在现场，著名音乐人、清华校友高晓松对他说，清华培养的学生，应该拥有胸怀天下的远大理想，而不仅仅是去谋求一个职业。

（二）

著名艺人、清华校友高晓松说："清华大学培养的学生，应该拥有国之重器、胸怀天下的远大理想，而不仅仅去谋求一个职业，否则和蓝翔技校有什么区别呢？"

蓝翔技师学院校长荣兰祥说："咱们蓝翔技校就是实打实地学本领，不玩虚的，你学挖掘机就把地挖好，学厨师就把菜做好，学裁缝就把衣服做好，如不踏踏实实学本事，那跟清华北大有什么区别呢？"

师：选择未来职业，既要有胸怀天下的远大理想，又要有脚踏实地的职业操守。今天这节课，我们一起探讨"我的职业选择"，更加理性地认识自我，更加科学地选择学科以及未来大学的专业，希望每位同学都真诚地给友人写一封信，谈谈自己的选择及理由。说真话，抒真情，以理服人，以情动人。谢谢。

附：

辞清：

久不通函，至以为念。

偶然想起与你讨论未来，最近也受其困惑。或许，我们应该先想清楚职业是什么。"职业，个人所从事的服务于社会并作为主要生活来源的工作。""服务于社会"与"主要生活来源"告诉我们，未来所从事的职业要对社会有贡献，并且有精神的、物质的等对生活的点缀。那么，好职业也具此通性了。

喜爱语文和历史，这是你所知道的。

父母倒是很早跟我商量过，他们自然是希望我将来当老师的。其实，从小到大，希望我从事教育行业的人并不少，也常打趣道："喜欢小孩子的神情是藏不住的。"因此，我慎重地考虑过教师这一职业，不过，我还是将其放在了选择的第二位。

其一，我一直对老师怀有"神圣的敬意"，他们是极其迷人的，能带领着懵懂的幼儿走向成熟，这过程多么浪漫和有趣！

其二，我是个内向腼腆的女孩，和孩子相处就像与内心长不大的天真交流，我并不希望终被岁月磨平了棱角，我想保留心底那一小捧的稚气，在疲惫时安慰自己。

但是，结合自身的兴趣爱好，我更希望从事与历史和语文相关的文史哲方面的职业。我喜欢钻研博大精深的传统文化，尤其偏爱服饰、风俗习惯等折射出的传统文化的魅力。比如诗词中体现的文化之美，文字与历史的交融，人间烟火气由此产生了，这是一种意想不到的火花碰撞。我知道大学中有汉语言文学、历史学、考古学等专业能满足我的深造需求，高中阶段的历史、地理等学科也与之对应。

倒也幸运的是，我想从事的职业都是出于"喜欢"，那便不能让世俗淹没了生活的浪漫和热情。

祝：

幸福与热爱！

尤若玢

二、教学反思

"修辞立其诚——'我'的职业选择"是统编教材选择性必修下册第三单元研习任务中的写作专题，编者设计这一专题，主要是该专题的课文都是基于"修辞立其诚"，比如李密的《陈情表》、归有光的《项脊轩志》、陶渊明的《归去来兮辞并序》，这些经典之作都是"修辞立其诚"的代表。抒真情，说真话，真实地记述自己的所思所感，正是经典流传的原因。但是，如果从"我"的职业选择来看，这一专题的写作还是放在高一年级为佳，因为他们正面临着科目"七选三"以及人生规划的启蒙阶段。本节课的教学实录正是针对高一学生开设而形成的。

（一）紧扣学情，注重迁移

新课标指出，学生是语文学习的主体，语文教学应在师生平等对话的过程中进行。本节课基于学情，师生对话，非常和谐。课堂上，以写信的方式，激发学生的写作欲望，关注"七选三"，帮助学生树立个人规划与社会需要相结合的远大志向。当教师呈现课题"修辞立其诚——'我'的职业选择"时，显然学生对"修辞立其诚"的含义不甚理解，于是教师从《周易·乾卦》中"修辞立其诚"的本义出发，引导学生思考"写作与做人"的关系，从而明确了本节课的写作训练重点：说真话，抒真情。"我"的职业选择，恰恰是高一同学面临科目"七选三"难以抉择的时候，也是他们对自己将来从事什么职业感到迷惘的时候，每位学生都有话可说，教师适时引导、对话。因此，这节课切合当前高一学生的学情。此外，写作是一种能力的提升，也是思想的淬炼。通过给友人写一封信，谈自己"七选三"科目的选择及理由，从感性认知到理性思考，从而实现学生写作能力的迁移与运用素养导向的教学要求，把学生要学的知识与真实生活建立关联。只有经历了知识或技能的运用或应用，这样的学习才是有深度的。可以说，学生只有成为生活真实情境下的言语实践者，才能实现在自主实践的过程中建构知识，展示成果，并将其内化为学科核心素养。

（二）创设情境，任务驱动

要改变传统课堂的"讲授式""问答式"教学模式，必须学会创设情境，设计学习任务。比如本节课创设的情境任务为：高中阶段面临的"七选三"以及人生规划。在这一情境任务的驱动下，学生纷纷发表自己的看法。

生5：我对政治、历史有非常大的兴趣……我以后想从事法律行业方面的工作。

生6：我有两个选择，一个是地理、技术、生物，另一个是地理、技术、历史。对于未来从事的职业，我一开始选择的是学前教育……

生7：我选物理、化学、技术，因为政治不会读，文科太差了……

"'我的人生我做主'，'我'未来最想从事什么职业？请说说你的理由。"这也是一种对自我认知的任务驱动。在教师的引导下，学生慢慢地对自己想要从事的职业有了更深入的理性思考。比如：

生8：我喜欢语言类、文学类的工作。今后希望从事播音主持这样的职业，因为播音主持可以更充分地表达我对语言、文学的感受……有一种成就感。

生9：我喜欢教师这一职业，因为可以被学生喜欢，也可以帮助别人；可以通过阅读充实自己，也可以通过教育感化别人……有一种职业的幸福感。

生13：我喜欢文学写作。平时喜欢读书，头脑中有时会有一些灵感，我就会把它写下来，平时的一些不如意我都用文字记录下来。写作可以丰富心灵世界。

教师设计任务的目的是将传统教学中以教师的"教"为主体的模式转变为

以学生的"学"为主体的模式，真正做到"以学生为中心"。创设情境可以促使学生的情感活动与认知活动在情境中融为一体，对调动学生的思维积极性和情感投入、落实主体性大有促进作用。

（三）提供支架，提升思维

语文新课标把思维品质作为语文素养的重要内容，特别强调在语文教学中培养学生的思维品质，而思维品质的培养往往离不开写作支架的帮助。基于培养核心素养的语言运用活动，必须融进思维、审美与文化来提升语言运用的活动品质。叶黎明教授认为："写作支架是整合、嵌入写作知识和技巧的显性的学习支持系统，是在学生的现有水平与潜在发展水平之间搭建的'脚手架'，有提示、建议、触发、指导写作的功能，帮助学生完成自己无法独立完成的写作任务。"[①]当学生对"七选三"科目以及人生规划缺乏深度认知时，教师提供了霍兰德职业兴趣测试以及学科兴趣测量数据等写作支架。霍兰德职业兴趣测试可以帮助学生理性地认识自己的兴趣与所感兴趣职业的匹配度，学科兴趣测量数据可以帮助学生客观地分析自己对"七选三"科目的兴趣排列。当学生选择职业只考虑个人利益时，教师提供马克思《青年在选择职业时的考虑》，让伟人的职业选择提升自我对个体与家国情怀关系的认知，帮助学生树立远大志向。总之，写作支架能够在学生的现有水平与潜在发展水平之间搭建"脚手架"，可以让学生的思维更具体、更全面、更客观，从而提高学生的思维能力和表达能力。

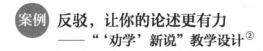

案例 反驳，让你的论述更有力
——"'劝学'新说"教学设计[②]

一、前置学习，知识支架

1. 结合三篇驳论范文《师说》《拿来主义》《反对党八股》初步认识"驳

---

① 叶黎明. 支架：走向专业的写作知识教学 [J]. 语文学习，2018（4）：57.
② 此案例来自回浦中学语文教师、备课组长郑超参加 2023 年台州市第十届高中语文教师教学大比武的课堂教学设计。

论文"。

驳论文是议论文常见的论证文体，在对一些社会丑陋现象的批判与揭露上价值尤为突出。进行驳论，事先必须占有材料，对错误言论进行周密的分析，弄清它的症结所在，集中一点，才能一针见血，击中要害。"伤其十指，不如断其一指"，这是驳论的要领。驳论可分为驳论点、驳论据和驳论证三种。

二、情境导入，初步反馈

在《劝学》一文中，荀子针对"性恶论"，提出通过学习来改造自我，完善自我成为学习的目的和动机。现在，我们来看这么一群现代社会的学生，他们的学习动机是什么。

（播放视频片段）"我爱学习，学习使我妈快乐。我妈快乐，全家快乐。"2019年10月某日，一段拍摄于深圳南山区某中学的运动会入场视频在朋友圈广为流传，孩子们拉着横幅高喊这段口号，引来周遭观众大笑。视频传开之后，也引发了许多网友的窃笑，有网友直评："瞎说什么大实话。"

【任务一】

1.那么，读到"学习使我妈快乐"这句口号，你的自查情况是_____（请根据你的真实情况选择）

A. 瞎说什么大实话，我也是的呢

B. 有那么一点符合吧

C. 我不是，我没有

2. 聚焦"学习使我妈快乐"，你认为此句暗含的是有关学习的_____
____问题的探讨，口号的潜台词是：_____
_____。

3. 请用简洁的语言分点记录你与口号相关的真实表现或者心理。

反馈学生自查情况，统计选择A、B项人数及占比。对两个问题的答案进行梳理归类，初步得出学生的学习动机现状。

明确：（1）"我爱学习，学习使我妈快乐"为因果关系句，探讨的是学习的动机/目的问题。(目的是人采取行动得到的结果,动机是促使人采取行动的内在原因。)(2)此口号不合常理之处为学习使"我妈"而非"我"快乐,那么"我"快不快乐呢?采访选C的同学,可能有三种情况:①快乐;②不快乐;③学习不能使我快乐,我妈快乐使我快乐。

如果以图示法来直观表达的话,应当如下图所示,注意"快乐者"的占比。选三张学案,展示学生被逼学习的不快乐。

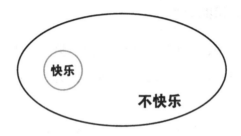

采访选A的同学,询问这样的学习动机是否可取,进而引入专家驳论。

三、引入他者观点,初步分析与评判

专家驳论:北京大学副教授徐凯文在一场讲座中说,学习是为了让父母高兴,意味着孩子的主动学习意愿不强,这样的学习动机难以让孩子走得更远。在他们眼里,现在的"活着"只是按照别人的逻辑活下去,缺乏对生活的热情,感受不到生命的存在。这种表现可归为心理疾病——"空心病"。得"空心病"的孩子,都是在替父母变得优秀。得"空心病"的人,找不到坚持下去的动力,即使曾经再怎么优秀,依旧会使得他们的前路一片迷茫。

今年6月,一则"清华拟对两名博士生退学处理"的消息,登上了当天的微博热搜。据悉,这是清华大学马克思主义学院对外发布的公告,院内两名博士生因未经允许连续两周未参与学校规定的教学活动,不专心学业,而被取消学籍。近年来,各大院校本硕博学生被劝退、开除的事情屡见不鲜,他们完成了父母的目标——考上好大学,却找不到说服自己完成学业的理由。

唯有自身积极的学习兴趣和愉悦的学习体验方是学习的内在动力,是健康人格的基础,更是创新型人才所必备的。

【任务二】

1. 明确专家的立场与观点：对口号"不支持"，专家从学校教育者的身份立场出发，而且站位较高，从社会人才角度评判。他们认为为父母学习者走不远，是一种心理疾病即"空心病"的表现。（立场：在争论中支持哪一方。观点：你为这一方提供什么样的有力支持。）

我们分析教授的站位与喊口号者（如某A同学）的站位，一个是站在个人终身发展以及社会全局的高度，一个是个人挣扎与情绪宣泄，高下立分。

2. 对照口号潜台词的几种分类情况，思考徐教授的驳论有无遗漏。

四、质疑思辨，展开驳论

【任务三】

网友A发现了一个漏洞，现在请大家模拟网友A，抓住这个漏洞对徐教授进行反驳，写驳论思路。（3分钟）

模板一：李步明同学搜集到的材料的真实性无可置疑，但是他由材料得出的"学习无用"的结论存在逻辑错误。

其一，这三个人选择退学，只是终止了在学校的学习，并没有停止其他方式的学习。

其二，即便是将"学习"定位在"学校学习"这一范畴，从统计学的角度看，完成必要的学习阶段的人的成功率也要高得多。以IT业为例：马化腾，毕业于深圳大学；李彦宏，毕业于北京大学（后出国深造）；张朝阳，毕业于清华大学；等等。

其三，退学与成功没有必然的因果关系，成功的原因有很多，与个人的兴趣、能力、学识、方法以及环境、机遇等均有一定的关联。每个人的成功都有其独特性，是不可复制的，因此不能盲目模仿效法。

分析模板一的文字，李步明同学犯的错误与徐教授相似，辍学的人群中，成功的人只占极少一部分，而且学校学习也只占学习的一部分。

示例：我仍然认为"学习使我妈快乐"的口号无可厚非。徐教授搜集到的材料的真实性无可置疑，但是他由材料得出的"为父母学习者走不远"的结论存在逻辑错误。其一……其二……其三……

【任务四】

网友A的驳论发表之后，网友B跳出来表示反对。现在请大家模拟网友B，用模板二的形式写驳论。（5分钟）

模板二：有人说"酒香不怕巷子深"，只要是人才到哪都能发光，不需要良好的平台。（对方观点概括）确实酒香会慢慢溢出深巷而为大家所知，人才无论在什么岗位上终究会慢慢呈现他的光芒而为人所知。（肯定其合理性）

然而"慢慢呈现"有多慢？酒抑或人才能否等得起？就算最后等到了，等的过程又浪费了多少可以展现才能的机会？更何况现代社会有多少人愿意站在原地等酒香慢慢溢出，而不是匆匆而过？（论证其错误及可能产生的后果）

所以在现代社会，只有高平台才能更好地展现人才的才能。（立自己的观点）

分析模板二的文字，肯定对方的合理之处，但关注到了具体情境、时代的发展变迁，曾经合理的事物变得不合理了。首先，徐教授反驳的具体人群如前图所示，学习使自己快乐的仅占极少数，对大多数人的不当学习动机提出反驳并不为错。

其次，分析"学习使我妈快乐"这个口号，小范围调侃、发泄情绪可以，在运动会入场式这样的场合大肆宣扬，是否合适？特别是进入网络之后，被广泛宣扬，是否妥当？

再次，分析这个口号的传统民族心理，我们发现与"望子成龙""望女成凤""光宗耀祖"等民族心理有关，这些心理在当下，有没有发生变化？

我认为"学习使我妈快乐"的口号仍不可取。也许有人会说——

示例：也许有人会说："学习也使我快乐"，学习使"我妈快乐"与"使我快乐"并不矛盾，可以"双赢"。确实在现实生活中存在这种"双赢"的快乐。

然而，我们说一切脱离了"量"分析的结论是不可靠的，在现实的学习生活中自身能真正感到学习快乐的有多少人？在人群中的占比又是多少？这是一种可遇不可求的双赢。更何况孩子们在运动会入场式中广而告之的、大肆宣扬的，更多是被学校、被父母强制学习的痛苦、不满。这样的情绪宣扬，对于正确的学习动机观形成会有什么样的负向拉伸？

所以，"学习使我妈快乐"此种提法不可取，更不适合宣扬。

五、课堂总结复盘

本节课，我们通过几次身份立场的转换，进行了两个驳论片段写作。回到标题，让你的论述有的放矢，这个靶子，就是对方的各种漏洞：对象分类不全，立场站位不高，纵向发展不变。

【课后作业】驳论继续——"劝学"新说

针对"学习不能使我快乐，为父母而学"这种学习风气，请收集身边此类同学的言论行为，尝试再写一段300字左右的驳论。

徐教授批驳为父母学习走得不远，但对于我们大多数高中生来说，当下就已走得不稳，无法优秀。

 "逻辑"课堂的另一种教法
——以李圣宇"诗在有理无理间"课堂教学为例①

2023年浙江省高中语文课堂教学评审活动的教学内容选择了统编版教材选择性必修上册第四单元"逻辑的力量"，这是具有极大挑战性的教学课题。来自全省各地的12位选手，分别呈现了12节精彩的"逻辑"课堂，体现了"重视真实情境，强调任务驱动，追求思维含量"的课改理念。第12位参赛选手，是代表台州临海市回浦中学的李圣宇老师，她执教的课题是"诗在有理

---

① 此案例发表在《中学语文》2024年第16期上，作者为笔者和李圣宁，部分文字有改动。

无理间——借用逻辑知识助力诗歌创作"。从教学设计看，她独辟蹊径，把诗歌的"无理而妙"作为突破口，借用逻辑知识来提升诗歌的表达效果，体现了"诗以奇趣为宗，反常合道为趣"的创作理念，这是"逻辑"课堂的另一种教法。

一、教学依据："无理而妙"，符合文学创作规律

逻辑在学习和生活中无处不在，它包含外交中的逻辑、文艺鉴赏中的逻辑、治国理政中的逻辑、诗词中的逻辑等等。掌握逻辑基本知识，可以增强我们的理性思维能力，增进我们对外部世界的深刻认识，帮助我们更好地进行语文学习。"逻辑的力量"单元提供了"发现潜藏的逻辑谬误""运用有效的推理形式""采用合理的论证方法"等三项学习任务。当然，完成这些学习任务确实是"逻辑的力量"单元教学的有效路径，能让学生更好地辨析信息的真伪，学会正确地推理，增强语言表达的说服力。教师可从中选择某一任务，进行课堂教学设计。

但是，有些时候，文学作品又会故意在表面上违背逻辑，以取得更好的表达效果。例如臧克家《有的人——纪念鲁迅有感》中的诗句"有的人活着／他已经死了；／有的人死了／他还活着"，在表面的自相矛盾中，隐藏着"精神"和"肉体"这两个评判人生的角度。这句诗看似不合逻辑，有悖常识，实则凝练深刻，引人深思。能有如此突出的表达效果，与诗句"违背逻辑"的表达方式有着密切的联系。在诗歌创作中，诗人往往会突破生活中的一般逻辑，从而形成语言的跳跃性与陌生化，达到"无理而妙"的表达效果。比如海子的诗句"春天，十个海子全都复活"，看似矛盾的语言背后有着无限的张力，传达出自己的伤痛而悲凉的心境和那种难以言说的情绪。但是诗歌的"反逻辑"也并不是说诗歌创作就可以天马行空，脱离任何"逻辑"。诗歌的"无理而妙"，从内在逻辑或者情感共鸣上说，还是要符合逻辑思维的。否则，谁也读不懂的诗歌岂不就是好诗？所以，苏轼说："诗以奇趣为宗，反常合道为趣。"

其实，文学作品中不仅仅诗歌"故意违背逻辑"，有些小说创作也是如

此。小说家毕飞宇曾在北京大学演讲时，以"'走'与'走'——小说内部的逻辑与反逻辑"为题，通过对《水浒传》和《红楼梦》中两个代表性人物林冲和王熙凤的相关文本进行梳理和解读，从逻辑与反逻辑的角度，表达了自己独特的小说鉴赏观念。他认为，小说不是逻辑，为什么小说会讲逻辑性？小说中的情节有不合常理之处，小说中的语言也常常有不合情理之处。其实正是这不合情理的语言背后，体现着人物独特的情感或感受。[①]从小说情节的反逻辑处切入，也是小说鉴赏的一种有效的方法。比如，《促织》中，成名似乎把促织的生命看得高过自己的儿子，有悖于日常生活的逻辑；促织竟然"忽跃落衿袖间"，这也是"反常识的，反天理的"；促织能从鸡爪下逃脱，还让公鸡大受挫折，这更离奇，违反了常识；小说在结尾揭开了谜底，这促织是成名儿子魂化而成的，似乎给出了合乎因果逻辑的解释，但这更加违反常识、违反逻辑了。作者正是通过这种反逻辑的情节，以"人化为虫"的"变异"方式，寄寓了强烈的社会批判性。

无论是诗歌还是小说，文学作品中的"逻辑"不是形式逻辑，也不是数理逻辑，更不是辩证逻辑，实际上是生活中的心理逻辑、情绪发生的自然逻辑。诗歌创作的"无理而妙"，也是"逻辑的力量"单元的教学依据之一。

二、教学设计：层层递进，遵循"逻辑"课堂

作为浙江省高中语文课堂教学评审的最后一位参赛选手，如果只是局限于"逻辑的力量"中的三项学习任务，步人后尘，恐怕难以脱颖而出。但是教学设计也是需要理据的，必须遵循"逻辑"规律。根据"逻辑的力量"导语中"有些时候，文学作品又会故意在表面上违背逻辑，以取得更好的表达效果"，以及"诗以奇趣为宗，反常合道为趣"的创作理念，李圣宇老师设计了"诗在有理无理间——借用逻辑知识助力诗歌创作"一课，在众多"逻辑"课堂中独辟蹊径，给人耳目一新的感觉。她首先创设了"学校公众号用诗歌报道运动会"的生活情境，通过对《水问》《价值》等诗歌的修改、赏析，引导同学们感受诗歌"反常合道"的"奇趣"，并在发掘小诗表面逻辑错误与内在逻辑合

---

① 欧阳林. 批判性思维与中学语文阅读教学 [M]. 北京：中国人民大学出版社，2019：75.

理性之间的关系后，对自己创作的小诗进行再修改、再创作，将逻辑知识巧妙融入诗歌创作。下面结合教学环节加以阐述。

本节课的主要任务：余杭一中（比赛学校名称）公众号推送余一君子们在运动项目中的风采照，并且配了一首首小诗。受此启发，邀请同学们以运动会为话题，创作诗歌，择优收入班级诗歌集。

（一）"逻辑"的第一个层次——"偶趣"

【任务一】开展全班拼贴写诗活动。

同学们两人一小组，左边的同学写①，右边的同学写②，互相不交流。写好之后邀请部分同学张贴在黑板的相应位置。

每当（　①　），就会（　②　）

请同学们说一说，你喜欢哪一句？不喜欢哪一句？为什么？

这一课堂环节，主要目的是激趣。括号里可以是任何天马行空的词句，一个逻辑的条件、推理形式也可以是一首诗。这种诗歌写作是无意识的，偶有妙句，但多数毫不相干，甚至语句不通。无厘头地创作诗歌，只能得到"偶趣"。

（二）"逻辑"的第二个层次——"理趣"

【任务二】请根据自己的喜好，从下面两个任务中选择其中的一个完成。

A. 将《水问》一诗的"三段论"推理形式补充完整，并且说明此诗采用三段论的省略形式有什么表达效果。

水问 | 刁永泉　　　　　　　　＿＿＿＿＿＿＿＿＿＿＿

海：你为什么这样浑浊？　　我在人间走了很久

河：因为我在人间走了很久。　我很浑浊

B. 判断《价值》这首诗运用了怎样的推理形式，并且说明修改前后的表达效果有什么不同。

价值 | 回浦中学 吴爱静　　　　　　　价值（改后）

一支笔 / 若不去写 / 就不会有价值。　　一个人，

一个水杯 / 若不去盛水 / 也只是一个摆设。　若不去奋斗，

一个人 / 若不去奋斗 / 就只是历史中的尘埃。　　就只是历史中的尘埃。

这一课堂环节，是形式逻辑的训练。有些诗歌，特别是一些哲理诗，明显地遵循着逻辑思维，内含逻辑推理，呈现出有"理"之理趣。通过《水问》《价值》这两首诗歌的内在逻辑分析，让学生了解"三段论""类比推理"在诗歌中的运用，并在逻辑思维的助力下加深对诗歌的理解。比如，《水问》的一问一答，其实是在透露字面上没有明示的内容：人间是浑浊的，而远离人间的大海是清澈的。诗人故意运用一种不完整"三段论"的方式，含蓄地表达了对人间浑浊的批判。《价值》则运用了"类比推理"的逻辑思维，"笔""水杯""人"都内含价值，因此，从"笔""水杯"的"不使用就不会有价值"，推出"人若不去奋斗，就不会有价值"。倘若修改后就仅仅是一个断言，没有推理过程，显得意蕴单薄。可见"类比推理"放到诗歌里面，能丰富诗歌的说理内涵，增添诗意。当然诗歌中的逻辑推理不仅仅限于"三段论""类比推理"这两种思维方式。

（三）"逻辑"的第三个层次——"妙趣"

【任务三】阅读《有的人》，请指出小诗表面上的逻辑错误，并以图示的方式展示其内在的逻辑合理性，解读诗歌内涵。（以 4 人为一小组，其中 1 人负责画图、阐释图示内容，1 人负责解释诗歌深层的逻辑合理性并解读诗歌内涵。）

有的人

——纪念鲁迅有感（节选）

臧克家

有的人活着

他已经死了；

有的人死了

他还活着。

《有的人》这首诗歌，似乎违反了"矛盾律"，实际上，诗人借助了诗歌多义性的特点，"人"这一对象在诗歌中可以分别指"精神"和"肉体"两个不同的方面，因此，这首诗的深层逻辑是：有的人肉体"死"了，精神"活"着；有的人肉体"活着"，精神"死"了。这是符合逻辑的。

【任务四】请根据自己的喜好，从下面两首诗中选择适合自己的一首并完成解答。

A.请指出《种子》一诗表面上的逻辑错误，并说说深层蕴含的道理。

种子 | 萧莲蓉

一粒种子能诞生一个春天

B.请指出《眼睛》一诗表面上的逻辑错误，并说说深层蕴含的道理。

眼睛 | 陈科全（八岁）

我的眼睛很大很大

装得下高山

装得下大海

装得下蓝天

装得下整个世界

我的眼睛很小很小

有时遇到心事

就连两行泪

也装不下

这一课堂环节，实际上是对《有的人》所产生的"无理而妙"的迁移运用。《种子》《眼睛》这两首诗，表面上违背逻辑，但内中隐含着逻辑自洽，当我们看清了其内在逻辑的时候，也就读懂了诗歌中隐藏的丰厚意蕴。这种"反逻辑"的创作方法，能收到"无理而妙"的表达效果。比如，《种子》这首诗表面上违反了"充足理由律"，是一种以偏概全的逻辑谬误。但实际上，可以这样理解：看到一粒种子发芽了，就会想到千万粒种子同时发芽，那么，春天即将诞生；也可以理解成"蝴蝶效应"的原理：一个初始值极微小的扰动，就会造成系统的巨大变化；也可以理解成："杂交水稻之父"袁隆平发现了一株雄性不育水稻植株，开创了共和国的春天，甚至是世界的春天。《眼睛》这首诗表面上违反了"矛盾律"，眼睛不可能又大又小。但实际上，"大"与"小"

指的是"心灵的眼睛"和眼眶两个不同的方面。看似不合理，实则含蓄地表现了一个八岁孩子既有对世界无限的好奇心，也有容易受伤、敏感脆弱的心，展现出诗人丰富的内心世界。

（四）运用逻辑知识，修改完善诗歌作品

【任务五】短诗再修改、再创作，争取入选班级诗歌集。根据自身喜好，选择其中一个任务完成。

A.运用某一逻辑知识（比如类比推理），修改短诗。

B.以任务三中的图示为思维支架，用表面上违反"充足理由律"或违反"矛盾律"的方法修改短诗。

学生原稿：

> 跑道很长，
>
> 但有一个终点，
>
> 朋友，你的脚步却没有终点。
>
> 胜利往往不属于一个人，
>
> 失败亦是。
>
> 你背后是209班的千军万马，
>
> 奔腾吧，少年！

修改稿：

> 跑道很长，
>
> 拼尽全力方可抵达终点。
>
> 跑道很短，
>
> 区区几步便是整个青春。
>
> 一个人的飞跃便是千军万马的腾飞，
>
> 奔腾吧，少年！

这一课堂环节"修改诗歌"的任务设计回扣开头"诗作现状"的真实情境，以提升学生的诗歌表达能力为设计目的，使学生的诗歌创作从"无逻辑""偶有逻辑"走向主动"运用逻辑"。同时，展示修改后的诗歌习作也是力求本堂课的思维成果可见可测。诗歌的"逻辑"有时明显外露，有时隐约曲折。这种"有理无理间"的美学形态，使得诗歌既有"显思"之理，又有"隐妙"之趣。

三、教学评价：反常合道，"逻辑"课堂的另一种教法

专家评委曲宏伟对李圣宇老师的课堂进行了精当的点评。他指出，文学创作有其自身的方法和规律，高中语文教学有必要引领学生初步学习并运用这些内容。李老师的这堂课试图在厘清"逻辑"与诗歌创作之间关系的基础上，引导学生在"试写诗歌—把握诗歌创作逻辑—完善诗歌"这一框架下实现诗歌创作能力的提升。通过拼贴无理之诗、欣赏有理之诗、探究无理之诗、创作逻辑之诗，有效聚焦，逐层推进。在分析这些诗歌的过程中，师生自然顺畅地梳理出诗歌创作中有关"逻辑"与"违背逻辑"的一些知识内容，为学生完善自己的作品提供了思维支架。同时，他认为关于诗歌创作到底是"逻辑"还是"非逻辑"的问题，学界一直存在争议，选择这样悬而未决的问题作为教学内容，是需要勇气的，也是有价值的。李老师选取其中一种类似折中的观点——"诗在有理无理间"呈现给学生，体现出其教学智慧，这是"逻辑的力量"单元的另一种教法。

欧阳林老师认为，诗歌的语言具有跳跃性和背离性特点，于是产生了留白和含蓄的艺术特点，常常需要我们借助想象去填补艺术的空间，但这种想象并不是天马行空的，而是要符合情感逻辑、心理逻辑。[1]孙绍振先生认为，诗歌的形象是一种审美感知，它的表层是感觉，中层是感情，深层是智性。[2]这说明诗歌本身担负着感情和思维的任务。诗歌的反逻辑性，似乎违背生活的真实，不合常理，但它追求的是心理的真实、情感的真实。正如苏轼所说："诗以奇趣为宗，反常合道为趣。"

"逻辑的力量"单元将学习内容分为三部分：逻辑、推理、论证。这三个并列词语中的"逻辑"指的是狭义的逻辑概念；而推理和论证是逻辑的运用和

---

① 欧阳林. 批判性思维与中学语文阅读教学［M］. 北京：中国人民大学出版社，2019：193.
② 孙绍振. 文学创作论［M］. 福州：海峡文艺出版社，2009：260.

体现。所以，"逻辑、推理、论证"合在一起，又构成了一个较大的"逻辑"概念。[①]教材并未囊括完整的逻辑知识体系，而是将学习重点放在"逻辑错误""推理""论证"三个方面，更明确指向语言学习和逻辑思维发展的目标。当然，这并不是教材的缺陷，而是恰恰体现了教材的弹性优势——它在引导教学方向的同时，也为教学实践留下了选择与创造的空间。教材学习任务所选择的语料中，就有不少精彩的文学表达，这种表达在逻辑上违反了逻辑基本规律，但是却具有极强的艺术效果。

 读懂文本，规范表达
——"2025年高考古诗阅读主观题复习"教学实录

一、教学过程

师：同学们，我是来自台州市的一位高中语文老师，今天很高兴与秀水中学的同学们一起研究高考古诗阅读主观题的命题规律。我们转变一下身份角色，你我都是高考命题专家。请问专家——你在命题时会参考哪些资料？

生1：我会参考教材中古诗鉴赏相关的材料。

生2：我会先阅读与这首诗歌的作者相关的诗歌作品，然后进行命题。

生3：我会先选择一首好命题的诗歌。

师：同学们都站在学生的视角，谈到参考的资料。但是高考命题专家的站位会更高一些，因为他们大都是大学中文系的教授。这些高考命题专家，在命题时往往要体现评价标准和落实新课标的理念，同时，也会参考历年试题的命制形式，以保持命题的延续性和稳定性。下面，我们来看一下最近几年高考古诗阅读主观题命题有什么规律。

【活动一】找一找命题规律

1.（2021年）前人论此诗，认为第二句已包含委婉劝告的意思，对这一观点应怎样理解？请简要分析。（6分）

2.（2022年）词人在下阕发表议论，指出如果懂得做人的道理，每天都是

---

① 陈兴才."逻辑的力量"测评设想[J].教育研究与评论（中学教育教学），2022（4）：86.

人日。词中谈到哪些做人的道理？请结合内容简要分析。（6分）

3.（2023年）诗的尾联提到魏了翁的名言："不欲于卖花担上看桃李，须树头枝底方见活精神也。"结合本诗主题，谈谈你对这句话的理解。（6分）

4.（2024年）诗中以对比的方式，对泉声进行了生动的描写，请结合相关内容简要赏析。（6分）

生4：都是"结合诗歌内容简要分析"，说明要结合这首诗的文本分析。

生5：都有"怎样理解"的表述，说明以理解性题目为主。

生6：都是先引入其他的评论，然后结合这首诗赏析。

生7：都是从诗歌的主题、形象、语言、手法等角度命题。

师：同学们从不同角度找出了高考古诗阅读主观题命题的规律，但是命题选择的诗歌不同，题目就不一样。这就是没有规律的"规律"。我把它归纳为"随文设题，创设情境，指向文本理解"的命题规律，考查学生的语言、审美、思维等综合素养。所选文本的本身特色，往往成为命题老师的命题方向。2024年的四套卷也是如此。

1.（2024年·新课标Ⅰ卷）诗中以对比的方式，对泉声进行了生动的描写，请结合相关内容简要赏析。（6分）

2.（2024年·新课标Ⅱ卷）如何理解诗人的"白头心事"？请结合诗歌内容简要分析。（6分）

3.（2024年·全国甲卷）颈联中"软""低"二字的使用取得了很好的艺术效果，请简要赏析。（6分）

4.（2024年·北京卷）清人王琦评论说："《马诗二十三首》，俱是借题抒意，或美，或讥，或悲……"请结合以上诗中表达这三种情感的诗句，分别说明作者是如何"借题抒意"。（6分）

师：我们来看一下这样命题的理论依据：

能结合作品的具体内容，阐释作品的情感、形象、主题和思想内涵，能对作品的表现手法作出自己的评论。

——《普通高中语文课程标准（2017年版2020年修订）》

"学业质量水平4"

师：下面，我们就一起来尝试一下。

【活动二】试一试我来命题

宿千岁庵听泉

刘克庄

因爱庵前一脉泉，襆衾来此借房眠。

骤闻将谓溪当户，久听翻疑屋是船。

变作怒声犹壮伟，滴成细点更清圆。

君看昔日兰亭帖，亦把湍流替管弦。

16.＿＿＿＿＿＿＿＿＿＿＿＿＿＿＿＿＿。（6分）

师：请大家推荐一下，由哪位同学来读一读这首诗。

（学生推荐语文课代表朗读。朗读中，"襆衾""兰亭帖"不会读，教师予以帮助。）

师：请问你读这首诗最大的感受是什么？

生8：诗人对泉声的描写特别生动形象。

师：有没有读不懂的诗句？

生9：最后一联"君看昔日兰亭帖，亦把湍流替管弦"。

师：你试着翻译一下看。

生9：你看昔日的兰亭帖，也把湍急的水流代替了音乐之美。

师：这里用了王羲之《兰亭集序》的典故。你还记得描写绍兴兰亭的诗句吗？

生9：此地有崇山峻岭，茂林修竹，又有清流激湍，映带左右，引以为流觞曲水，列坐其次。虽无丝竹管弦之盛，一觞一咏，亦足以畅叙幽情。

师：那诗句"亦把湍流替管弦"怎么理解呢？

生9：这里的"湍流"代表自然之音，也就是指泉声；"管弦"代表音乐。"君看昔日兰亭帖，亦把湍流替管弦"意味着山水之音胜过了音乐之盛，表达了诗人对千岁庵的泉声的喜爱之情。

师：请问这首诗最大的特色是什么呢？

生10：对泉声的描写十分精彩，形象地写出了泉声的动感和变化。

生11：运用王羲之"兰亭帖"典故，含蓄地表达对自然之美的喜爱，对文人雅士的赞赏。

师：左思说："何必丝与竹，山水有清音。"张潮也说，文章是案头之山水，山水是地上之文章。刘克庄把泉声写进诗歌，这是天籁。读懂了这首诗，也领悟了它的特色，下面我们尝试一下命题。请每一位同学命制一道6分的题目，并写在白纸上。

（学生命题，小组讨论，每组推荐一位同学把题目写到黑板上。）

学生题目如下：

第一小组：诗人通过多种写作手法表达了对泉声的喜爱，请结合内容分析。

第二小组：小明说："这首诗的颈联写得很妙。"你怎么认为？请简要赏析。

第三小组：本诗描写了作者留宿千岁庵听泉的经历，生动形象地写出了泉水的动听。请结合文本简要分析其妙处。

第四小组：尾联写兰亭帖的典故，表达了诗人怎样的感情？

师：同学们齐读这四组题目，请学生代表点评一下，并说明理由。

生12：第一小组的题目从表现手法角度命题，但话题过宽，容易套路化。第二小组的题目引入评论，从颈联设题，切合文本特色，但是"小明说"用语随意，缺乏规范性。

生13：第三小组的题目前半部分揭示了泉声描写的文本特色，但后半部分"请结合文本简要分析其妙处"指向不明，话题前后不一致。第四小组的题目从用典的角度命题，指向诗人情感，抓住了本诗的特色，但是作为一道6分的题目考查不够全面，所以也不大合适。

师：同学的点评非常到位。命制一道科学规范的题目确实比较艰难，但从四个小组命制的题目看，有三组同学指向了泉声的描写，这符合这首诗歌的文本特色。下面我们来看一下2024年全国新课标Ⅰ卷试题原题：

16.诗中以对比的方式，对泉声进行了生动的描写，请结合相关内容简要

赏析。（6分）

师：根据这一道题目，请每位同学给它拟写参考答案。

生14：这首诗运用了对比的手法，形象地描写泉声的变化过程，表达了诗人对千岁庵泉水的喜爱之情。

师：你的答案语言啰唆，不够具体。比如"这首诗运用对比的手法"就是题目要求，没必要重复表述。"形象地描写泉声的变化过程"是一种怎样的变化过程呢？没有结合文本回答。

生14：泉声变化过程，先是怒涛雄壮，后来是细点清圆。

师：这只是其中的一组对比，还有其他的对比吗？

生14："骤闻将谓溪当户，久听翻疑屋是船"也是对比。

师：怎么形成对比的呢？请你先概括，然后用描述性语言表达。

生14："骤闻"与"久听"对比：刚听泉声时，还以为是一条溪水从门前流过；听久了反而怀疑房屋就像被水声包围的船一样。

师：除了这两处之外，还有其他的对比吗？

生15："亦把湍流替管弦"是不是运用了对比的手法？

师：怎么形成对比呢？

生15：把"湍流"的自然之声与"管弦"的音乐之声进行对比，突出了泉声像兰亭的自然之声一样自然动听，仿佛天籁，胜过了音乐之声。

师：2024年高考试题提供的本题参考答案如下：

①乍听与久听的不同：乍听泉声时，感觉是一条溪水从门前流过；久听后感觉水声逐渐弥漫四周，使人有身处舟中之感。

②激流声和涓滴声的不同：泉流时而汹涌，听来壮阔雄伟；时而滴沥，听来清亮圆润。

师：但是在高考改卷中又增加了一条答案：

③泉声与管弦之声相对比，突出了泉声的自然动听，体现了诗人对自然的喜爱。

【答出一组给3分（要点概括1分，赏析2分），答对任何两组对比手法给6分。以千岁庵与兰亭帖对比不给分。】

师：请同学们比较自己拟制的答案与高考参考答案的不同之处。

生16：高考参考答案都是先概括，再结合文本描述的，语言也比较精练。而我所拟的答案语言啰唆，缺乏概括提炼。

生17：高考参考答案角度较多，分析得比较全面。而我所拟的答案只答出一个方面，没有从整首诗的角度去观照。

生18：高考参考答案是从对比的手法角度赏析诗歌，语言散文化。而我没有真正读懂这首诗的内涵，表述也只停留在浅层。

师：我们一起小结一下。（1）命题：紧扣文本的独特之处。（2）答题：根据情境＋文本作答；学会分点＋概括赏析。下面，我们再增加一点难度，阅读这两首诗歌，你来命制一道主观题。

【活动三】练一练高阶思维

宿千岁庵听泉

刘克庄

因爱庵前一脉泉，襆衾来此借房眠。
骤闻将谓溪当户，久听翻疑屋是船。
变作怒声犹壮伟，滴成细点更清圆。
君看昔日兰亭帖，亦把湍流替管弦。

宿灵岩寺上院

白居易

高高白月上青林，客去僧归独夜深。
荤血屏除唯对酒，歌钟放散只留琴。
更无俗物当人眼，但有泉声洗我心。
最爱晓亭东望好，太湖烟水绿沉沉。

生19：有人说，两首诗的颈联有异曲同工之妙，试简要赏析。（6分）

生20：刘诗与白诗同样写泉水，你认为谁更胜一筹？请结合文本分析。（6分）

生21：这两首诗都运用了相同的表现手法，请你结合诗句分析。（6分）

生22：这两首诗都写到泉，但寄寓的情感不同，请简要分析。（6分）

师：从刚才同学们的命题看，大家都不约而同地指向了两首诗的相同之处或不同之处，在比较鉴别中考查考生的思维力。那我们就以"有人说，两首诗的颈联有异曲同工之妙，试简要赏析"为例，拟写参考答案。

生23：颈联都是通过对比的手法描写泉声，这是共同点。

生24：①刘诗描写泉声时而是壮伟的怒声，时而又是清圆的妙音，形象具体；白诗以泉声与俗物对比，抽象质朴。②刘诗通过写泉声的变化，表达了对大自然的喜爱；白诗写泉声洗涤净化灵魂，传达出超脱尘世的情怀。

师：高考专家在命题时，《普通高中语文课程标准》是主要依据：

能结合作品的具体内容，阐释作品的情感、形象、主题和思想内涵，能对作品的表现手法作出自己的评论。能比较两个以上的文学作品在主题、表现形式、作品风格上的异同，能对同一个文学作品的不同阐释提出自己的看法或质疑。

——《普通高中语文课程标准（2017年版2020年修订）》

"学业质量水平4"

师：群文联读作为新课改的热点，也是高考试题的命题趋势。通过群文联读，运用比较思维，能进一步提升诗歌的鉴赏能力。命题，指向文本的独特之处；答题，读懂文本后的精准表达。

二、教学反思

关注新课标、新教材、新高考，也是"表达与交流"的重要内容之一。本节课是应嘉兴秀水中学之邀而开设的研讨课，上课内容——"2025年高考古诗阅读主观题复习"也是由秀水中学高三语文备课组提供的，课堂设计完全是我的原创。本节课设立的教学目标如下：

（1）从命题者角度，体验高考古诗词主观题命题过程；

（2）从做题者角度，引导学生加强对诗歌文本的理解力；

（3）从一首诗赏析到两首诗的比较阅读，训练学生的高阶思维，提升学生的鉴赏力。

　　该目标的设定是基于高三学生在读懂诗歌和规范答题时的两大难点问题。课堂由三个环节组成：活动一"找一找命题规律"、活动二"试一试我来命题"、活动三"练一练高阶思维"。三个步骤环环相扣，思维上层层递进，让学生真切感受体悟到高考古诗阅读主观题的命题、拟定答案、比较阅读等思维过程，从而帮助他们更加精准地复习备考。

　　活动一"找一找命题规律"，引导学生从最近几年新高考 I 卷中探寻古代诗歌阅读主观题的命题规律，得出了"随文设题，创设情境，指向文本理解"的结论。命题背后的依据就是《普通高中语文课程标准（2017 年版 2020 年修订）》"学业质量水平 4"："能结合作品的具体内容，阐释作品的情感、形象、主题和思想内涵，能对作品的表现手法作出自己的评论。"对于具体的诗歌而言，文本的特色之处，往往是随文设题的重点。

　　活动二"试一试我来命题"，以 2024 年新高考 I 卷的古代诗歌阅读为例，尝试让学生命题，并且点评题目的优劣。在此过程中，引导学生深入文本细读，读懂诗歌内涵，把握诗歌艺术手法，比如学生谈到该诗的两大特色，一是对泉声的精彩描写，二是"兰亭帖"的典故运用，这两点可能就会成为高考命题的方向。从学生命题情况看，可能会存在以下几种情况或问题：

　　（1）诗人通过多种写作手法表达了对泉声的喜爱，请结合内容分析。（话题过宽，容易套路化）

　　（2）小明说："这首诗的颈联写得很妙。"你怎么认为？请简要赏析。（语言随意，缺乏学术性）

　　（3）本诗描写了作者留宿千岁庵听泉的经历，生动形象地写出了泉水的动听。请结合文本简要分析其妙处。（指向不明，话题不够集中）

　　（4）尾联写兰亭帖的典故，表达了诗人怎样的感情？（话题过窄，考查不够全面）

　　然后，呈现 2024 年全国新高考 I 卷的试题原题，再让学生针对这一主观题拟写参考答案。这一环节是引导学生再次深入文本细读，准确把握诗人运用对比手法描写泉声的诗句，并进行描述和欣赏。在答案拟制过程中，学生的语言表述往往不够规范，不够简洁，不够全面，需要教师适当引导，这也是语言建构与运用、思维发展与提升、审美鉴赏与创造的综合体现。这一环节，师生总结为两点：命题，紧扣文本的独特之处；答题，根据情境＋文本作答，学会分点＋概括赏析。

活动三"练一练高阶思维"，就是把刘克庄的《宿千岁庵听泉》与白居易的《宿灵岩寺上院》进行比较阅读，再次让学生尝试命题和拟制答案。学生命题如下：

（1）有人说，两首诗的颈联有异曲同工之妙，试简要赏析。（6分）

（2）刘诗与白诗同样写泉水，你认为谁更胜一筹？请结合文本分析（6分）。

（3）两首诗都运用了相同的表现手法，请你结合诗句分析。（6分）

（4）这两首诗都写到"泉"，但寄寓的情感不同，请简要分析。（6分）

从学生命制的题目看，他们大多能紧扣这两首诗歌的共同点与不同点来命题，说明他们有强烈的群文联读意识。然后，选择一道比较好的题目，再次让学生进行小组讨论并拟出参考答案。比如：

有人说，两首诗的颈联有异曲同工之妙，试简要分析。（6分）

参考答案：

（1）同：都运用了对比的手法写泉声。（2分）

（2）异：①刘诗描写泉声时而是壮伟的怒声，时而又是清圆的妙音，形象具体；白诗以泉声与俗物对比，抽象质朴。（2分）②刘诗通过写泉声的变化，表达了对大自然的喜爱；白诗写泉声洗涤净化灵魂，传达出超脱尘世的情怀。（2分）

最后，教师呈现比较阅读背后的命题依据，让学生学会从宏观的角度，认识高考命题的规律与理论依据，那就是《普通高中语文课程标准（2017年版2020年修订）》"学业质量水平4"："能结合作品的具体内容，阐释作品的情感、形象、主题和思想内涵，能对作品的表现手法作出自己的评论。能比较两个以上的文学作品在主题、表现形式、作品风格上的异同，能对同一个文学作品的不同阐释提出自己的看法或质疑。"

　　本节课，始终让学生站在命题者的角度，真切体会高考古诗阅读主观题命题的过程，课堂动态生成，教师适当引导，从而让学生更加明确高考古诗阅读的复习方向。命题，指向文本的独特之处；答题，读懂文本后的精准表达。

梳理与探究

　　梳理与探究，是本次课标修改的一大创举，这种学习方式有可能会深远地影响之后的高中语文教学形态。它对语文课程的教与学都提出了一个不小的挑战。这是让学生适应信息时代、学会综合分析、提升综合素养的必然选择。它大致对应着"语言积累、梳理与探究""当代文化参与""汉字汉语专题研讨""整本书阅读与研讨"等学习任务群。它又几乎渗透在听、说、读、写的每个环节之中。梳理与探究是一种和阅读与鉴赏、表达与交流共融的语文实践活动；梳理与探究链接阅读与鉴赏、表达与交流，是"在纷繁复杂的语言材料和其他语文因素的积累中理出有规律的线索，形成便于提取和吸纳、易于激活和链接的秩序，强化语文积累的'储存库'与输入输出的反应机制"①。在阅读与鉴赏的基础上进行梳理与探究，又以梳理与探究的结果为指导进行表达与交流。

　　梳理的本义是用梳子整理须、发等，使之排列整齐、剔除杂质。对于语言文字而言，梳理主要是指理顺文本思路、提炼主要信息。探究是指反复深入地探讨研究，它指向文本的"内质"，比如分析文本内涵、挖掘作品思想、探寻发展规律等。在语文教学中，经常性地开展梳理与探究这项实践活动，将有助于学生认知能力、思维发展、创新意识的综合提升。梳理是建构知识，探究是发现问题。梳理是由散到聚，由乱向整，是找联系、成体系，是把外在的知识吸纳、归整到自身已有的知识体系中，是回忆、辨析、整理的过程。这过程中也有扬弃，即会有一些难以归整的知识慢慢被遗忘。梳理就是建构知识，经过梳理的知识彼此间才能产生联系，才能成为体系，才能变为自己的东西。梳理之所以与探究连在一起，是因为对学生学习而言，它更多的是一个由旧知向新知的发展过程。②"梳理与探究"中的"梳理"与"探究"之间是有先后顺序的。梳理是探究的基础，探究是梳理的升华。"未经'梳理'的知识、常识或

---

① 巢宗祺.语文教学研究与案例[M].北京：高等教育出版社，2007：243.
② 黄华伟.听出这一堂语文[M].杭州：浙江文艺出版社，2021：189.

者内容、材料的学习是不值得'探究'的。"①因此，梳理与探究是思维不断进阶的深度学习过程。"梳理"与"探究"，前者一般停留在记忆、理解的认知水平，后者一般指向理解、应用、分析甚至评价和创造的认知水平。

"梳理与探究"中的"梳理"与"探究"都是有看得见的操作流程和隐含的思维路径的，有着一定的程序性。如梳理先要积累多个类别的碎片化知识，再根据一定的标准进行合理分类，然后发现其隐含的言语规律。探究也不是随心所欲展开的，先要有梳理的知识作为基础，再深入问题或任务情境中，借助已有语文知识、跨学科知识和资料等，在梳理对比中解决问题。"梳理与探究"包含诸多学习方法，如：运用列表法、绘图法、统计法等为认知提供丰富的支架，辅助学习；运用分类、比较、排序、辨别、想象、预测、推理、判断等方法探究，以真正解决问题，呈现学习成果。因此，梳理与探究是一种重要的语文学习策略，需要按照一定的程序，综合运用多种方法解决问题。在梳理与探究活动的内部，梳理为探究活动搭建支架与奠定基础，探究以问题驱动梳理活动，显示出梳理与探究活动链条式的内部运转模式（如下图所示）。

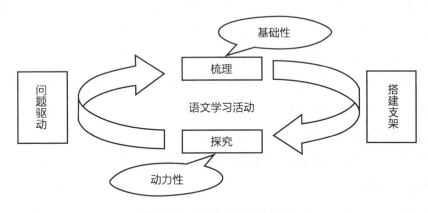

"梳理与探究"学习活动运转模式

"语言积累、梳理与探究"这一学习任务群最能体现梳理与探究的言语实践方式。从某种意义上说，一个人语文素养好就是语言经验丰富。丰富的语

---

① 吴泓 . 一种被长期忽视的重要的语文学习活动——对"梳理与探究"的回顾、思考与实践[J]. 语文教学通讯，2019（4A）：26.

言经验从哪里来呢？唯一的途径就是积累。一是语料的积累，二是语感的积累，三是语理的积累。[①]语言积累是基础，语言梳理是学生形成系统化、体系化知识的前提。学生自主积累的知识是零散的、不系统的，学生在拥有一定量的语言文字知识之后，需要对相关的语言文字进行归纳整合，对知识产生新的认识和体验，从中掌握规律性的东西。语言知识的探究只有建立在对语言系统归纳、分类统计的基础上，才能进行"观察、比较、鉴别、想象、推测和判断"。梳理与探究的语文实践方式范围更广，它更多地应用于阅读教学。首先，以学生真实问题为探究起点，评估问题价值后创设探究情境和导学任务；其次，学生根据任务深入探究，进行横联纵比的梳理，构建阅读体系；再次，深入文本内部，聚焦探究核心问题，教师则在关键处提供支架助力学生讨论；最后，学生相互讨论解决问题，能在梳理课堂所得之上呈现阶段性成果，标志着探究作结，教师负责组织和评价学习过程。

基于不同的语文学习内容，认知要素的内涵与学习指标会发生相应的变化。在梳理与探究活动中，学生需要对他们学过的语言、文学、文化等方面的知识进行梳理，在梳理的基础上进一步探究，便于在积累基础上归纳整合，加深理解。在评价框架中，这一类语文实践活动具体涉及筛选与提炼、归整与分类、比较与抽象、收集与组合、发现与再造五种认知活动：其一，筛选与提炼，即按照一定的标准要求选出合理的语言材料，并在此过程中提取出该类语言材料的特点或运用规律。其二，归整与分类，即将混杂的语言现象或文字材料按照一定的目的和要求划分类别，使之呈现出类别特征或语言运用的基本规律。其三，比较与抽象，即对比同类语言现象或语言材料，抽取其共同特征，梳理其不同之处，并用概括的语言界定其异同；能够按照情境要求梳理、整理自己的生活体验，从感性体验走向理性认识。其四，收集与组合，即积累语言材料，能够依据相关知识框架或概念体系梳理、整理自己积累的语言材料，在不同情境中使之成为有序列、有结构、有主题的整体。其五，发现与再造，即能够发现语言材料与现实生活的联系，用概括的语言呈现这种联系，并且能够借助这种发现完成新的语言运用与实践活动，在此基础上建构体验、

---

① 黄厚江.播种核心素养的语文课堂[M].上海：华东师范大学出版社，2023：46.

形成新思考。①

 因 "言" 求 "气"
——"梳理归纳文言特殊句式的基本特点" 教学实录

一、教学过程

师：今天这一节课，我们一起学习的是 "梳理文言特殊句式"。老师先写了三句英文：

I watch TV.

I watched TV.

I am watching TV.

大家发现没有？这些句式里，有一个东西，西方人很重视，你们知道是什么吗？

生（合）：时态。

师：西方国家为什么那么重视时态呢？

生1：因为没有时态，就表达不了到底什么状态。

师：你是只知其一不知其二。西方人居住的环境是海洋性地域，往往向大海讨生活，而大海是充满凶险、不安定的地方，人们只有追求效率才能获取生活资源，因此，西方语言中的不同时态背后反映了西方人的生活方式的一个方面，我们称之为文化。其实，我们中国的文言特殊句式背后也有文化在。今天这节课，我们将以《屈原列传》《苏武传》两篇课文为例，一起来梳理探究三种文言特殊句式的特点和规律——

生（合）：判断句、被动句、提宾句。（板书）

【任务一】阐释组名当自强

活动1：梳理判断句

教师呈现小组学习任务单中比较典型的判断句，请王佳妮同学朗读一下。

---

① 吴欣歆. 高中语文学习任务群教学笔记 [M]. 北京：北京师范大学出版社，2020：174.

（1）《屈原列传》：

屈原者，名平，楚之同姓也

为楚怀王左徒

皭然泥而不滓者也

夫天者，人之始也

父母者，人之本也

秦，虎狼之国

（2）《苏武传》：

单于益骄，非汉所望也

缑王者，昆邪王姊子也

汉天子我丈人行也

纠正朗读过程中出现的几处读音错误：缑（gōu）王、昆（hún）邪（yé）王、丈人行（háng）。

师：你觉得自己找的全部是判断句吗？

生2：不确定。

师：哪一句不确定呢？

生3：我觉得她找的第二句"为楚怀王左徒"中的"为"解释为担任，所以它不是判断句。

师：真好！"为"在这里解释为"担任"，后面往往跟官职名。但是"为"也有表示判断的吗？比如《鸿门宴》"如今人方为刀俎，我为鱼肉"中的"为"就表示判断，译为"是"。判断句有什么规律呢？

生（合）：有"者""也"标志的。

师：是不是有"者""也"标志的都是判断句呢？

生（合）：不一定。

师：那么，判断句的本质是什么呢？

生（合）：可以翻译成"……是……"，对事物的概念下定义或对其属性进行判断的句子。

师：判断句除了"者""也"标志之外，还有"乃""则""即""皆""非"

195

等。比如"吾乃常山赵子龙也""此则岳阳楼之大观也"。判断句的表达效果怎样？

生4：对事物属性的肯定或否定，加强判断的语气。

小结：判断句的规律：对事物的属性做出判断。（1）标志性词语"者""也""乃""则""即""皆""非"等。（2）无标志性词语。

活动2：运用判断句

师：课前，同学们为自己的学习小组命名，并运用判断句进行了阐释。请各个学习小组把本小组的名称写在黑板上。

六组同学推荐代表书写组名：

（1）樵夫；（2）和合；（3）养心殿；（4）翰文学士；（5）翰墨林；（6）陈道组。

师：大家最想听哪一组的阐释？

生（合）：养心殿。

师：请第三组同学阐释一下"养心殿"。

生5：养心者，居殿也。

师：你想在这里休养啊？你想表达的是什么呢？

生5：修身养性，学习也就是提高自身修养。

师：大家还想听哪一组的阐释？

生（合）：陈道组。

师：陈道组，我也不懂啊。请第六组同学阐释一下。

生6：陈道者，善于阐述己见也。

师：为什么叫"陈道"？

生6：因为"陈"，陈述的意思；"道"，观点的意思。

师：你们小组为什么叫"陈道组"呢？

生6：我们要让自己的观点展现出来，体现我们独立的个性追求。

师：大家还想听哪一组的阐释？

生（合）：樵夫组。

师：请第一组同学阐释一下"樵夫"。

生7：樵夫者，倘天下安乐，我等愿渔樵耕读，江湖浪迹；倘盛世将倾，深渊在侧，我辈当万死以赴。

师：豪气干云，但阐释的句子太长了。请用一句话来阐释。

生7：类似于"大隐隐于市"。如果国家安乐的话，我们就大隐隐于市；如果国家处危亡之际，我们就必当挺身而出。

师："樵夫"似乎不是挺身而出的意味！

生7：我们想表达的是"樵夫者，大隐隐于市也"。

师：你们这一组真的有远大抱负。"和合"这一组是不是体现了我们台州"和合"文化呢？请第二组同学阐释一下。

生8：第一个"和"是和睦的意思；第二个"合"是和谐的意思。从个人方面来说，希望小组同学可以和睦相处；从集体来说，希望能够互相包容，"各美其美""美美与共"。

师：你是用现代语言来阐释的，我希望你用文言文来阐释。

生8：欲百事欢心之喻也。

师：刚才各位同学对组名的阐释，都代表了本小组共同的精神追求，而且在形式上运用了判断句的方式。

【任务二】探究句式见人物

活动1：梳理被动句

呈现《屈原列传》中的被动句，请郭婉懿同学读一读。

明道德之广崇

治乱之条贯

信而见疑

忠而被谤

是以见放

而自令见放为

师：你觉得你找到的句子都是被动句吗？

生9：前面两句不是。

师：你怎么知道不是被动句？

生9：翻译出来没有被动的意思。

师：那么，被动句的规律是什么呢？

《屈原列传》：

信而见疑，忠而被谤，能无怨乎？

是以见放

而自令见放为？

皆好辞而以赋见称

故内惑于郑袖，外欺于张仪

夫圣人者，不凝滞于物

身客死于秦，为天下笑

竟为秦所灭

方正之不容也

故死而不容

屈平既绌

是时屈平既疏

虽放流，眷顾楚国

兵挫地削，亡其六郡

生10：一般是有"见""被""于""为"等标志性词语；还有一种翻译出来有"被"的意思。

师：被动句其实有两类：一类是有标志性词语的被动句；另一类是动词本身包含被动意思的，叫意念被动句。那么，难道这就是被动句的本质了吗？

生（合）：不是。

生11：谁被什么怎么样，这是被动句的本质。主语是谓语动词所表示的行为动作的受事者、承受者。

师：对的。比如"信而见疑，忠而被谤"怎么翻译呢？

生（合）：（屈原）诚实不欺却被（楚怀王）怀疑，忠心耿耿却被（小人）诽谤。

小结：被动句规律：主语是谓语动词所表示的行为动作的受事者、承受者。

（1）标志性被动句，包含"见""于""被""为""为……所"等标志性语词；

（2）意念被动句，动词本身包含被动意思。

活动2：探究表达效果

师：《屈原列传》中的被动句，大家发现绝大多数的主语是谁？

生（合）：屈原。

齐读下列有关屈原的被动句——

信而见疑，忠而被谤，能无怨乎？

是以见放

而自令见放为？

故死而不容

屈平既绌

是时屈平既疏

虽放流，眷顾楚国

师：文章为什么用如此多的被动句来写屈原呢？这个问题有一定难度，请小组讨论一下。

（学生热烈讨论。）

生12：用被动句更能表现出屈原所遭受的苦难深重，而屈原依然眷恋楚国，更能突显出他对楚国的衷心和崇高的品质。

师：屈原为什么这么忠心于楚国呢？

生12：他是楚国的贵族，他能为楚国兴盛出力，为楚国百姓造福。

师：屈原在《离骚》中说："帝高阳之苗裔兮，朕皇考曰伯庸。"也就是说我是古帝高阳氏的后代，先父叫伯庸。我是楚国贵族的后代，骨子里流淌着楚国的血脉，所以这一辈子以振兴楚国为己任，实行"美政"，改革弊政，得罪权贵，因小人进谗言，两次被流放，最后当郢都被秦国攻破，就自投汨罗，以死殉道。在这里，我们能否从被动句式中读出背后的什么东西？

生13：屈原被冤枉的悲伤和愤怒，更突出他的忠贞与责任。司马迁以第三人称的角度写作，用被动句显得客观真实一些。

师：综合以上两位同学的意见，我们看到被动句的背后更加突显人物的民族精神。王逸盛赞屈原："膺忠贞之质，体清洁之性……此诚绝世之行，俊彦之英也。"朱熹评："亦仁之至，而义至尽也。"

【任务三】品味言语悟精神

活动1：生活中的宾语前置

师：从同学们的学案来看，大家对宾语前置句的判断感到最难，也不大理解。其实古代汉语与现代汉语是一脉相承的，有些现代汉语的表述方式也体现了文言文的特殊句式，比如方言中的宾语前置。哪位同学用临海方言说说下面这些句子？

（PPT呈现）

1.来喝杯茶——

2.吃点饭吧——

3.打几圈麻将吧——

4.过来洗脸——

5.去拿筷子——

6.去把活干了——

生14：1.茶吃杯去。2.饭吃点吧。3.麻将搓几桌。4.面来洗去。5.箸去拿来。6.生活去做掉。

师：这几句方言中把什么突显出来？

生15：都把宾语放在前面，加强语气。

师：但是上面的六句话可分为两类：一类是劝人饮食或邀请他人做某事，是一种较为客气的礼貌用语；另一类是要求或命令某人做某事，语气较为强硬。

活动2：梳理《苏武传》中的提宾句

师：在同学们的学案中，有两位同学对宾语前置句把握得非常好，她们是冯玉、周佩颖。她俩不但准确梳理出《苏武传》中的宾语前置句，还全面归纳了其中的规律。下面就请她们说说其中的规律。

《苏武传》：

即谋单于，何以复加？

何谓相坐?

何以汝为见?

信义安所见乎?

何以过陵?

子卿尚复谁为乎?

生16:一般有"何"字,由疑问代词加介词构成。还有"是"字,我找到《屈原列传》中的句子,但找错了。

师:你找到哪句话?为什么错了?

生16:"是以见放",这是被动句。

师:她俩归纳宾语前置句的规律有三点,上述《苏武传》例句呈现的是其中的一点,大家齐读一下,就能归纳出来。

(学生齐读。)

师:大家看这些例句中的"何""安""谁"都是什么词?

生(合):疑问代词。

师:疑问句中,疑问代词作宾语,在古文中往往会把宾语提前,这就是第一点规律。除此之外,还有哪些规律呢?

老师补充必修教材中学过的课文例句:

居则曰:"不吾知也!"(《子路、曾皙、冉有、公西华侍坐》)

然而不王者,未之有也。(《齐桓晋文之事》)

秦人不暇自哀,而后人哀之。(《阿房宫赋》)

夫晋,何厌之有?(《烛之武退秦师》)

句读之不知,惑之不解。(《师说》)

生17:否定句中,代词作宾语,往往是宾语提前的;借助"是""之"等标志把宾语提前。

小结:宾语前置句规律:疑问句中,疑问代词作宾语,宾语提前;否定句中,代词作宾语,宾语提前;借助"是""之"等标志把宾语提前。

活动3:朗读体会表达效果

师:把握了宾语前置句的规律之后,我们把它们放回到文章中体会表达效果。

（呈现PPT）

初，武与李陵俱为侍中。武使匈奴，明年，陵降，不敢求武。久之，单于使陵至海上，为武置酒设乐。因谓武曰："单于闻陵与子卿素厚，故使陵来说足下，虚心欲相待。终不得归汉，空自苦亡人之地，信义安所见乎？……子卿妇年少，闻已更嫁矣。独有女弟二人，两女一男，今复十余年，存亡不可知。人生如朝露，何久自苦如此！陵始降时，忽忽如狂，自痛负汉，加以老母系保官。子卿不欲降，何以过陵？且陛下春秋高，法令亡常，大臣亡罪夷灭者数十家，安危不可知，子卿尚复谁为乎？愿听陵计，勿复有云。"

师：这段话是李陵和苏武之间对话的节选，宾语前置句怎么读？李陵讲述给苏武听，苏武听后有何感想？请与同桌合作，尝试演绎。

（学生大声而热烈地朗读。）

师：哪两位同学愿意为大家演绎一下这段话？

（两位同学精彩演绎。一位同学扮演李陵有感情地朗读，一位同学扮演苏武谈感受。）

生18：我作为苏武，听李陵的一番话，感受到他一直在说服我，让我归附匈奴。用宾语前置句，加强了劝说的语气，使情感更加强烈。

师：你觉得他（指李陵）说得有道理吗？

生18：有道理。苏武在汉朝的亲人已死伤离散，两位兄弟自杀，妻子改嫁，母亲去世，子女不知生死；李陵再用自己的经历，将心比心，规劝苏武放弃坚守，归顺匈奴；最后指出汉朝陛下年事已高，喜怒无常，不值得你为他守节、留恋。但是李陵所有这些劝说的语言，都是为了反衬出后面苏武的忠心报国、矢志不渝。

师：说得很好。大家用掌声感谢他们的精彩演绎。齐读这里的四句宾语前置句，再次感受其表达效果。

（学生齐读。）

师：文中用了这么多的宾语前置句，就是为了加强语气，达到劝降的目的。然而苏武不为所动，因此李陵的劝降更是反衬出苏武的持节不降，坚定信念，忠君报国，矢志不渝。所以，连李陵最后也说苏武是"义士"。黄震曰：

"子卿之节，千古一人。"茅坤曰："武之杖节，为汉绝世事。"

小结：本节课，我们在梳理归纳文言特殊句式的过程中，读到了两位光耀千古的伟人：一位宁愿自投汨罗也绝不同流合污的"殉道者"；一位坚守十九年持节牧羊拒绝高官厚禄绝不投降匈奴的"爱国者"。他们高贵的品质和崇高的精神，让多少现代人汗颜！他们也为我们年轻的一代树立了丰碑。

【任务四】修正铭文强素养

诗人北岛说："高尚是高尚者的墓志铭。"屈原抑或苏武，都以其高贵的灵魂激励后人。请你选择其中一位，尝试用文言文写几句墓志铭。

师：学案中，我们布置了墓志铭的写作，那么，通过今天这节课的学习，我们能否修改一下自己的墓志铭，尝试运用三种特殊文言句式，以便让自己的墓志铭写得好上加好？

（学生讨论，修改推荐。）

师：请小组推荐修改得比较好的一则墓志铭，展示一下。

生19：屈原者，帝高阳之苗裔。大夫一生，为国为民，正道直行。内举贤能，外御强秦。然遭小人离间，两次流放。"揽辔忧天下，投鞭问汨罗。"呜呼！先生忠义，此谓高风亮节也。何冤之有？借此以慰大夫忠魂，承大夫之愿。

师：你觉得哪一种句式的运用更能突出你的情感？

生19："何冤之有？"是宾语前置句，突出屈原的精神品质。

生20：苏武者，字子卿。年少有为，受汉派遣，持节出使匈奴，因变被扣十九年，何以至此？怀瑾握瑜，以身许国，其志不渝，真乃义士也！

师：你觉得哪一种句式的运用更能突出你的情感？

生20："何以至此？"表达强烈的感情。"真乃义士也！"作为判断句，肯定了苏武的精神品质。

总结：今天，我们一起梳理了三种特殊文言句式的规律，探究其不同的表达效果，感悟了人物的精神品质，读出了句式背后的文学、文化。西方语言句式体现了追求效率的特质，中国特殊文言句式背后也体现了民族特有的言说方式、文化心理。送给大家一句话：文化是一条河流，在我们的灵魂深处流淌。

二、教学反思

本堂课是 2021 年浙江省高中语文"关键问题解决"专题研训的一堂研讨课，活动主题是"表达与交流"教学，针对选择性必修中册第三单元的六项单元学习任务，涉及课文《屈原列传》《苏武传》《过秦论》《五代史伶官传序》等。我设计的理念是通过梳理归纳三种特殊文言句式（"言"），探究其不同的表达效果，感悟人物精神品质（"文"）；尝试写作墓志铭，形成自我语言建构与运用（"道"）。虽然是表达与交流的语文实践，但是我更愿意把它纳入梳理与探究的学习方式之中。因为本节课更多的活动是梳理、探究与运用。

首先，创设语文学习的情境任务。"梳理归纳句式基本特点"这一学习任务，知识性比较强，客观理性，容易枯燥乏味。课堂上，我创设了各种各样的学习情境，设计了丰富多彩的活动任务，引导学生在活动中体会文言特殊句式的魅力。比如，我将英文"I watch TV."这一常用句式引入课堂，拉近了学生与文言特殊句式的距离；用临海方言演说"来喝杯茶""吃点饭吧"等句子，加强了语言与生活的联系，消除学生与宾语前置句间的隔阂；为学习小组命名，并尝试用判断句阐释，为屈原或苏武撰写墓志铭等学习任务，让语文课堂充满了活力、魅力。核心素养必然是在学生自主的语言实践中总结形成的，积累、梳理、探究、运用，这是所有语言习得的规律。

其次，体现语文课堂的深度学习。对学生高阶思维的培养，是深度学习的特征之一。梳理归纳文言句式的基本特点，就是培养学生对文言特殊句式的理性认识，让学生在大量文言特殊句式的比较、分类、归纳中找到规律性的东西，从而形成一种普遍性认知。比如，当学生发现判断句往往有"者""也"等标志性语言时，教师追问："是否出现'者''也'的文言句子就是判断句呢？"当学生找出"见""于""被""为""为……所"等标志性语言时，教师追问："被动句的本质是什么呢？"当学生找出宾语前置句的众多例句后，教师补充以前学过的另外两种类型宾语前置句的例句，再让学生归纳出宾语前置句的特点和规律。当然，本堂课的重心不仅仅在于梳理归纳文言句式的基本特点，也在于探究不同特殊文言句式所蕴含的表达效果，感悟人物精神品质，更在于读出特殊文言句式背后的文学、文化。从固化的语言中读出"人的情感和温度"，也就是本课的核心理念因"言"求"气"。课堂结束时，我用这样一句话小结："西方语言句式体现了追求效率的特质，中国特殊文言句式背后也体现了民族特有的言说方式、文化心理。"

最后，探索梳理与探究的有效路径。"梳理与探究"中的"梳理"与"探究"都是有看得见的操作流程和隐含的思维路径的，有着一定的程序性。梳理与探究包含诸多学习方法，如：运用列表法、绘图法、统计法等为认知提供丰富的支架，辅助学习；运用分类、比较、排序、辨别、想象、预测、推理、判断等方法探究，以真正解决问题，呈现学习成果。高二学生在文言特殊句式方面的知识并非一片空白，他们在文言文学习的过程中对其有过接触和积累，但是比较零散、碎片化，未能形成系统性的知识体系。因此，我设计了如下导学案，让学生在分类、排序、聚焦、比较、辨别、判断等过程中，归纳这三种文言特殊句式的特点以及规律。

1. 请用下列符号在课文中标注使用文言特殊句式的句子，并尝试口头翻译。

▲判断句　　　★被动句　　　●宾语前置句

2. 梳理这三种特殊句式的基本特点，完成下列三张表格。

表1

《屈原列传》	判断句	被动句	宾语前置句
例句 1			
例句 2			
……			

表2

《苏武传》	判断句	被动句	宾语前置句
例句 1			
例句 2			
……			

表3

特点和规律	判断句	被动句	宾语前置句
1			
2			
……			

列表法是开展梳理与探究的常用方法，它比较直观形象，能为学生的认知提供知识支架。题1旨在让学生在具体的文本语境中初步认识这三种特殊句式的特点。题2旨在通过摘录这三种特殊句式，并在此基础上聚焦、比较、分析、归纳语言特点，从而发现规律性的东西。

当然，这堂课的容量十分大，需要学生课前做好充分的预习。在课堂教学过程中，对于知识性内容的认识还存在盲点，可能也是学术上的欠缺，导致课堂留有遗憾。比如，判断句的本质到底是什么？李陵劝说苏武的那一段话，是不是因为使用了宾语前置句才达到表达效果？这些问题更需要在学术上做进一步探究。

浙江省教育厅教研室高中语文教研员、特级教师黄华伟以"以文化人之'文'是什么？又该怎么'化'？"为题，对本课做了详尽而精当的点评。他认为，张老师的课呈现出较明显的"以文化人"的"文"的内容——语言文字运用，即这个"文"在课堂上，恐怕应理解为学生的学习活动，而不是"静态"的文字等"载体"。以文化人又该怎么"化"？（1）细致化：用"watch TV"体察中西方差异。（2）生活化：用临海方言体会提宾句的特殊意味。（3）生本化：给小组命名并用判断句揭示"本质"。从听课效果看，生活化环节是课堂上特别轻松的部分。为什么轻松呢？一是学生觉得意外。课堂上的"意外"就像小说中的情节意外一样，能增加课堂艺术性。二是学生觉得亲切。在语文课堂上讲几句熟知的方言，不是很有意思吗？这恐怕还要归功于张老师"大跨度"的设计：英文能见文化，方言一样能见文化，文言句式中的"文化"也显而易见。

案例 梳理：从语感到语理的重要方法
——以《红楼梦》"刘姥姥进荣国府"为例①

在语文教育界，语感教学论深入人心，如叶圣陶、吕叔湘、王尚文、李海林等都认为语文教学的主要任务是培养语感。所谓语感，即对语言文字的敏感认知，是一种直觉感悟。然而，随着高中学生理性思维的发展，他们对语言的认知也不仅仅满足于直觉感悟，要求更加理性、深刻。王宁教授认为，"对以汉语为母语的人来说，语言建构的初步能力首先是凭借语感，然后逐步走向理性"，"要想改变语感的品质，必须有一定的语理来调整。语理是对语言现象的理性认识，把语言现象提升到规律，就产生语理"。②这里所说的语理，实质上是对语言系统内部机制的规律性认知，它涉及语法、修辞、逻辑等知识。

语文课堂怎样实现从语感到语理呢？我认为，梳理是一种重要方法。梳理旨在让学生将所学的零散知识和积累的语言材料进行系统整理，从中发现规律，最终提高自身的语言运用能力。"梳理"一词也多次出现在《普通高中语文课程标准（2017年版2020年修订）》的各个学习任务群里，比如："梳理小说的感人场景乃至整体的艺术架构""梳理全书大纲小目及其关联""聚焦特定文化现象，自主梳理材料""观察、思考不同媒介语言文字运用的现象，梳理探究其特点和规律""就汉字或汉语某一问题，加以归纳、梳理"……从以上表述可知，梳理的对象既有汉字汉语的运用规律，又有文学作品的纲要、场景、艺术架构，还有不同媒介的特点、文化现象等。

那么，如何进行梳理呢？吴泓老师认为："对专项的知识、常识也好，对专题的内容、材料也罢，只要一经'分类'、'统计'、'排序'或'列表'，你就一定会对这些知识、常识或者这些内容、材料进行'观察、聚焦、放大、比较、辨别、想象、预测、推理、判断'等'动作'，而这后续的一系列'动作'就是我们说的'探究'。"③由此可见，梳理是通过比较、分类、抽象、归

---

① 此案例发表于《中学语文教学参考》2021年第1期，副标题为后来所加，个别文字有改动。

② 王宁. 谈谈语言建构与运用 [J]. 语文学习，2018（1）：9，12.

③ 吴泓. 一种被长期忽视的重要的语文学习活动——对"梳理与探究"的回顾、思考与实践 [J]. 语文教学通讯，2019（4A）：25.

纳、推理等方法，对专项知识或专题内容进行理性分析，是在语感基础上的"语理"训练，是一种高阶认知策略。下面，我结合《红楼梦》整本书阅读中"刘姥姥进荣国府"的教学实践，说说运用梳理（分类）的方法。

一、梳理故事情节，把握艺术架构

一般研究者认为，《红楼梦》前五回从甄士隐和贾雨村的登场到贾宝玉游太虚幻境是小说的引子，从第6回开始进入故事正题，而刘姥姥进荣国府则成为小说正题展开的媒介。那么，刘姥姥几次进荣国府，分别会见了哪些主要人物？所为何事？在小说结构上有何作用？这样的分类、统计，既帮助学生从整体上梳理全书情节，又引导学生理性地把握作者的艺术架构，让他们的思维从模糊走向清晰。

刘姥姥进荣国府简表

回目	序次	会见的主要人物	事件	结构
第6回	一进	凤姐	求经济资助	借刘姥姥进府切入故事正题
第39回	二进	王夫人、贾母、凤姐等	刘姥姥送瓜果蔬菜、游赏大观园	揭示贾府当时的穷奢极侈、纸醉金迷，为下文埋下伏笔
第113回	三进	凤姐	贾府被抄家、凤姐临终托孤	借刘姥姥见证贾府的由盛转衰
第119回 第120回	四进 五进	王夫人、平儿	接巧姐到乡下匿藏、为巧姐找到好归宿、贾府被抄财产归还	红楼一梦，小说的终结

通过阅读、梳理，学生发现小说中刘姥姥总共五进荣国府，分别在小说第6回、第39回、第113回、第119回、第120回，可见刘姥姥是贯穿小说始终的线索人物，她见证了贾府由盛到衰的整个过程，体现了作者整体的艺术构架。

二、梳理生活场景，品味语言魅力

如果单梳理刘姥姥五进荣国府的情节，只是让学生从文本中理清了艺术架构，并不能真正领悟小说的语言魅力。而小说恰恰是通过刘姥姥的"眼睛"来描绘大观园的主要建筑以及日常饮食起居、服饰摆设、酒令笑话等生活场景，体现出小说博大精深的文化内涵。因此，我在课堂上引导学生梳理相关生活场景，进行相应的分类、统计、排序，以学习任务深入品读。

【任务一】统计"笑"的场景

阅读小说第 39～42 回，统计刘姥姥给大观园带来的有关"笑"的场面描写，体会一幅幅日常生活场景的"欢乐图"，感受作者高超的语言艺术。

原是凤姐和鸳鸯商议定了，单拿了一双老年四楞象牙镶金的筷子与刘姥姥。刘姥姥见了，说道："这叉爬子比俺那里铁掀还沉，那里犟的过他。"说的众人都笑起来。

……凤姐儿偏拣了一碗鸽子蛋放在刘姥姥桌上。贾母这边说声"请"，刘姥姥便站起身来，高声说道："老刘，老刘，食量大似牛，吃一个老母猪不抬头。"自己却鼓着腮不语。

众人先是发怔，后来一听，上上下下都哈哈的大笑起来……

刘姥姥拿起箸来，只觉不听使，又说道："这里的鸡儿也俊，下的这蛋也小巧，怪俊的。我且得一个儿。"众人方住了笑，听见这话，又笑起来。

这里描写众人的三次"笑"，表面上是因为刘姥姥幽默风趣的语言和搞怪的神态，实质上是王熙凤、鸳鸯幕后的导演。刘姥姥尽力配合王熙凤给贾母和众姑娘们表演逗乐，这是一个充满智慧的农村老妪。《红楼梦》是一部悲剧，但刘姥姥在场的有关情节描写，却总是喜剧，给大观园带来了欢乐与亮色，折射出人性的复杂多样。从刘姥姥二进荣国府的情节看，"笑道""笑说""蹲着笑""忍着笑""逗趣笑""笑着饮""眉开眼笑""哈哈大笑""哄堂大笑""笑弯了腰""笑的眼泪出来""笑的拍手打脚"等描写有 120 多次。统计"笑"的次数是为了引导学生辨别、想象、判断"笑"字蕴含的深层意蕴，这是一种从语感到语理的梳理途径。

【任务二】画出"游"的路线

1.请根据文本画出刘姥姥游大观园的路线图。

示例：

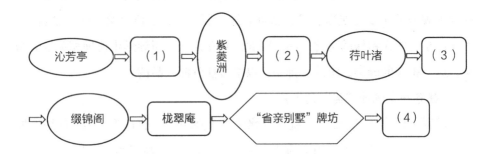

2.请根据下列的环境描写，猜一猜这是谁的居处，并说明理由。

（1）只见两边翠竹夹路，土地下苍苔布满……窗下案上设着笔砚，又见书架上磊着满满的书。

（2）这三间屋子并不曾隔断，当地放着一张花梨大理石大案，案上磊着各种名人法帖，并数十方宝砚，各色笔筒，笔海内插的笔如树林一般。那一边设着斗大的一个汝窑花囊，插着满满的一囊水晶球儿的白菊。

（3）及进了房屋，雪洞一般，一色玩器全无，案上只有一个土定瓶中供着数枝菊花，并两部书，茶奁茶杯而已。床上只吊着青纱帐幔，衾褥也十分朴素。

（4）只见四面墙壁玲珑剔透，琴剑瓶炉皆贴在墙上，锦笼纱罩，金彩珠光，连地下踩的砖，皆是碧绿凿花，竟越发把眼花了。

画刘姥姥游赏大观园的路线图目的是梳理小说的线索及描写的环境。环境能体现人物不同的个性，根据居处环境猜测主人是谁，则是对人物性格的再次梳理。比如：（1）"翠竹"句体现环境的清幽雅致，"笔砚""满满的书"则体现了主人的好读书、有才情，这是林黛玉的居处——潇湘馆。（2）"大理石大案""数十方宝砚""插的笔如树林一般""斗大的一个汝窑花囊"无不体现了阔朗大气的个性，这是贾探春的居处——秋爽斋。（3）"雪洞一般，一色玩器全无""案上只有一个土定瓶，中供着数枝菊花"体现了朴素淡雅的个性，这是薛宝钗的居处——蘅芜苑。（4）"锦笼纱罩，金彩珠光"，处处洋溢着华贵精致，这是贾宝玉的居处——怡红院。

【任务三】比较"吃"的美食

阅读下列有关"红楼美食"的文字，说说作者的写作意图。

（1）周瑞家的道："早起我就看见那螃蟹了，一斤只好秤两个三个。这么三大篓，想是有七八十斤呢。"……刘姥姥道："这样螃蟹，今年就值五分一斤。十斤五钱，五五二两五，三五一十五，再搭上酒菜，一共倒有二十多两银子。阿弥陀佛！这一顿的钱够我们庄家人过一年了。"（第39回）

（2）贾母笑道："你把茄鲞搛些喂他。"凤姐儿听说，依言搛些茄鲞送入刘姥姥口中，因笑道："你们天天吃茄子，也尝尝我们的茄子弄的可口不可口。"刘姥姥笑道："别哄我了，茄子跑出这个味儿来了，我们也不用种粮食，只种茄子了。"……凤姐儿笑道："这也不难。你把才下来的茄子把皮劖了，只要净肉，切成碎钉子，用鸡油炸了，再用鸡脯子肉并香菌、新笋、蘑菇、五香豆腐干、各色干果子，俱切成钉子，用鸡汤煨了，将香油一收，外加糟油一拌，盛在瓷罐子里封严，要吃时拿出来，用炒的鸡瓜一拌就是。"刘姥姥听了，摇头吐舌说道："我的佛祖！倒得十来只鸡来配他，怪道这个味儿！"（第41回）

在刘姥姥看来，贾府一顿螃蟹宴价值二十多两银子，够庄稼人过一年，一盘茄鲞"倒得十来只鸡来配他"，由此显出贫富差距，从而揭示贾府当时的穷奢极侈、纸醉金迷，也暗示其必然走向没落的命运。

以上三大学习任务，重在让学生品味小说的日常生活场景，也是运用分类、统计、排序等梳理方法，从刘姥姥进荣国府的情节出发，按照"笑"的场面描写、环境与个性、红楼饮食等方面进行重新组合，引导学生把握小说的叙事技巧，领悟不同的人物个性，探究贾府走向没落的根源。这样的梳理让学生把相关的生活场景联系起来，从而更加理性地认识到文字背后的深层内蕴。

三、聚焦大观园，探究闺阁文化

王蒙曾解说《红楼梦》："红者女性也，闺阁也……楼者大家也，豪宅也，望族也……梦者罗曼斯也，沧桑也，爱情幻灭也，依依不舍而又人去楼空也。"① 这里所说的闺阁、豪宅主要指大观园的闺阁生活。刘姥姥二进荣国府，小说用了两回多的文字详细地描述了大观园里的闺阁琐事。那么，大观园在《红楼梦》中有着怎样的深刻寓意呢？课堂上，我引导学生梳理了小说中有关大观园的描写（因篇幅限制，只选择其中三处），探究其背后的文化内涵，培养学生的理性思维能力。

（1）历来几个风流人物，不过传其大概以及诗词篇章而已；至家庭闺阁中一饮一食，总未述记。再者，大半风月故事，不过偷香窃玉、暗约私奔而已，并不曾将儿女之真情发泄一二。（第1回）

（2）他（贾宝玉）便料定……凡山川日月之精秀，只钟于女儿，须眉男子不过是些渣滓浊沫而已。（第20回）

（3）且说宝玉自进花园以来，心满意足，再无别项可生贪求之心。每日只和姊妹丫头们一处，或读书，或写字，或弹琴下棋，作画吟诗，以至描鸾刺凤，斗草簪花，低吟悄唱，拆字猜枚，无所不至，倒也十分快乐。（第23回）

有人认为，《红楼梦》呈现了三个典型世界：一是以贾府为代表的现实世界，二是以太虚幻境为代表的虚幻世界，三是以大观园为代表的理想世界。由语段（1）可知曹雪芹要通过对"闺阁中一饮一食"的完整详细叙事，营造出一个丰富的闺阁世界，那些"惟心会而不可口传，可神通而不可语达"的真情，只可能存在于闺阁世界中，不可能出现在仕途经济或其他现实处所。由语段（2）（3）可知，大观园是闺阁群落，这些女子真正体现了人性的真善美，她们在园中弹琴下棋、描鸾刺凤、斗草簪花、低吟悄唱等，构成了一幅七彩斑斓、耀眼夺目的闺阁人文景观图。大观园是她们心中永恒的圣地，是现实世界的避难所。梅向东说，《红楼梦》把"儿女之真情"弘扬成一种具有独特意义的闺阁文化，以此对传统文化尤其是千古父权文化进行批判和否定。②

综上所述，在语文课堂上，教师要引导学生运用梳理法，对文本进行多级

① 王蒙. 王蒙活说红楼梦 [M]. 北京：作家出版社，2005：6.

② 梅向东. 情：多形态爱欲模式的复归：《红楼梦》文化哲学思想探讨 [M]. 红楼梦学刊，1997（2）：92-93.

的分类、统计、排序、列表，然后进行观察、聚焦、放大、比较、辨别、想象、预测、推理、判断，这样才能最终实现从语感到语理的转变。

信息时代的语文生活
——"探究跨媒介时代的语文课堂"课例评析

随着"互联网+"时代的到来、新媒体技术的发展，"跨媒介阅读与交流"已经成为高中学生的重要学习方式之一。《普通高中语文课程标准（2017年版2020年修订）》18个学习任务群中就包含"跨媒介阅读与交流"。那么，什么是"跨媒介阅读与交流"呢？宁波市教育局教研室高中语文教研员毛刚飞认为："媒介就是携带信息内容符号的传输载体、渠道和平台，它们相当于传输者和介绍者，这就是'介'和'媒'的意思。""'跨'最基本的意思是'跨越''跨界''涉及''联系'等。""'跨媒介'就是要尽可能利用各种媒介，不要仅仅局限在传统的纸媒中。""'阅读与交流'什么？阅读侧重于理解、整合，交流侧重于表达、运用。"[1]传统的语文教学是主要以语言文字为媒介而开展的教学活动，而"跨媒介阅读与交流"则是借助各种信息传播的载体和工具，引导学生获取、整合、辨别不同媒介的语言文字运用现象，并学习运用多种媒介展开有效的表达与交流。

那么，如何在高中语文课堂教学中开展"跨媒介阅读与交流"呢？宁波市教育局教研室举行以"任务群视野中的专题学习"为主题的高中语文新课标研训活动，开设了"媒体三棱镜""理性的眼神""媒介小达人"三堂观摩课，展示了学生在课堂上的"跨媒介"素养，让人耳目一新，印象深刻。纵观这三堂课，我认为"跨媒介阅读与交流"的课堂教学有如下特点。

一、任务驱动，提升"跨媒介"素养

"跨媒介阅读与交流"是对当代现实生活的模拟，旨在培养学生对繁杂信息的筛选和整合能力，也是任务驱动下的言语实践和艺术创作活动。因为受课堂场所的限制，所以只能模拟生活情境，然后以任务驱动的方式实现在情境中

解决实际问题的目的。陈亚敏老师的"媒介小达人"以制作图文并茂的自荐书为任务驱动，朱俏老师的"理性的眼神"以从不同的角度评价"刘凌峰公益众筹"事件为任务驱动，边宝玲老师的"媒体三棱镜"以推荐优秀电影和海报设计大赛为任务驱动，引导学生在"跨媒介阅读与交流"的过程中提升"跨媒介"素养，形成语文综合能力。下面以边宝玲老师的"媒体三棱镜"教学片段为例：

学校电影周，要求同学们进行优秀电影推荐和电影海报设计大赛：

（1）请你推荐一部优秀动漫（中/美/日），为它写一段推荐语。

（2）请为你优秀的动漫设计一张图文并茂的手绘电影海报（主体：人物），用几个词语形容人物的特征。

（3）尝试欣赏该动漫中的音乐，用几个词语形容音乐给你的感觉。

在上述课堂环节中，"学校电影周，要求同学们进行优秀电影推荐和电影海报设计大赛"是模拟的生活情境，而"优秀电影推荐和电影海报设计大赛"则是具体的活动任务，以此引导学生去选择、欣赏、思考自己喜欢的动漫，并且结合动漫的特点，写一段推荐语和设计图文并茂的手绘电影海报。很显然，这样的任务驱动，不仅需要学生的"跨媒介"素养，而且需要小组成员的分工合作。这些丰富多彩的活动，首先体现了语文学科的"语言运用"特性，比如撰写推荐语、用几个词语形容人物的特征、形容音乐给你的感觉等；但也是"跨媒介"综合素养的提升过程，比如设计图文并茂的手绘电影海报需要学生的绘画能力和审美鉴赏能力，欣赏动漫中的音乐需要学生的艺术鉴赏能力和语言表达能力。从学生展示的成果看，课堂多角度地呈现了他们的"跨媒介"等综合素养。

《千与千寻》手绘海报（郑艾扬和余筱涵绘）

他们不仅推荐语写得典雅优美、富有感染力，而且手绘电影海报制作精良、很有创意。

比如日漫《千与千寻》推荐语：

河川，草地，微风，教堂，汤屋，这一切的一切，都是梦吗？为什么？为什么我的记忆既清晰却又模糊？"我不知道我将会去到哪里，但是我可以确定的是我在路上。"这来自灵魂深处的叩问，究竟意味着什么呢？如果你想要知道这个秘密，那么就请和我们一起走进《千与千寻》，一起感受美轮美奂的场景设置、可爱精致的人物形象、有趣感人的故事情节、轻松愉快的电影音乐吧！我相信你一定会爱上这部动漫的！（朱涵）

二、探究"跨媒介"，实现课堂转型

语文是一门综合性很强的课程，它与思想结缘，与政治靠近，与文学相关，与生活共存，与科学有亲，似乎是一位人见人爱的"大众情人"。语文的这种综合性特点，决定了它依性生存的艰难，稍不留意便容易淡化了语文本色。但若过分"自闭"，忽视了综合性，又会窄化语文学习和运用的领域，影响学生在不同内容和方法的相互交叉、渗透和整合中开阔视野，提高学习效率，获得现代社会所需要的语文实践能力。随着科技的发展，语文教学的内容不断丰富，学习的方式愈加多样，语文课堂正悄悄地发生改变。比如互联网时代"九歌"创作古诗词，人工智能批改作文，语音转换器实现多国语言的即时转换……新时代的语文课堂以发展学生的语文核心素养为目的，以培养"全面发展的人"为使命，这就需要教师破除学科本位的教学思想，引进信息时代的各种元素，使"跨学科""跨媒介"成为课堂新常态。同时，课堂教学带来的不只是知识和能力，更是生命整体的综合发展；不只是教师的一味传授，更是学生自主探究、体验、展示的能力。

陈亚敏老师的"媒介小达人"，就是以制作图文并茂的自荐书为课堂内容，以展示制作成果为主要途径的"跨媒介"学习与交流活动。她首先介绍了什么叫"自荐书"，提供给学生知识的支架；再以一位同学写给复旦大学的自荐书为例，介绍了"自荐书"的制作方法（包括封面封底、个人简历、自荐

信、证明材料等）；然后以申请报名参加高校冬令营为任务驱动，创设"自荐书"设计的真实情境，以此激发学生自主创作的欲望；最后，学生自我展示创作成果，并从"跨媒介"运用的角度介绍自己的设计思路，然后同学之间点评交流，取长补短。整个课堂以学生展示成果并介绍设计思路为核心内容，让学生在"跨媒介"的运用与表达中，成为跨界的"媒介达人"。请看以下的"自荐书"成果展示：

1号作品——高翔自荐书：文字包括个人简历（基本信息、学习情况、社会实践、获奖证书）和自荐信（个性特长、创新能力、意志品质以及理想抱负等）；图片底色为"竹子"，"竹子"象征中国人的气质，也代表创作者的淡雅品性。

2号作品——陈欣宇自荐书：以PDF格式呈现。文字包括自叙帖、履历（个人信息、爱好特长、所获荣誉）、个人凤愿等；图片以黑白为底色，以书法作品为核心，体现中国风元素，增加雅致和美感。

3号作品——巴山自荐书：文字包括个人基本信息、社会活动、获奖情况、自荐内容等；图片以油画为主背景，展示个人的绘画特长，通过色彩的绚烂多变，体现留白艺术，给人灵动之感。

4号作品——杜嘉莹自荐书：文字包括个人信息、获奖证书和自荐信；图片以个人的美术作品为主，配上背景音乐，再联系浙大校训"求是"以及效实中学校名由来"物竞天择，效实储能"，表达自己对浙大冬令营的向往之情。

5号作品——何阳阳自荐书：以Word格式呈现。文字包括个人简历、基本信息、学习情况、担任职务、获奖记录和自荐信；以一张油画作结，形成视觉冲击。自荐书的文字部分文采斐然，因为是校文学社社长，对文学的爱好，对北大的向往，都寄托在文字中："燕园星辰，岁月流光；未名博雅，水波温柔。这种意境真的令我神往。能在这样富有内涵的校园里学习生活，是一件多么幸福的事情啊！"

从课堂上学生展示的"自荐书"中，我们发现学生的语文综合能力得到了提升，而且"跨媒介"素养得以充分展现，比如语言文字的表达、动画的设计、音乐的搭配、书法作品的呈现、艺术涵养的展示等等。他们尽可能地通过

"自荐书"的创意设计把自己的优势和特长展现出来，以获得自己向往的高校的认可，达到参加该校冬令营的目的。这样的语文课堂，完全是基于生活应用的需要；这样的语文课堂，也是学生自主学习与交流的课堂；这样的语文课堂，更是"跨媒介交流与表达"的实践过程。各种媒介的综合运用，让自荐书更具魅力，促进了学生素养的全面发展。

三、理性思维，"跨媒介"课堂的追求

一般认为，媒介是一种中介物，是用来承载和传递信息的物质，是人类在传递信息、延续文化过程中所使用的中介、载体、工具和技术手段等。在当今自媒体时代，我们每天获取由影视、广播、网络、报纸等媒介传输的庞大而繁杂的信息。比如微信，不但文本特别丰富，有文字、图像，还有音频朗读、视频链接等等，而且发表转载十分方便快捷。我们似乎在不同媒介之间"跨越"，不断切换，这是一种全新的阅读和表达方式。但同时海量的信息也存在着真伪、雅俗、优劣、主次的区别，因此我们在语文课堂上要引导学生学会理性地看待事件，甄别信息的真伪，形成独立、客观的判断与评论，这也是现代公民应有的素质。理性思维的培养，在"跨媒介"课堂中显得尤其重要。朱俏老师的"理性的眼神"就是以"刘凌峰公益众筹风波"为话题，引导学生以公民的姿态对公共事件形成理性的认识。该课堂由以下三个活动环节组成：

活动一：阅读资料，写下你对新闻当事人刘凌峰的印象。

第一组：遗愿清单《楚天都市报》（8月2日）

第二组：公益众筹《被有钱人玩坏了的大病筹》（8月3日）

第三组：调查情况《南方都市报》（8月9日）

活动二：看两段刘凌峰事件的新闻（视频），讨论两则新闻报道的关注点和报道手段分别是什么，完成表格。

视频	报道关注点	报道手段
视频1		
视频2		

活动三：综合以上两个环节中了解到的事件信息，从不同角度评价"刘凌峰公益众筹事件"。

作为一个为刘凌峰捐款的人，我认为……

作为一个像刘凌峰一样为事业打拼的年轻人，我认为……

作为一个吃瓜群众，我认为……

活动一，之所以对刘凌峰的印象不断发生变化，是因为我们获取资料的来源不同，因此对于时间轴上的新闻事件，我们不要轻易下结论，不要急于站队。这一环节告诉学生，在信息爆炸的时代，面对海量的信息，很多人容易被事物表象迷惑，因此对事件真相的把握，需要深入具体地分析。

活动二，通过让学生观看两段新闻视频，引导学生思考新闻报道不同的关注点和报道手段，从而形成以下表格：

视频	报道关注点	报道手段
视频1	刘凌峰的不良生活习惯导致了他过早患上胃癌晚期	年轻人不良生活习惯的场景；采访专家（医生），指导人们如何预防胃癌（40秒）
视频2	刘凌峰在生命最后关头依然坦然、乐观面对，对生命有了新的认识	抒情性背景音乐、有感情的事件叙述、充满敬意的"微感言"

从上述表格可以看出，不同媒体的新闻报道，其侧重点和报道的手段是不一样的。视频1：重在用这样一个惨痛的事例警诫人们，进而宣扬珍爱生命的价值观；视频2：重在用这样一个感人的故事从情感上打动人们，进而宣扬积极乐观地生活的价值观。这样说来，新闻媒体的报道往往融入了个人情感，真正客观的新闻报道并不多，因此，在"后真相"时代，我们应该保留自己的立场，辨别新闻背后的事实真相。

活动三，综合上述两个环节中掌握的信息，从不同角度评价"刘凌峰公益众筹事件"。正因为充分地占有事件材料，客观地分析各方观点，才有了自己独立的评价，这就是在自媒体时代的理性思维。"跨媒介阅读"不仅要阅读浏览不同媒介信息，更要聚合思维和思想，形成新的"跨媒介阅读"知识图谱。从某种意义上说，"跨媒介阅读"其实是一种深度阅读。我们是新闻的接收者，更是新闻的创造者。越是众声喧哗，越要善于求证！这就是一位公民的理性思考。

　　"跨媒介阅读与交流"是时代发展的必然选择，也是语文学习的应然追求。"跨媒介阅读与交流"的语文课堂既要突出语文课的学科性质，开展传统的听说读写等活动，也要体现语文课的创新性，实现语文学习的"跨界关联"，体现语文学科的综合性、实践性。

附　录

附录一: 学生佳作优选

欲望

回浦中学 郭 帆

《礼记》之言曰: 敖不可长, 欲不可从, 志不可满。孔子曰: 克己复礼。人欲善则刚, 欲炽则亡。

欲望, 予谓之人之本性、立身之基也。奚以其然? 夫君子行乎利害之途, 观乎四方之变, 度乎天时之势, 然后知自身之困, 困而后欲思通, 欲思通然后而变。人无欲者, 岂思通变? 无通变之功, 何以至大道之行? 列子曰:"有生不生, 有化不化。不生者能生生, 不化者能化化。"予究其道, 其所谓"不生者", 非心性而何? 心性所致, 欲之所往。释子禅语曰"心生则种种念生", 人之无欲, 则似行尸, 存而无念, 何以之为?

欲者, 有善恶之辩也。倘若为一己之私欲, 置黎民百姓于不顾, 则易亡国。楚之灵王贪无所厌, 图霸业而未成, 而身为之陨覆, 故夫子有嗟于是焉。自楚灵王之世, 下溯历代, 至于周赧王, 诸侯相困, 恣其所恃, 加五兵于黔首, 挞五刑于黎庶, 国以是虚庬, 民怨鼎沸, 天下皆欲报其雠仇, 社稷旋踵而亡, 莫不以其欲也。反之, 苟为民谋利, 欲施德于天下, 则欲为善也。譬如商汤之欲者福泽千秋, 文王之欲者恩及百姓。荀子曰"以善和人者谓之顺", 得其理矣。筑危阁, 起肉山, 填酒海者, 桀也; 施炮烙, 剜腹心, 务逸乐者, 纣也。是故桀为汤逐, 纣为姬氏取, 桀纣之欲荼毒万民, 天道卒荣商汤, 不可谓天行彰善。

人之存立于世, 所求者先衣食而后荣父母子嗣之亲也, 温饱而后求立身, 立身而后求达人。衣而不能蔽寒, 食而不能果腹, 则人无以生, 奚求通达? 故有温饱之欲。既温饱, 则必导之以仁礼孝悌, 此礼仪之欲也; 既通礼仪, 则必匡社稷以正海内, 此天下之欲也; 海内正, 则求物我一, 万化齐, 超然而逍遥, 此圣人之欲也。夫庶民之欲也, 奉其家室; 七品之欲也, 安其县治; 庙堂之欲也, 先天下而后己; 天子之欲也, 河清而海晏。是故庶人逐于利, 怒则以头抢地；宦游者逐于利，各施机关；天子逐于利也，尸横千里。惟圣人之逐于道也，诲而不倦，学而不厌。居其位，谋其政，位有尊贱之别，政有大小之辩。位尊者，欲愈炽，所害者愈众；位贱者，欲少和，所害者少轻缓耳。人在其位，则图其利。利之轻重缓急，不在己而在人也，欲之善恶高下，不在己而亦在人也。

心精诚而本忠信者，术仁礼而亲爱，横行天下，虽困四夷，人必贤之；心倨庆而本奸诈者，术墨污而行苛暴，横行天下，高踞庙堂，而人贱之。人之欲也，必正其名，顺其言。何以正名？其惟循道。何以顺言？其惟遵道。欲循道则明，背道则晦。累土不辍，丘山成焉；骐骥千里，跛鳖不舍，其终至焉；江河汤汤，堵其源泉，而终竭焉。天道恒而久，隐而柔，卒彰"不舍"。是故圣人之欲也，恒而刚，隐锋芒，变沧桑。古之君子持欲也恒，砥砺也深，循道也久，专一而行，卒成伟业。

故曰：夫君子之欲者，见善修然以自存，见恶愀然以自省。天行健，君子之欲者，自强而不息；持之以恒，久而后成。君子之欲者，兼济天下也，居庙堂之高则忧其民，处江湖之远则忧其君。君子之欲术以信，君子之身树以礼。

为国者正其欲而恤其民，为人者正其欲而怀忠信，是谓大同也！

（该文荣获 2017 年临海市语文学科高二学生现场作文竞赛一等奖第一名，此处引用有个别内容的改动。）

点评：用文言文写作，须有深厚之古文功底。郭帆同学熟读中国传统文化典籍，内化为自我言语体系，娴熟运用文言进行创作，毫无拼凑生涩之感，且在赛场规定时间内写出，实属难能可贵。首先，《欲望》一文立意高远、境界开阔。全文围绕"为国者正其欲而恤其民，为人者正其欲而怀忠信"立意，既有人性欲望的本源分析，也有欲望层次的具体阐述，更有君臣之欲的谆谆劝告，胸怀天下，立意深刻。其次，论证层次清晰。在论述过程中，孔子、列子、释子、墨子、楚灵王、商汤、桀、纣等名言事例，信手拈来，增强了说服力。最后，语言有气势，一气呵成。文章运用了大量排比句、长短句和反问句，增强了表达效果，读来朗朗上口，很有气势。

搭乘新媒体列车

回浦中学　宋海惠

老房子塌了，挖土机扬起满地灰尘。在被刨开的泥土中，露出一个木匣子的一角，里面平平稳稳躺着一封信，署名是正上高中的母亲。我打开它，也将它打开在网络上，以下是信的一些片段。

"我现在是高中生，也才十几岁年纪，要是叫我想象一二十年后的生活，倒是有些遥远。不过我想说，我这个年纪，以后就该去看看外面的大世界！听着那广播里传来的新鲜事，倒真还不如自己去看看呢！"

"为什么女生要来月经呢？虽然生理书上说是正常的事情，可每次他们看我的眼神……我还是要更小心才好，真的叫人尴尬！"

"怎么总有人觉着男人哪儿哪儿都比我们强呢？怎么似有似无地总有瞧不起姑娘们的眼神呢？我们姑娘就真的比男性差吗？"

"我们宿舍里边一个姑娘辍学回家了，她说她要回去打工养活自己，然后嫁个好男人……可是这会儿走掉，你没点儿知识能力，只手出去，能干的只有拧螺丝敲螺帽的活呀！已经来读书了，为什么不坚持坚持再闯荡呢？"

看到这样一些在陈旧纸张上的文字，我顿感痛惜。在那个年代，母亲出生于贫穷家庭，家里花费大力气供她上学，而这样一个信息闭塞不流通的年代里，纵使你有再多知识，也难以跟上新认识的列车。如今我也是十几岁的年纪，大数据之下又有千千万万个母亲，有千千万万个我，有千千万万个同学。在这样的时代下我们极力打破偏见，打破"月经羞耻"，我们逐步见证一位位杰出女性的成功。

一石激起千层浪。母亲的手写信在网上迅速流传，也收到了来自各地的不同年龄网友的回复。

"如今我们有了手机，有了互联网，如果实在走不远，通过新媒体也能够认识天下、走遍世界了！"是的，现在母亲每每回到家，都会躺在沙发上刷资讯，以此填充她家庭以外的世界。

"月经不是什么令人羞耻的事！我们每个女孩都会有，要正视自己，接纳自己，更好地爱自己！"时至今日，我仍会想起母亲每每为我在外发生侧漏而担忧时我坦然的回应以及她不解但无奈的表情。我接纳自己的全部，而这一切，永远不为他人的偏见而肮脏！

"女孩子就是世界上最可爱的生物！这个世界不能没有女孩子！我们女性的力量很强大，永远不输男子！"许多人没有想到，在二三十年前就有女生提出那些疑问，而在如今的年代，随着大数据的发展，更多关于女性力量的观念得到普及。女性，永远是个令人骄傲的身份。通过互联网，性别平等、自由自强自立的观念也更加深入人心。

那个"诺基亚时代"里，母亲的信是多数女孩的心声吧。时代的新风，终究吹到了新媒体。从《逃出大英博物馆》到网络账号"初代风华"的系列中华历史作品，越来越多的人通过新媒体传播他们对文化的传承、普及文明知识，一场意识大变革正悄然发生着。

我看向坐在床沿刷着新闻的母亲，如今她已很少花心思考那些问题，她似乎找到了他们这一代人的答案。但时不时地，我们新旧认知的冲突也会小小爆发，而互联网，却总能潜移默化地将她的念头再推推，进而理解新一代人的追求。她逐渐追求时尚，也与我一同打扮起来了，似乎年轻起来了；她也不再为自己腰上的脂肪而焦虑，转而自信起来了。

我们的认知，在大数据之下悄然转换，搭上了时代的列车，而母亲的信，也同我们一起坐上那列车。

（该文荣获2023年临海市语文学科高二学生现场作文竞赛一等奖，此处引用有个别文字的改动。）

点评：宋海惠同学是一位文学才女，虽然在理科班似乎格格不入，但她仍然保持着对文学的挚爱。这篇文章是她参加市高二语文现场作文大赛获得一等奖的作品。《搭乘新媒体列车》标题别出心裁，形象鲜明，写出了新媒体时代人们的价值观的变迁过程。文章以"书信"为线索，以母亲的视角，写出了女性的伟大和力量，写出了时代的变革和印记。文学的生命在想象，宋海惠同学在文字的海洋里遨游，以细腻的笔触书写女孩的心灵世界和社会偏见，以对比的手法书写两个时代的特征，具有历史感和时代感。

弃俯仰之视角　享平视之世界

回浦中学　刘忆晨

星燧贸迁，时代嬗变，人们尤其是年轻一代的思想发生了很大的改变，"平视世界"使我们善待自己，也善待他人。

以仰视之世界，落世界之末尾。揆诸曩昔，近代之神州内忧外患，列强先进的坚船利炮使无数国人在无法寄希望于清政府后认命，逐渐丧失反抗帝国主义的能力与思想。仰视世界就如同井底之蛙，只能看到拘囿于自己的一方天空，在暗无天日的井底永远无法感受天空全部的辽阔与壮美。然，平视世界的人在觉醒后毅然投入救国运动之中。不甘于国民的闭塞，陈独秀等人掀起思想解放浪潮，即使受到守旧派的猛烈抨击，也坚定主持新文化运动；"只有那暗夜为想变成明天，却仍在这寂静里奔波"，鲁迅用正义的书写表达自己的赤子之心，与假恶丑斗争到底。无数仁人志士不求中国超越列强重回天朝上国，只求中国能以不屈的姿态屹立于世界的东方。

以俯视之世界，迷自我之方向。阶段性的成功容易让人产生眩晕，宛如平静的海面将暗流涌动藏匿其中。夫椒之战大捷后，吴王夫差没有接受伍子胥乘胜追击、一举灭掉越国的建议，而是接受了越国的投降，给了勾践复仇的机会，最终国破身死。反听内视，所有的站立都垫着清醒和谦卑。若能平视世界，不骄不躁，那么终会融入时代的潮流中。二战爆发前夕乃至战争初期的英国完全沉迷于首相张伯伦的浪漫和平主义之中，死守绥靖政策，一次次屈服于希特勒的战争讹诈。唯有丘吉尔保持着一丝理性，在历史危机的严峻关头，成功指挥英军从敦刻尔克撤退，为英国保留了最后一丝希望。砥砺前行，就算纷繁复杂的外界施加了压力，我们也应该保持独立之精神、清醒之思想，做一个平视世界的人。

以平视之世界，容世界之万变。观奥运，观众们不再对金牌榜有深深的执念，不再苛求输赢，反而是包容运动员。年轻一代人更加追求精神上的富足，对金银牌的追求逐渐淡化。在奥运赛场上，我们沉浸于跳水动作的美感而不是永远关注成绩；我们享受着游泳的速度与激情而不是永远比较排名……奥运会的体育精神愈发熠熠生辉。近来网络上对"没福硬享""偷感"的广泛讨论，背后折射出的都是年轻一代人逐渐摆脱内耗，对建立稳定的精神内核的追求。他们用独属于自己的方式平视看待生活中的瞬息万变。

俯仰之间唯中庸之道永存，平视世界让我们葆有泰然处之的生活态度。遇山则素履以往，遇海则一苇以航，平视看待世界终使我们善待人生，享受世界的真善美。

点评：刘忆晨同学文学功底深厚，爱好文学阅读和写作。本文是高三一次联考的高分作文。面对着"平视世界"这一话题，她运用了先破后立的论证思路，仰视世界带来的落后，俯视世界带来的迷失，前者自卑自贱，后者自矜自傲，但都不是正确地对待世界的方式。在批判了这两种错误的观点之后，水到渠成地提出了平视世界的观点。因此，从行文脉络看，思路十分清晰。在阐述观点时，她运用了古今中外的历史事实，结合当下的社会生活，让观点更可信。难能可贵的是，刘忆晨同学运用了大量的长句，增强了表达的准确性和严密性。

附：浙江省新阵地教育联盟 2025 届第一次联考语文卷作文题。

23.阅读下面的材料，根据要求写作。（60分）

近几届奥运会的一个变化，就是观众对金牌榜没有那么深的执念了，对输赢没有那么多的苛求了，对运动员更包容了。尤其是年轻观众，他们从记事起，就拥有"平视世界"的视角。

以上材料引发了你怎样的联想与思考？请写一篇文章。

怀勇气之心　破恐惧之镜

回浦中学　朱心怡

自古以来，人们都知道夜的寂寥和恐怖，而鲁迅却在《野草》中揭露夜的真实面貌，启迪着我们要拥有直面黑暗，敢于战胜黑暗的勇气。

以勇气正视恐惧。在成长路上，我们精打细算着每一步，因而使原本微不足道的恐惧被无限放大，最终使之成为前进路上的"拦路虎"。但古人有言："关关难过关关过，前路漫漫亦灿灿。"我们被局限于一方黑暗，忽略了刺破黑夜的那束破晓之光。林冲在奸邪小人的算计下背上污名，但他仍以潇洒姿态加入梁山，在他人构陷中认清社会和人心，正视所面临的困境与恐惧，义无反顾地成为梁山好汉。难道林冲没有恐惧吗？非也。他只是拥有了面对恐惧时的从容与勇气。正视恐惧的勇气，让我们迎来光明的利剑，划破黑暗。

坚定的理想信念，才能让我们拥有正视恐惧的勇气。雷军在 2024 年度演讲时说："勇气，并非没有恐惧，而是面对恐惧，依然坚定不移。"坚定的信念，是人们在面对恐惧时发出的"风雪压我两三年，我笑风轻雪如棉"的不屑之意；是人们在前进路上发出的"竹杖芒鞋轻胜马。谁怕？一蓑烟雨任平生"的豪情壮志。志之所趋，无远弗届。古时无数仁人志士都拥有这种信念和勇气。民族英雄文天祥忠君报国，即使宋朝灭亡，兵败被俘，他依然一身正气，宁死不屈，以"弃身锋刃端，性命安可怀"的坚定信念抒写自己的爱国之志。只有志存高远，坚守信念，方能临危不惧，直面黑暗，拥有战胜恐惧的勇气。

于黑夜中不懈抗争，方能消散恐惧的阴霾。贝多芬扼住命运的咽喉，西西弗斯不信命运的"巨石"，鲁迅先生"横眉冷对千夫指"，他们都是与黑暗抗争的典型。纵观当下，科学家们矢志不渝地追求真理，历经艰险也不畏惧。袁隆平先生在水稻田中一次又一次地寻找，终于培育出了杂交水稻造福人类；居里夫人不惜损害自己的身体，也要提取有利于科学研究的化学元素。他们在黑夜中前行，通过日复一日的探索点亮黑夜，战胜一切的不可能。在决绝与坚定的抗争中，他们正视恐惧的渺小，以坚定不移的态度与之对抗，迎来光明的未来。

青春杳杳，去路朝朝。前方的未知拥有着无限可能，吾辈青年拥有足够的勇气直面黑暗。战胜恐惧，才能迎接自己的黎明，实现人生的精彩洄游。

点评：本次台州市"一模"作文题为读写结合型，要求考生结合现代文阅读 I 的话题"鲁迅与黑暗"进行写作。作文材料的关键词是"黑暗""恐惧""勇气"。这是一个古老的话题，在观点上很难出新。朱心怡同学的《怀勇气之心 破恐惧之镜》可谓紧扣话题，写出了直面黑暗的勇气，破除恐惧的心理，实现人生的精彩洄游。文章旁征博引，内容丰富，视野开阔，比如林冲、文天祥、贝多芬、西西弗斯、袁隆平、居里夫人等等，如数家珍，娓娓道来，体现了朱心怡同学平常对素材的积累和文学素养，不仅熟知人物事件，而且精准引用名言警句。此外，文章论述的层次清晰，结构合理。文章分为"以勇气正视恐惧""以信念战胜恐惧""以抗争迎来黎明"三个角度，具有一定的逻辑性。当然，文章在论据的阐述与论证的深度上还存在不足。然而，在考场短短的时间内写出如此丰富的作文实属不易。另外，朱心怡同学美观清晰的书写，也为考场作文锦上添花。

附： 台州市 2025 届高三"一模"作文题。

23.阅读下面材料，根据要求写作。（60 分）

本试卷现代文阅读 I 的材料提到鲁迅拥有直面黑暗和无惧黑暗的勇气。雷军说："勇气，并非没有恐惧，而是面对恐惧，依然坚定不移。"

以上材料引发你怎样的联想和思考？请写一篇文章。

我仿佛第一次走过那条小路

回浦中学　吕　晗

半夜两点，我饱含着困意，却又无法入眠。正当我闭上微肿的双眼，耳边传来一阵刺耳的鸣叫，我从不知公鸡会如此早便开始鸣叫，悲痛中无意掺杂了几丝烦躁。我并非决心不睡想着看看这公鸡到底能鸣叫多久，只不过真心睡不着罢了。

六点，我决定下楼去，看看这公鸡。我带着灰蒙蒙的心情，仿佛与这昏暗的天空融为一体。太阳还没升起。我走到家后门，那有一条狭窄的小路，是幼时每天上下学都要经过的小路。鸡窝就"坐落"于此，这定是别家养的鸡吧，祖父祖母是极懒之人，想必无这养鸡之闲情。

我仿佛第一次走过这条小路，幼时都是伴着学校放学时的乐曲闲荡在这条小路上的，而如今却是一片寂静，显得如此陌生。明天便是祖父的葬礼，因而我回到了许久许久未回的老家，听到了在城里从来听不到的鸡鸣，走在了这条熟悉又陌生的小路上。

　　我环顾四周，仿佛第一次走过这条小路，这是我从未见过的景象：爬满苔藓的墙，几个破旧的酒坛子，一口荒废的水井，没有一丝的生气。我猛地想起祖父之前是有块小菜地在这后面的，说是小菜地，但是上面却种满了祖父不知从哪里寻来的不知名的花朵。我犹豫着要不要去看一眼那些花还在不在，但又一想应该也不必了吧，大概也都是枯萎的景象了，不必徒增伤心。

　　我沿着这条路往前走，走啊走，周围是家家户户的捣衣台，与布满小路的挂衣绳。忆起之前这在我看来是一条布满障碍物的小路，因为这些挂衣绳上总是挂满了各种各样的衣服，天气好时就多了些花花绿绿的被子。每当我从这走过时，总得像只小鼠般钻来钻去。不过现在我仿佛第一次走过这条小路，我早该想到"万户捣衣声"的场景不会再在这出现了。这儿的人老的老，病的病，离的离，散的散。乌云挡住欲开的朝阳，雾意弥漫着四周。

　　我继续往前走，渐渐地看到了这条路的尽头。我仿佛第一次走过这条路，这本是一块十分宽敞的空地，儿时常与同伴在这溜冰，而现在却堆满了落叶，让人无法踏步，想必已是许久无人打扫了。我往右望去，好像少了点什么，这棵大槐树下原先应该有些东西？哦！是池塘！现在怎么一点踪迹都没了？我仿佛第一次走过这条小路。儿时放学回家，我常常看见祖父坐在自制的小木凳上专注钓鱼的背影，祖父的背影在我看来是坚韧的。祖父时常嘱咐我说看他钓鱼时一定要静悄悄的，不能吓跑了他的鱼。母亲也跟我说一定要静悄悄的，别把祖父吓到了掉进河里去，哈哈，想到这里，不知是快乐还是伤心快一步地笼罩在我的心头。我抬起头，一缕阳光刺破云层，我顺着光看到槐树的树荫，那影子便似祖父的背影啊。秋风乍起，吹得树叶簌簌作响，那影子也随之消失不见了。

　　泪水在眼眶中打转，灰蒙蒙的天空渐渐地亮起来，我往回走。

　　早晨的光是暖的，正当我游神于这暖阳中时，一声轻微的猫叫将我拉回现实，唔！是花猫！那是很久之前与祖父祖母一起吃饭时，时常跑过来觅食的花猫啊！祖父会把小鱼给花猫吃，花猫也常常趁祖父不注意偷鱼吃！没想到它还在啊！我俯下身，抚摸着它，望向远方，光正打在那些小野花上！原来祖父种的那些花都还在啊！它们生长得还是那样灿烂，那样鲜艳。原来也并非物是人非。我仿佛找回了记忆。

这条小路也不是那么陌生。

大寒——寒极必暖

回浦中学　李依诺

大寒，是天气寒冷到极致的意思，二十四节气中的最后一个节气。大寒处在岁终，冬去春来，大寒一过，又开始新的一个轮回。

《授时通考·天时》有言："大寒为中者，上形于小寒，故谓之大……寒气之逆极，故谓大寒。"古时将大寒分为三候：一候鸡乳，二候征鸟厉疾，三候水泽腹坚。正所谓寒极必暖，熬过了最极致的严寒后，新的春天也就变得触手可及了。这种说法在农事上也有所体现："蜡树银山炫皎光，朔风独啸静三江。老农犹喜高天雪，况有来年麦果香。"越冬的作物在寒冬的考验下，来年将生长得更加旺盛。为此，农民们会在田地里铺上白地膜，防止作物在霜冻的侵袭下死去。纯白的地膜覆盖着大地，好似将其变成了一片白茫茫的雪地。我们这里的冬天极少下雪，哪怕是只有几片小雪花落下，大家都会乱哄哄地冲到室外到处蹦跶，拍一大堆照片视频来记录这份喜悦。这些雪花很少能在落地前保持住原来晶莹剔透的六边形，棕黑色的土壤上只留下了雪化后的微微湿润，证明它的到来。

大寒的景色之后，还有大寒的人文。大寒时，已经进入腊月。按我国的习俗，这时节，人们开始忙着除旧饰新，腌制年肴，准备年货，因为中国人最重要的节日——春节就要到了。除了备年，大寒还有一样重要的风俗——打牙祭。家中老人现在还会煎炸烹制鸡鸭鱼肉等各种菜肴，来祭祀祖先及各种神灵。同时，大寒也是冬藏到春生的过渡，饮食起居也有所改变。我家会吃上八宝粥来添一份"腊味"。软糯黏牙的糯米配上红枣、薏米、莲子、桂圆等果料，丰富的色彩和口感，味道甜蜜，绵软不腻，还有健脾益气、祛湿祛寒的功效，正合适度过这寒冬腊月。古有"大寒大寒，防风御寒，早喝人参黄芪酒，晚服杞菊地黄丸"，可见古人十分重视大寒节气的身体调节。

　　大寒以寂寥之势渐行渐远，立春以豪迈之情悠扬而来。大寒过后，又将迎来新一年的轮回，人的一生恰似四季轮转，总要历经天寒地冻的艰难旅程，然而严寒褪尽才能春回大地，历经磨炼方可破土成长。

附录二: 在职业阅读中成长 ①

　　名师不问出处。当前在国内名气很大的名师中，有不少人"出身"并非"名门"，有中专、大专的，还有高中毕业的，但是专业发展的内驱力、顽强的职业信念使他们不断调整自己发展的节奏与方向，虽然路径不完全相同，但其外在的表现有一点是十分相似的，就是不断在职业阅读中成长。

　　张永飞老师是一名大专毕业生，客观地说，他的专业知识结构可能不够完整，但这只是他的教学起点。他在 20 年中从一个乡村教师成长为省级重点高中的有一定知名度的教师，但这也远非终点，他还在成长的过程中。以成长的姿态做教师，把自己活成一棵生机勃勃的树，不断地向上伸展，既是他的教学理想，也是他的成长经历。

　　吉林省教育学院的张玉新老师把教师的阅读分成这样几个阶段：基于悦读的读书习惯养成阶段、大学期间的专业阅读阶段、工作之后的职业阅读阶段。② 他认为，并不是每位教师都在相应的人生经历中完成了那个阶段的阅读任务，但每位优秀的教师都有一部成功的阅读史，因为优秀教师总是不断回补前一个阶段阅读的亏欠，总是在发展的同时不断夯实基础。

　　张永飞老师的职业阅读也是如此。对其专业发展轨迹进行扫描，可以给成长中的青年教师以启示。

　　首先，专升本的学习是其职业阅读的新起点。张永飞老师在大专期间的读书状况从他的文字中难以看到，但从他执教生涯的开端可以窥知，教学并不精彩，是唱"独角戏"。可是几年后他报考了浙江师范大学汉语言文学本科函授，这就是在职业阅读中回补专业阅读的亏欠，其直接的结果是 2001 年考入浙江省重点中学任教。工作环境的变化必然带来人的变化，他阅读语文教学专

---

① 本文系特级教师董一菲为笔者《梦想一棵树长得超过自己》一文撰写的专家点评，发表于《中学语文教学》2019 年第 6 期，个别文字有改动。

② 张玉新. 每位优秀教师都有一部成功的阅读史. 中国教育报，2019-04-22（9）.

业期刊发表的教学实录，就是通过职业阅读构建自己的课堂，扭转唱"独角戏"局面，这使他在市教育系统 35 周岁以下的高中语文教师综合能力测试中名列前茅。试想，若没有函授本科的职业进修，仅凭大专期间的专业阅读，其职业阅读的可能性会降低，这正是很多青年教师应该学习的地方。

其次，比赛失利使其找到职业阅读的切入点。在一次县市级优质课比赛中，张老师执教小说《品质》失败，遭受打击。一位评委说，小说的精彩在于"言语"的智慧，"言语"二字为他指点了迷津，他如饥似渴地研读王尚文的《语感论》、李海林的《言语教学论》、李维鼎的《语文言意论》等著作，并尝试着把阅读所得用于教学实践，引导学生在"言语"实践中感悟文本的魅力。2015 年，在台州市第七届高中语文教学大比武中，张老师获得了一等奖，得到的评价是"注重细读，悟字悟言"，"在言语智慧上着力，既领悟了诗歌的内涵，又领会了诗人的写作策略"。从比赛的失败到比赛的成功，与他努力践行有效的职业阅读是分不开的。或许可以说，正是那次失败给了他灵感，让他找到了职业阅读的切入点，从这个切入点进入，他的"独角戏"教学便"豁然开朗"，教学意识有了第一次"顿悟"。

再次，从"言语"到"文化"是其职业阅读质量的提升。通过 20 多年的不懈努力，他成为有一定知名度的教师，有了与名师接触的机会。褚树荣、朱昌元是全国著名的特级教师，能得到其中一位指点已属幸运。在两位名师的指点下，他认识到"言语"固然重要，但是语文课堂还应体现广阔的文化视野。换句话说，他找到了提升教学境界的根本途径。这是他教学意识的又一次"顿悟"，但关键还要看课堂教学境界提升。从上一次成功执教《窗》到这一次执教《今生今世的证据》，是其教学理念的升华。这节课让他认识到：语文课堂的深度与广度，取决于教师的文化素养；渗透"文化"的言语教学，是提升学生核心素养的重要途径之一。

经过 20 多年的拼搏，张永飞老师开始步入名师的行列。用他自己的话说，"言语"这颗小种子已发芽，并成长出"文化"的小树，相信随着年岁的推移，将长出丰茂的枝叶。有了这样虽不算平顺却也十分幸运的职业成长，我们有理由相信，张永飞老师还会不断进步，同时也会不断指点别的青年教师，使他们也获得发展，为语文教育事业贡献他们的力量。

　　显然，张永飞老师成功的专业发展并非只基于职业阅读这个单一因素。但这是一个十分重要的因素，张老师认识到了，却还有很多青年教师没有认识到，所以在此着重提出。

后　记

　　本书的写作缘由，是基于任教 30 周年的纪念，也是自身专业成长的学术表达，教学主张的概括提炼。我从 1994 年大学毕业至今，已度过了 30 个春夏秋冬。从最初的乡镇学校黄坦中学、白水洋中学到省一级重点中学回浦中学，可谓是几经波折，历经艰难。但我一直保持豁达乐观的态度，矢志不移地追求语文教学的专业发展。就像一棵树不断地向深处汲取力量，向下扎根，向上生长。因此，从名不见经传的教书匠，一步步走向了台州市名师、正高级教师、特级教师，形成了独特的教学风格，凝练了自我的教学主张。2024 年教师节，回浦中学高三 9 班的同学们赠予我一面锦旗，上书"超绝微醺感，教育界的扛把子"，这既是对我的高度赞扬，更是给了我莫大的激励，我深感责任重大，就怕辜负了学生对我的期望。著名特级教师王栋生（笔名吴非）曾说：

"为了自己的快乐，把课上好。"我想，教师的生命在课堂，专业成长在课堂，科研成果在课堂。于是，我趁机对任教 30 年以来的代表性课堂作品进行了梳理，结合自身参加名师工作室培训活动、浙派名师名校长培养工程（高中语文）的培训手记，在经验、现象、理论之间建立联系，建构了教学理论，形成了教学理念。从经历到经验，除了奉献给青年学子的学习方案，还有奉献给青年教师的成长方案，实现了语文教育理念的丰富与深化。这也是写作本书最大的价值和意义吧。

吴欣歆教授把骨干教师的专业成长阶段提炼为"金字塔"模型，其核心能力从"整合信息"到"形成解释""作出评价"再到"建立联系"，最后以"教学信念"为顶端。语文教师的专业成长，离不开长期的阅读与写作、思考与积累，也离不开赛课与教研、学术与科研。阅读包含了职业阅读、文学阅读与个性阅读，其中职业阅读有专业杂志的阅读、教学理论著作的阅读、专题性阅读等等。多年来，语文专业杂志《语文教学通讯》《语文学习》《语文建设》成了我的"常客"，它们拓展了我的专业视野。教育理论著作，比如《语文课程与教学内容》《追求理解的教学设计》《言语教学论》等，奠定了我的语文教学理论基础。涉猎文史哲著作《论语译注》《鲁迅全集》《从卡夫卡到昆德拉》《中国哲学简史》《美学散步》等，丰厚自身的文化素养。可以说，一个人的阅读史，就是一个人的精神成长史。教师，是读书人。阅读，为我打开一个又一个新的世界。即使最忙碌的日子，我也会挤出时间阅读。课堂教学，我会从文本细读开始，形成自己的教学设计，然后参考知网上相关的文本解读和教学案例，对自己的教学设计进行修订。课堂教学之后，我会积极撰写课堂教学实录，进行教学反思，积累各类课堂作品的素材。"学而不思则罔，思而不学则殆。"写作，就是一种思考。把阅读的感悟诉诸文字，把培训学习、日常教学、课堂比赛、讲座交流都写下来，用新课改理念观照自己的语文课堂，这些都将成为我著书立说的素材。"合抱之木，生于毫末；九层之台，起于累土；千里之行，始于足下。"教师的专业成长，是厚积薄发的过程，也是水到渠成的结果。

2016 年前后，新一轮课程改革启动。当时，我正是浙江省褚树荣名师网络工作室的首批学科带头人之一。源于新课改，我们从"相约晚八点"到编著语文新课改的系列丛书，一路成长。我主编的《语言家园：汉语运用》一书，正是根据学习任务群 4"语言积累、梳理与探究"和学习任务群 13"汉字汉语专题研讨"而撰写的。我还根据新课改理念把教学设计变成课堂教学实录，在宁波课改国家实验区基础教育行动项目"新课标·新语文·新学习"——任务群视野中的专题学习研训活动中开设示范课，得到了专家的肯定和与会老师的赞扬。后来，我参加了浙派名师（高中语文）培训，始终围绕着"三新背景下的语文课堂转型"这一活动主题，开展一系列教研活动，对新课改的认识逐步深入，并受邀在四川成都七中做"新高考与语文课堂"专题讲座，在全省高中语文"疑难问题解决"研训活动中开设"因'言'求'气'——梳理归纳文言特殊句式的基本特点"研讨课，充分体现新教材"单元研习任务"的课堂落实，反响很好。随着对新课改的认识逐步加深，我应邀在省内外各地做相关讲座近百场，充分展示我对新课改理念的理解与实践，并出版了专著《语文课堂：从"言语"走向"文化"》。这几年来，我在浙江省教育厅教研室高中语文教研员、特级教师黄华伟的引领和培养下，在语文新课改的路上取得较为丰硕的成果，担任浙江省基础教育课程改革专业指导委员会委员，被推荐为浙江省教育学会中学语文教学分会理事兼副秘书长。2024 年，我成立了临海市张永飞名师工作室，带领团队开展"单元学习任务下的文本细读"研究，践行新课改理念，研究提高语文教育教学效率的有效途径。吴欣歆教授的著作《高中语文学习任务群教学笔记》，让我对新课标的理念有了更深的认识。虽然我仍未能深刻地阐述新课标的各种观点，也未能在课堂教学中充分体现新课改理念，但是纵观这几年来的课堂教学实录，我一直在自觉地践行新课改，尝试课堂教学改革，这或许就是我的专业自觉吧。

学科核心素养的培育，是我课堂教学的重点。学生自主探究能力的培养，是他们走向未来的关键。听说读写、必备知识、关键能力、价值观念，这些都是语文教育自始至终的目标和任务。带领学生读整本书，开设阅览课，开展课堂时事评论，演绎精彩故事，参与社会实践，尝试文学写作，参加作文竞赛，使学生在各种情境中体验语文的魅力，体会文字表达带来的成就感。从知识走向素养，从课堂走向课程，从言语走向文化，为学生将来的发展奠定精神底子，我一直在努力着。本书的出版，感谢浙江大学出版社的支持和信任，感谢回浦中学良好的学术氛围，感谢北师大吴欣歆教授赐序，感谢家人和学生的陪伴与鼓励。

张永飞

2025 年 1 月 7 日于书香逸居